NICKLAS BRENDBORG
Gewohnheitstiere

Weitere Titel des Autors:
Quallen altern rückwärts (Eichborn Verlag)

NICKLAS BRENDBORG

GEWOHNHEITS-TIERE

Wie Industrie und Wissenschaft unsere Instinkte manipulieren

Aus dem Dänischen von Justus Carl

QUADRIGA

Titel der dänischen Originalausgabe:
»Vanedyr«

Für die Originalausgabe:
Copyright © 2023 by Nicklas Brendborg
Published by arrangement with Sebes & Bisseling Literary Agency Scandinavia

Für die deutschsprachige Ausgabe:
Copyright © 2024 by
Bastei Lübbe AG, Schanzenstraße 6–20, 51063 Köln

Vervielfältigungen dieses Werkes für das Text- und
Data-Mining bleiben vorbehalten.

Textredaktion: Mattias Auer, Bodman-Ludwigshafen
Umschlaggestaltung: Massimo Peter-Bille
nach einem Originalentwurf von © Rasmus Funder and Grønningen 1
Einband-/Umschlagmotiv: Rasmus Funder and Grønningen 1
Satz: GGP Media GmbH, Pößneck
Gesetzt aus der Minion
Druck und Verarbeitung: GGP Media GmbH, Pößneck

Printed in Germany
ISBN 978-3-8699-5146-1

2 4 5 3 1

Sie finden uns im Internet unter luebbe.de
Bitte beachten Sie auch: lesejury.de

Die Arbeit des Übersetzers am vorliegenden Text wurde vom Deutschen
Übersetzerfonds gefördert.

Inhalt

Ein kleiner Vogel und ein großes Ei 7

Teil I 11
Sonne, Palmen und ein kurzes Leben 13
Das weiße Gold 31
Kaninchenhunger 46
Was Fallschirmspringen und Salz gemeinsam haben 55

Teil II 71
Gesundheitstipps aus dem Amazonas 73
Die Kartoffeldiät 86
Von Sprengstoff zu Schlankheitspillen 97
Sex und die Verzauberung der Flasche 109

Teil III 125
Chemische Freude 127
Die Lüge, die eine halbe Million Menschenleben kostete 138
Die Geheimnisse des Dopamins 153

Teil IV 179
Die *Matrix*, nur in der Realität 181
Unser digitales Leben 194
Ein kleiner Fisch im großen Teich 212
Von Kosmetik zu Atomwaffen 236
Körperideale auf Steroiden 250
Ein kleiner Mensch in einer großen Welt 263

Quellen 274

Ein kleiner Vogel und ein großes Ei

Ein kleiner Vogel steht vor einem großen Ei und betrachtet es. Für einen kurzen Augenblick legt er den Kopf schief, als dächte er scharf nach. Und dann versucht er, auf das Ei zu springen. Es wird ein eher unbeholfener Auftritt. Das Ei ist beinahe so groß wie der Vogel selbst, und bei jedem Versuch, das Ei zu besteigen, rutscht er sofort wieder herunter.

Ein Stück entfernt sitzen einige niederländische Forscher und beobachten den Vorgang. Sie schauen sich an und grinsen wissend. *Dieser Vogel lässt sich auch täuschen.*

Einer dieser Forscher ist Nikolaas Tinbergen, der später den Nobelpreis gewinnen wird, unter anderem für diesen Versuch. Bei dem Vogel, den die Forscher studieren, handelt es sich um einen Austernfischer. Er hat einen schwarzen Rücken und einen schwarzen Kopf, einen weißen Bauch sowie charakteristisch rote Beine und einen roten Schnabel. Normalerweise legt er kleine braune Eier, die weniger als 50 Gramm wiegen. Doch die Forscher aus den Niederlanden haben herausgefunden, dass der Vogel Eier bevorzugt, die viel größer sind. Sie stellen künstliche Eier aus Gips her, die um ein Vielfaches größer sind als normale Austernfischereier, und als die Vögel sie entdecken, sind sie völlig in ihren Bann gezogen.

In der freien Wildbahn bevorzugen Austernfischer auch die größten ihrer eigenen Eier, denn die Größe des Eis verrät ihnen etwas über den Gesundheitszustand und die Chance, dass ein überlebensfähiges Vogeljunges aus diesem Ei schlüpfen wird. Aber in der Natur gibt es selbstverständlich Grenzen dafür, *wie* groß die Eier sein können, die ein so kleiner Vogel wie der Austernfischer legt. Folglich war es für den Austernfischer nie notwendig, eine obere Grenze für seinen Instinkt zu haben. Stattdessen lebt der Austernfischer einfach nach der Prämisse »Je größer das Ei, desto besser«.

Das bedeutet, dass die unnatürlich großen Gipseier das sind, was in der Forschung *übernormale Schlüsselreize*, kurz *Superstimuli* genannt wird. Sie sind übertriebene Ausgaben von Dingen, von denen das Tier ganz natürlich angezogen wird. Etwas, das größer, farbenprächtiger oder kräftiger ist, als man es in den natürlichen Umgebungen des Tieres jemals finden würde.

Solche Superstimuli kennen wir nicht nur beim Austernfischer, sondern auch von vielen anderen Vögeln. Nehmen wir zum Beispiel den Trauerschnäpper, einen kleinen Singvogel, der ein wenig mehr als zehn Zentimeter misst. Der Trauerschnäpper legt kleine Eier mit einer matten grün-bläulichen Farbe. Dabei gibt die Stärke der Farbe Aufschluss darüber, wie gesund die Eier sind. Also bevorzugt der Trauerschnäpper die Eier mit der kräftigsten Farbgebung.

Daraus folgt, dass sich auch der Trauerschnäpper leicht hereinlegen lässt. Denn mit ein wenig knallblauer Farbe können die Forscher Gipseier-Attrappen herstellen, die eine kräftigere Farbgebung haben, als sie irgendein natürliches Trauerschnäpper-Ei je erreichen könnte. Wenn der Vogel dann vor der Wahl zwischen den knalligen Gipseiern und seinen eigenen steht, entscheidet er sich für die künstlichen Superstimuli, genau wie der Austernfischer.

Ja, tatsächlich fanden Nikolaas Tinbergen und seine Kollegen heraus, dass man nicht einmal sonderlich kreativ zu sein braucht, um Vögel auf diese Weise zu täuschen. In einem ihrer

Versuche legten die niederländischen Forscher einfach ein paar weiße Volleybälle zu einer Schar Gänse. Kurz darauf begannen die Tiere, auf den Bällen zu brüten statt auf ihren eigenen Eiern, die sowohl kleiner sind als auch eine deutlich blassere Farbe haben.

Dumme Tiere, nicht wahr?

Teil I

Sonne, Palmen und ein kurzes Leben

Wir befinden uns mitten in einer historischen Gesundheitskrise.

Wahrscheinlich denken Sie im Alltag nicht darüber nach, denn man gewöhnt sich schnell an seine Umgebung. Stellen Sie sich aber einmal vor, wir könnten zurück in die Zeit H. C. Andersens reisen und ein paar gewöhnliche Menschen von damals mit in unsere heutige Zeit nehmen. Natürlich stünden den Zeitreisenden bei der Begegnung mit dem 21. Jahrhundert die Münder offen: all die leuchtenden Bildschirme, die Autos auf den Straßen, die Flugzeuge in der Luft und der Überfluss an Lebensmitteln in unseren Supermärkten. Ganz sicher würde ihnen aber auch auffallen, dass die Menschen heutzutage anders aussehen als im 19. Jahrhundert. Wir sind heute größer als zur Zeit H. C. Andersens, aber wir sind auch *breiter* geworden.

Ja, im Grunde müssten wir nicht einmal bis zurück ins 19. Jahrhundert reisen, um ein Straßenbild mit weitaus schlankeren Figuren vorzufinden. Wir könnten uns mit einem Abstecher in die 1960er-Jahre begnügen, in denen Übergewicht eine Seltenheit war. Bei der Musterung zum dänischen Heer registrieren wir heute beispielsweise 50-mal mehr übergewichtige junge Männer als noch in den 1960er-Jahren. Und an unseren Volksschulen sind es im Vergleich inzwischen 80-mal so viele übergewichtige Kinder (auch an deutschen Schulen zeigt sich ein ähnliches Bild, etwa fünfzehn Prozent aller Kinder zwischen 3 und 17 Jahren sind übergewichtig).

Betrachten wir die Gesellschaft als Ganzes, sieht es ebenfalls nicht allzu rosig aus. Gerade erst haben wir den bedenklichen Meilenstein hinter uns gelassen, ab dem es mehr *über*gewichtige als *normal*gewichtige Dänen und Däninnen gibt (in Deutschland wurde diese Schwelle bereits 1999 überschritten, seitdem geht die Kurve stetig weiter nach oben). Aber obwohl diese Zahlen vor nur wenigen Jahrzehnten noch undenkbar gewesen wären, hat die Fettleibigkeits-Epidemie ihren Gipfel noch nicht erreicht. Jahr für Jahr brechen unsere Gewichtsprobleme weiter Rekorde.

Diese Entwicklung ist besonders erschreckend, weil Dänemark zu einem der wohlhabenden Länder gehört, die sich am besten schlagen. Wir sind beispielsweise das schlankste Volk innerhalb der EU, und auch unser Anteil an schwer übergewichtigen Personen ist mit zwanzig Prozent der niedrigste Wert der Union (Deutschland liegt hier mit etwa fünfundzwanzig Prozent im Mittelfeld).

Wenn wir unseren Blick auf die Welt richten, ist es nicht weiter schwer, Horrorbeispiele zu finden. Auf der Hand liegen natürlich die USA. Siebzig Prozent der Bevölkerung leiden dort unter Adipositas, und annähernd die Hälfte der Bevölkerung ist *schwer* übergewichtig. Aber genauso wie bei uns in Dänemark bedeutet das nicht, dass die Amerikaner die Entwicklung abgeschlossen hätten, an Gewicht zuzulegen. Auch sie brechen jedes Jahr neue Rekorde in Bezug auf Übergewicht.

Trotz ihres Rufs sind die Amerikaner jedoch nicht das übergewichtigste Volk der Welt. Dieser nicht ganz so schmeichelhafte Titel fällt stattdessen einigen kleinen Inselrepubliken im Pazifik zu. Diese abseits gelegenen Inseln waren vor allem bekannt als das Paradies auf Erden mit ihren kreideweißen Sandstränden, großen Palmen und prächtigen Korallenriffen. Der schottische Schriftsteller Robert Louis Stevenson schreibt: »Wenige Männer, die die Inseln (des Pazifiks) besuchen, verlassen sie wieder ... Kein Ort der Welt übt eine solch attraktive Macht auf die Besucher aus.«

Heute werfen die Gesundheitsprobleme der Einwohner allerdings einen ordentlichen Schatten auf das Paradies. Im Großen und Ganzen existieren auf den Pazifikinseln nämlich keine normalgewichtigen Menschen mehr. Auf den meisten Inseln leben über achtzig Prozent Übergewichtige, und auf der rekordhaltenden Insel Nauru liegt der Anteil bei neunzig Prozent.

Die ehemaligen Paradiesinseln sind wie Warnleuchten, die dem Rest der Welt zuzublinken scheinen: *Egal, wie ernst eure Übergewichtsprobleme auch sind, es geht immer schlimmer.*

So ist es auch so gut wie überall. Global wird es nicht mehr viele Jahre dauern, bis die Mittellinie überschritten ist und wie in Dänemark mehr Über- als Normalgewichtige existieren. Ergänzen wir die Liste der Länder, die Probleme mit Übergewicht haben, reisen wir einmal um die ganze Welt: in die Türkei, nach Mexiko, Saudi-Arabien, Chile, auf die Bahamas, nach Neuseeland, in den Irak, nach Malta, Israel und so weiter.

Diese Liste umfasst sämtliche Ethnien, Religionen, Landesgrößen, Klimabedingungen und Wohlstandsniveaus. Ja, selbst in Afrika ist Adipositas auf dem Vormarsch. Zwar gibt es immer noch afrikanische Länder, in denen ein Teil der Bevölkerung untergewichtig ist. Aber selbst auf dem ärmsten Kontinent der Welt leben in vielen Gebieten inzwischen mehr übergewichtige als untergewichtige Menschen. Die am stärksten betroffenen afrikanischen Länder wie zum Beispiel Südafrika haben das dänische Fettleibigkeitsniveau längst hinter sich gelassen und steuern auf amerikanische Zustände zu.

Also ist die Frage nicht ganz unberechtigt: Was passiert da gerade eigentlich? Haben wir das Interesse daran, uns gesund und schlank zu halten, komplett verloren?

Nein, eher im Gegenteil. Würden wir unsere Freunde aus H. C. Andersens Zeiten fragen, würden sie wohl antworten, dass wir völlig besessen von unserem Gewicht sind. Wir diskutieren fieberhaft über Kalorien und Nahrungsergänzungsmittel, während wir eine Diät nach der anderen durchmachen. Studien zeigen, dass etwa die Hälfte *aller* Erwachsenen innerhalb eines Jahres versucht, an Gewicht zu verlieren. Aber es hilft nichts. Sogar diejenigen, die es schaffen abzunehmen, enden allzu oft wieder genau dort, wo sie angefangen haben. Nach einer erfolgreichen Schlankheitskur nimmt eine durchschnittliche Person die Hälfte des verlorenen Gewichts binnen zweier Jahre wieder zu. Und innerhalb von fünf Jahren sind es achtzig Prozent des Gewichts.

Man bekommt also nur allzu leicht das Gefühl, dass irgendetwas gehörig schiefläuft.

* * *

Die Erklärung für diese Fettleibigkeits-Epidemie kann aus guten Gründen keine genetische sein. Wir haben die gleichen Gene wie unsere schlanken Vorfahren vor nur wenigen Generationen. Ja, in manchen Ländern sind die Übergewichtsprobleme sogar im Lauf weniger Jahrzehnte entstanden.

Wenn der Übeltäter also nicht in der *Anlage* zu finden ist, muss es die *Umwelt* sein. Wenn es nicht unsere Gene sind, die uns übergewichtig machen, muss es irgendetwas in unserer Umwelt oder an unserem Lebensstil sein, mit dem etwas nicht stimmt. Irgendetwas, das sich innerhalb der letzten Jahrzehnte drastisch verändert hat.

»Einleuchtend«, denken Sie vielleicht. Früher verrichteten wir den ganzen Tag lang schwere körperliche Arbeit. Jetzt sitzen viele von uns tagein, tagaus vor dem Bildschirm. Da ist es doch logisch, dass man nicht sonderlich viele Kalorien verbrennt und am Ende zunimmt!

Um diese Theorie auf die Probe zu stellen, können wir in den Norden Tansanias reisen und die Hadza treffen, eine der aktivsten Volksgruppen der Welt. Die Hadza sind Jäger und Sammler, ihr Lebensstil erinnert also an denjenigen, den wir in Dänemark – und dem Rest der Welt – in der Steinzeit führten. Sie halten keine Nutztiere oder bewirtschaften Land, sondern ziehen stattdessen jeden Morgen hinaus in die Savanne, um für Nahrung zu sorgen: Die Männer gehen auf die Jagd und klettern nach Honig, während die Frauen Wurzeln, Beeren, Früchte und Nüsse sammeln.

Daraus ergibt sich die Tatsache, dass die Hadza körperlich sehr viel aktiver sind als wir Dänen. Ein Hadzamann läuft durchschnittlich 19 000 Schritte am Tag, eine Hadzafrau erreicht an die 13 000 Schritte. Und ein Teil dieser Schritte besteht dabei darin, die Ausbeute des Tages zurück zum Stamm zu schleppen, ob es sich dabei nun um Wurzelgemüse, Perlhühner oder gar ein ganzes Zebra handelt. Deshalb wird es vermutlich nicht überraschen, dass die Hadza schlanke Menschen sind. Der durchschnittliche Däne ist, wie bereits erwähnt, übergewichtig und hat einen BMI von über 25, während ein durchschnittlicher Hadza einen BMI von etwa 21 und zudem mehr Muskelmasse als ein typischer Däne hat (der bundesdeutsche BMI liegt im Schnitt übrigens auch über dem Wert von 25, weshalb wir im Folgenden davon ausgehen dürfen, dass für Deutsche weitestgehend das Gleiche gilt wie für Dänen).

Es zeichnet sich also ein simples Bild für uns: Das eine Volk – die Dänen – sitzt still herum, verbrennt wenig Kalorien und leidet deshalb unter Übergewicht. Das andere – die Hadza – ist wahnsinnig aktiv, verbrennt massenweise Kalorien und ist daher schlank.

Das Problem ist nur, dass dieses Bild falsch ist. Denn obwohl sich die Hadza ungewöhnlich viel bewegen, verbrennen sie *nicht* mehr Kalorien als Dänen.

Ja, ich war selbst überrascht, als ich zum ersten Mal von dieser Statistik hörte. Aber es ist wahr: Die Hadza verbrennen nicht mehr Kalorien als die Dänen.

Tatsächlich verbrennt ein Däne im Schnitt sogar *mehr* Kalorien als ein durchschnittlicher Hadza, was daran liegt, dass wir größer als die Hadza sind, und größere Körper haben eine höhere Kalorienverbrennung. Wenn man den Größenunterschied aber mit in die Gleichung hineinnimmt, gleichen sich die Ergebnisse an. Das heißt, dass ein Däne und ein Hadza mit der gleichen Körpergröße an einem Tag gleich viele Kalorien verbrennen – selbst wenn der Däne sitzend im Büro arbeitet und der Hadza ein sportlicher Jäger und Sammler ist.

Die Zahlen über die Kalorienverbrennung stammen aus Studien des amerikanischen Evolutionsbiologen Herman Pontzer und seiner Kollegen. Sie verwenden eine fortschrittliche Methode, sogenanntes doppelt markiertes Wasser, um den Energieverbrauch von Menschen und Tieren zu messen. Wir müssen dabei nicht ins Detail gehen, wie exakt diese Methode funktioniert, es reicht zu wissen, dass doppelt markiertes Wasser die genaueste Messungsmethode ist, um herauszufinden, wie viele Kalorien eine Person an einem Tag verbraucht. Sehr viel genauer als diverse Fitness-Tracker und andere Ausrüstung, die behauptet, das Gleiche zu können.

Herman Pontzer und Co. haben ihre Methode eingesetzt, um den Energieverbrauch aller möglichen Volksgruppen rund um den Globus zu messen, von Rentierjägern in Sibirien bis zu lateinamerikanischen Bauern. Und bei jedem einzelnen Vergleich zeigt sich, dass der Kalorienverbrauch im Großen und Ganzen der gleiche ist – zumindest auf Bevölkerungsniveau. Bei Einzelpersonen tauchen durchaus Unterschiede auf; manche Menschen haben eben einen höheren Kalorienverbrauch als andere. Das kennen Sie sicher von diesem einen Freund, der anscheinend essen kann, was er will, ohne ein Gramm zuzunehmen. Aber auf *Bevölkerungsniveau* gibt es keine Unterschiede. Selbst dann nicht, wenn man besonders aktive Volksgruppen mit solchen vergleicht, die den größten Teil des Tages stillsitzend verbringen.

Eines der besten Beispiele aus Pontzers Forschung ist eine Studie, in der man die Energieverbrennung von zwei Gruppen mit Kindern aus Ecuador miteinander verglich: Stadtkinder und Kinder aus Naturvölkern im Amazonas. In den Städten haben rund ein Drittel der Kinder Übergewicht, und man könnte sich dazu verleiten lassen zu glauben, der Grund dafür sei, dass sie sich kaum bewegen und deshalb so wenige Kalorien verbrennen. Es besteht jedenfalls kein Zweifel daran, dass die Stadtkinder körperlich weniger aktiv sind als die Kinder im Amazonasgebiet.

Aber die niedrige Verbrennung kann nicht die Erklärung für die Gewichtsprobleme der Stadtkinder sein. Denn als die Forscher ihre Untersuchungen anstellten, kristallisierte sich heraus, dass die ecuadorianischen Stadtkinder ebenso viele Kalorien verbrennen wie die Kinder im Amazonas (und Kinder im Westen, was das betrifft).

Es zeigt sich sogar, dass man dasselbe Phänomen auch bei Tieren beobachten kann. Schimpansen, Kängurus und Pandas in zoologischen Gärten verbrennen an einem Tag ebenso viele Kalorien wie ihre Artgenossen in freier Wildbahn. Und das, obwohl die Zootiere sehr viel weniger aktiv sind.

* * *

Wenn Sie jetzt ein klein wenig verwirrt sind, verstehe ich Sie gut. Denn wie kann es überhaupt sein, dass Dänen und Hadza die gleiche Menge an Energie verbrauchen? Schließlich ist es nicht zu vermeiden, dass man Kalorien verbrennt, wenn man sich körperlich betätigt. Wenn man eine Runde laufen geht, verbraucht man mehr Energie, als wenn man auf dem Sofa lümmelt. Wie ist es also möglich, dass stillsitzende Menschen und Zootiere genauso viele Kalorien verbrennen wie aktive Volksgruppen und Tiere in der freien Natur?

Die Erklärung dafür ist eine, auf die wir im Lauf dieses Buchs immer wieder stoßen werden. Unsere Körper sind *dynamisch*. Sie sind Anpassungsmaschinen, die permanent auf ihre Umgebungen reagieren. In unserem Fall auf eine ziemlich irritierende Weise. Unser Körper ist nämlich darauf ausgerichtet, Energie zu sparen. Wenn Sie Ihre Verbrennung also ankurbeln, indem Sie zum Beispiel Sport treiben, wird der Körper versuchen, dies zu kompensieren, indem er die Kalorienverbrennung an anderer Stelle herunterfährt. Beispielsweise könnte das der sogenannte Grundumsatz oder Ruheenergiebedarf sein, also die Energie, die Sie im Ruhezustand verbrauchen – für die Atmung, die Blutzirkulation, Hirnaktivität, Aufrechterhaltung von Körperfunktionen und so weiter.

Ein Beispiel dafür können wir bei Elite-Athleten in Ausdauersportarten beobachten. Typischerweise weisen solche im Vergleich mit nicht trainierten Menschen nämlich niedrigere Werte bei Geschlechtshormonen wie Testosteron und Östrogen auf. Das liegt daran, dass Elitesportler so viel Energie auf ihre körperlichen Aktivitäten verwenden, dass ihre Körper anderen Bereichen, wie der Reproduktion, weniger Priorität einräumen. Bei besonders aktiven Athletinnen bedeutet das mitunter sogar, dass ihre Menstruation ganz ausbleibt.

Das gleiche Phänomen trifft auf die Hadza sowie andere Jäger und Sammler zu. Nicht unbedingt das Ausbleiben der Menstruation – die Hadza haben keinerlei Probleme damit, sich zu reproduzieren –, doch genau wie bei Elite-Athleten schwimmen in ihrem Blut wesentlich weniger Geschlechtshormone als bei stillsitzenden Bewohnern der westlichen Welt (was nicht notwendigerweise eine schlechte Sache sein muss. Denn hormonabhängige Krebsarten wie Brust- oder Prostatakrebs zählen in Industrieländern, wo die Hormonwerte höher sind, zu den häufigsten Krebsarten. Bei Jägern und Sammlern sowie Elitesportlern treten diese Krebserkrankungen erheblich seltener auf).

Die Reproduktion ist jedoch nicht der erste Bereich, in dem der Körper nach schwerer körperlicher Aktivität mit den Sparmaßnahmen ansetzt. Typischerweise senkt er den Energieverbrauch zuerst in weniger wichtigen Bereichen, wie dem der unnötigen Bewegungen. Wir kennen das, wenn wir nach großen Anstrengungen etwas träger als normal sind. Wenn Sie am Morgen eine Runde joggen gehen, werden Sie sich später am Tag wahrscheinlich weniger bewegen. Womöglich werden Sie lieber sitzen oder liegen als stehen. Vielleicht stehen Sie nicht so oft auf wie sonst, gehen weniger umher oder wippen nicht so viel mit dem Bein, wie man es manchmal auf diese manische Art und Weise tut.

Zusammengenommen heißt das, dass diese Kalorien, die Sie durch körperliche Aktivität verbrennen, Ihnen nicht unbedingt einen höheren *Gesamt*verbrauch bescheren. Vielleicht haben Sie durch eine Joggingrunde 400 Kalorien verbrannt, aber wenn der Körper anschließend die Verbrennung in anderen Bereichen herunterfährt, ist Ihr gesamter Energieverbrauch am Ende eventuell nur um 200 Kalorien höher als an einem Tag, an dem Sie hauptsächlich still herumsitzen.

Das ist natürlich ärgerlich, wenn man die paar zusätzlichen Pfunde gern weglaufen möchte. Aber genau das ist die Erkenntnis, die wir aus Studien gewinnen, in denen Bewegung genutzt wird, um Gewicht zu verlieren. In einer amerikanischen Studie halfen die Forscher zum Beispiel einigen übergewichtigen Jugendlichen, mit dem Joggen zu beginnen, in der Hoffnung, das Training würde sie dabei unterstützen, ein paar überschüssige Kilos loszuwerden. Das Laufprogramm der Jugendlichen war so ausgerichtet, dass sie durch ihr Training zwischen 285 und 430 Kalorien verbrennen würden. Doch obwohl sie sich an den Trainingsplan hielten, stieg ihr täglicher Energieverbrauch lediglich um etwa 220 Kalorien. Und das hatte zur Folge, dass sie nicht so viel abnahmen, wie man sich erhofft hatte.

Auf diese Weise laufen die meisten Studien über Bewegung und Abnehmen ab. Anfangs gelingt es den Teilnehmenden, ungefähr so viel Gewicht zu verlieren wie erwartet. Aber je mehr Zeit vergeht, desto besser kompensiert der Körper das gestiegene Aktivitätslevel. Und genau deshalb verbrennen die Hadza nicht mehr Kalorien als wir Europäer. Die Körper der Hadza haben ihr Leben lang gelernt, diesen aktiven Lebensstil zu kompensieren.

Verstehen Sie mich dabei bitte richtig. All das bedeutet *nicht*, dass Bewegung keine Rolle spielt, wenn Sie abnehmen wollen. Wie wir bei den jungen amerikanischen Läuferinnen und Läufern gesehen haben, ist es ihnen trotzdem geglückt, den Energieverbrauch ein Stück weit zu steigern. Und wenn Sie hartnäckig genug bleiben, können Sie die Kompensationsversuche Ihres Körpers natürlich auch bekämpfen. Trainieren Sie zum Beispiel wie ein Tour-de-France-Fahrer, verbrennen Sie derart viele Kalorien, dass der Körper schlichtweg keine Möglichkeit hat, dem etwas entgegenzusetzen. Ja, manche Radsportler verbrauchen tatsächlich so viel Energie, dass es nahezu unmöglich ist, genügend zu essen, um ihr Gewicht zu halten, sosehr sie es auch versuchen. Vielleicht haben Sie das im Juli auch selbst schon vom Sofa aus festgestellt.

Außerdem deutet die Forschung zur Gewichtsabnahme darauf hin, dass Bewegung entscheidend dafür sein kann, wer sein Gewicht nach einer Abnahme letztendlich hält und wer dann doch wieder zunimmt. Darüber hinaus ist es wichtig, darauf hinzuweisen, dass Bewegung nach wie vor mit das Gesündeste ist, dem man sich überhaupt widmen kann. Wenn Sie mein

Buch *Quallen altern rückwärts* gelesen haben, wissen Sie zum Beispiel, dass körperliche Betätigung eine der besten Möglichkeiten ist, sein eigenes Leben zu verlängern: Sie bremst den körperlichen Verfall, der mit dem Alter einhergeht, und verringert das Risiko für sämtliche altersbezogenen Krankheiten.

Aber nachdem wir alle diese Vorbehalte aufgelistet haben, gilt es, unsere ursprüngliche Frage zu beantworten. Wir haben die Hadza besucht, um herauszufinden, ob wir Europäer übergewichtig geworden sind, weil wir so viel herumsitzen. Hier ist die Antwort schlicht und ergreifend: Nein. Wir verbrennen genauso viele Kalorien wie Volksgruppen, die ein wesentlich aktiveres Leben führen. Eine geringere körperliche Aktivität kann also *nicht* schuld an der Fettleibigkeits-Epidemie sein, in der wir uns befinden.

Als letzter Sargnagel für diese Theorie zeigen Studien sogar, dass wir heutzutage körperlich *aktiver* sind als in den schlanken 1960ern.

Wir müssen also noch einmal von vorn anfangen und neu überlegen.

* * *

Während sich die Fettleibigkeits-Epidemie auf alarmierende Weise verbreitete, machten sich Forscherinnen und Forscher weltweit daran, Übergewicht bei Mäusen und Ratten unter die Lupe zu nehmen. Sie erhofften sich, mit Hilfe der Versuchstiere zu verstehen, weshalb wir an Gewicht zunehmen und wie man das verhindern kann.

Ziemlich bald offenbarte sich aber ein Problem. Denn wie macht man einen Nager eigentlich übergewichtig? Zuerst versuchten es die Forscher mit verschiedenen Formen von Zwangsfütterung. Das funktionierte, dauerte aber lang und ließ sich moralisch natürlich nicht verteidigen. Anschließend experimentierten sie damit, den Nagetieren Futterpillen mit einem extrahohen Fettgehalt zu verabreichen. Dies funktionierte zwar besser als das Zwangsfüttern, war aber immer noch nicht sonderlich effektiv.

Zum Schluss kamen die Forscher allerdings auf eine simple Lösung: Sie fütterten die Ratten einfach mit unseren Lieblingssnacks aus dem Supermarkt. An der Universität Kopenhagen mischte man die Futterpillen der Nager beispielsweise mit Nutella, während man sie bei Novo Nordisk zum Teil durch diverse Schokoriegel ersetzte. An anderen Orten fütterte man die Versuchstiere mit allem Möglichen, von Hotdogs über Kekse bis hin zu Chips und Bonbons. In Wissenschaftskreisen nennt man diese Art von Essen *Cafeteria-Nahrung*, und sie ist so effektiv, dass die Labortiere innerhalb weniger Wochen Fettleibigkeit entwickeln.

Im Grunde unterscheiden sich die Nager also nicht großartig von uns Menschen. Denn genau hier werden wir auch die Ursache für unsere eigenen Übergewichtsprobleme finden. Wir verbrennen so viel wie früher, essen dafür aber deutlich mehr. Geht man nach den besten Schätzungen über unsere Kalorienzufuhr, nehmen wir so viel zusätzliches Essen zu uns, dass es mehr als ausreicht, um unsere Fettleibigkeitsprobleme zu erklären.

Dagegen können Sie natürlich ins Feld führen, dass »Wir essen zu viel« keine besonders zufriedenstellende Erklärung darstellt. Denn warum essen wir plötzlich mehr als früher? Es ist ja nicht so, als hätten die Leute in den 1960er-Jahren am Hungertuch genagt.

Die kurze Erklärung ist die, dass wir Menschen uns weniger vom Austernfischer und dem Trauerschnäpper unterscheiden, als einem vielleicht lieb wäre. Ja, wir haben größere Gehirne und sind intelligenter. Aber trotzdem fallen wir auf denselben Trick herein wie die kleinen Vögel: *Superstimuli.*

Die Vögel lassen sich von supernormalen Ausgaben ihrer

eigenen Eier täuschen – von künstlichen Eiern, die unnatürlich groß oder unnatürlich stark gefärbt sind. Wir Menschen lassen uns von supernormalem Essen täuschen. Das bedeutet, von Essen, das dahingehend optimiert worden ist, im Belohnungssystem unseres Gehirns all die richtigen Knöpfe zu drücken, und zwar unnatürlich fest.

Die Genetik hinter Fettleibigkeit

Wir sind zu dem Schluss gekommen, dass unsere Gewichtsprobleme nicht an unseren Genen liegen können. Denn wir haben die gleichen Gene wie unsere schlanken Vorfahren vor ein paar Generationen.

Trotzdem helfen uns die Gene dabei, die Fettleibigkeits-Epidemie besser zu verstehen. Sie können nämlich beschreiben, warum die fettleibigkeitsfördernde Umwelt uns nicht alle im selben Maß beeinflusst. Manche leiden unter schwerem Übergewicht, während andere noch das sind, was man früher einmal war: problemlos schlank. Und *dieser* Unterschied hat eine genetische Komponente.

Unter anderem können wir das bei Adoptivkindern beobachten. Ihr Gewicht als Erwachsene hat mehr mit ihrer biologischen Familie zu tun als mit der Adoptivfamilie, in der sie aufgewachsen sind. Die Anlage der Kinder hat also einen größeren Einfluss auf ihr Körpergewicht als ihre Umwelt.

Gleichzeitig kennen wir aus großen Studien, in denen die Forschenden die Gene von Tausenden übergewichtigen und schlanken Menschen miteinander vergleichen, auch die Bedeutung der Gene für Adipositas. Dabei hat man eine Menge Genvarianten entdeckt, die das Risiko für eine Gewichtszunahme erhöhen. Und bei Übergewichtigen waren diese Genvarianten überrepräsentiert.

> Hier wird es interessant. Die *Fettleibigkeits-Gen-Varianten* haben im Großen und Ganzen nämlich immer irgendetwas mit dem Gehirn zu tun. Klassischerweise beeinflussen sie Wesenszüge wie den Appetit oder die Impulskontrolle. Diese genetischen Studien deuten also darauf hin, dass manche Menschen stärker auf Nahrungsmittel-Superstimuli reagieren als andere. Wenn die Belohnung für ein Stück Schokolade bei mir größer ausfällt als bei Ihnen, besteht für mich ein höheres Risiko, zu viel davon zu naschen und zuzunehmen. Mit anderen Worten unterstützt die Genetik hinter Fettleibigkeit die These, dass die Kalorienzufuhr das größte Problem für unser Gewicht darstellt – nicht mangelnde körperliche Aktivität.

* * *

Wenn Sie mal wieder versuchen, die Gummibärchen- oder Chipstüte im Schrank liegen zu lassen, glauben Sie wahrscheinlich, dass Sie diesen Kampf mit sich selbst ausfechten. In diesem Duell stehen Ihre Vernunft und Ihre Willenskraft auf der einen Seite – und auf der anderen Seite der Drang, 600 leere Kalorien zu verputzen. In Wirklichkeit ist dieser Kampf aber gar nicht so isoliert zu betrachten. Tausende von Menschen sind darin involviert; ärgerlich für Sie ist dabei bloß, dass diese Menschen alle für das gegnerische Team antreten.

Denn das Unternehmen, das beispielsweise die Chips herstellt, verfolgt nur ein Ziel: Dass Sie die Tüte *nicht* im Schrank liegen lassen. Wie bei allen anderen Unternehmen auch geht es dem Chipshersteller einzig und allein darum, Geld zu verdienen, sodass Ihre Vernunft, Ihre Willenskraft und Ihr Sättigungsgefühl die größten Feinde dieses Herstellers sind. Lassen Sie die Chips im Schrank liegen, vergeht schließlich mehr Zeit, bis Sie eine neue

Tüte kaufen. Das Gleiche gilt, wenn Sie immer nur je eine kleine Portion essen, weil sie danach satt sind, oder wenn Sie dank Ihrer Willensstärke nach einer halben Tüte aufhören. Will der Chipshersteller also möglichst viel Geld verdienen, muss er Ihrem Sättigungsgefühl und Ihrer Willenskraft den Kampf erklären.

Jetzt denken Sie vielleicht, ich überdramatisiere das Ganze, aber ich garantiere Ihnen, es ist unfassbar, wie weit manche Lebensmittelproduzenten gehen, um ihre Mission zu erfüllen. Die größten Hersteller betreiben mitunter mehrere Forschungsparks rund um die Welt. Dort stellen sie hochausgebildete Wissenschaftlerinnen und Wissenschaftler an und stellen ihnen *Milliardenbeträge* zur Verfügung, die für sorgfältigste Optimierungsprozesse von Chips, Keksen und Mikrowellengerichten eingesetzt werden, als ginge es um überlebenswichtige Medikamente oder hochtechnologische Waffen.

Die Forschenden finden Antworten auf Fragen wie: Wie sieht die perfekte Balance zwischen Fett und Zucker aus? Kann man Salzkristalle in eine neue Form bringen, damit sie ein besseres Mundgefühl erzeugen? Verbessert es den Geschmack eines Kekses, wenn man ihn zwei Prozent fester oder weicher macht? Was regt den Appetit mehr an – E620 oder E621? Sollten die Chips eventuell eine dunklere Nuance von Gelb haben? Und so weiter.

Von jedem einzelnen Produkt stellen die Unternehmen Tausende Probevarianten her und testen mit fortschrittlichen wissenschaftlichen Methoden, wie Mäuse und Menschen auf diese Produkte reagieren. Bei jedem Test bewerten sie, ob eine kleine Veränderung das Produkt ein winziges bisschen attraktiver als vorher macht. Manche Lebensmittelproduzenten setzen sogar *Hirnscanner* ein, um den Einfluss der Nahrungsmittel auf uns zu studieren.

Es fällt schon schwer, bei diesem Bild nicht vor Lachen loszuprusten. Stellen Sie sich einen Haufen exzellent ausgebildete

Forschende vor, die mit ernster Miene und modernster Laborausrüstung konzentriert daran arbeiten, eine Tiefkühlpizza zu optimieren.

All der Komik zum Trotz ist es aber eine traurige Angelegenheit. Denn so lächerlich es sich auch anhören mag, die Wahrheit ist, dass das wissenschaftliche Optimieren von Lebensmitteln exakt nach den Vorstellungen der Hersteller funktioniert. Sie haben den Effekt davon sicherlich schon am eigenen Leib zu spüren bekommen: Ich meine diesen Zustand, in dem man sich eine Handvoll Chips nimmt, und dann nicht mehr in der Lage ist, damit aufzuhören. Es ist kein Zufall, dass Ihnen das passiert. Es ist genau so geplant.

* * *

Wenn ich den Begriff »Nahrungsmittel-Superstimuli« verwende, spreche ich genauer gesagt von der Art von Nahrungsmitteln, die nicht von Bäumen gepflückt wurden, auf einem Feld angebaut oder in einem Stall gewachsen sind. Unter Nahrungsmittel-Superstimuli verstehe ich Produkte, die von Lebensmittelforschern in Laboren entwickelt wurden, mit der obersten Priorität, uns dazu zu verleiten, so viel wie möglich davon zu essen.

Ein Apfel ist zum Beispiel die Frucht eines Apfelbaums. Ein Steak ist Muskelgewebe eines Rinds. Aber ein Oreo-Keks ist eine Mischung aus Zutaten von mehreren verschiedenen Kontinenten, sorgsam zusammengesetzt, um Nahrungsmittel-Superstimuli zu erschaffen. Der Keks enthält Zucker, aus Zuckerrohr isoliert; Weißmehl aus Weizen; Palmöl, aus Palmen gewonnen; Kakaopulver aus Kakaobohnen; Lecithin aus Sojabohnen; diverse Formen von Sirup, oft aus Mais gewonnen; Massen von Salz und schließlich eine ganze Reihe von E-Nummern, die die Farbe, die Haltbarkeit und den Geschmack optimieren.

Jede einzelne Zutat selbst ist bereits verarbeitet, und Oreos existieren überhaupt nur aufgrund eines langwierigen industriellen Prozesses. Deshalb nennt man Nahrungsmittel-Superstimuli auch *industriell hergestellte* oder *hochverarbeitete* Lebensmittel. Typischerweise erkennt man solche Lebensmittel an ihrer langen Haltbarkeit, der knallig-bunten Verpackung, einem bestimmten Markennamen und an einer umfangreichen Zutatenliste, die für gewöhnliche Menschen unmöglich zu entschlüsseln ist. Beispiele wären Süßigkeiten, Chips, Schokolade, Eis, Limonade, Mikrowellengerichte und diverse Arten von Fast Food.

Wie gut die Lebensmittelforscherinnen und -forscher ihre Arbeit beherrschen, können wir an einer gründlichen Studie des amerikanischen Fettleibigkeitsforschers Kevin Hall und seiner Kollegen sehen. Dabei quartierte man einige Versuchsteilnehmende in einem Forschungszentrum ein und servierte ihnen alles, was sie zu essen bekamen. So konnte man genau überwachen, was und wie viel jede einzelne Person verzehrte. Die Teilnehmenden wurden in zwei Gruppen aufgeteilt: Eine erhielt hochverarbeitete Lebensmittel wie Fertiggerichte, Frühstücksprodukte und Snacks. Die andere Gruppe bekam unverarbeitete Nahrungsmittel wie Fleisch, Obst, Gemüse und Reis.

Die Forscher sorgten dafür, die Mahlzeiten für die beiden Versuchsgruppen so gleich wie möglich zu gestalten. Sie legten immer gleich viele Kalorien auf die Teller und achteten außerdem darauf, dass alle Mahlzeiten die gleiche Menge an Proteinen, Kohlenhydraten, Fett, Salz, Zucker, Ballaststoffen und so weiter enthielten. Der einzige Unterschied zwischen den Gerichten bestand darin, dass eine Gruppe Essen serviert bekam, das Lebensmittelwissenschaftler entwickelt hatten, während man der zweiten Gruppe natürliches Essen vorsetzte.

In den darauffolgenden vier Wochen überwachten die amerikanischen Forscher die Essgewohnheiten der Versuchsteilnehmenden, stellten sie auf die Waage und nahmen Blutproben. Das Resultat sagt eine Menge darüber aus, weshalb wir mit einer Fettleibigkeits-Epidemie kämpfen. Allen Versuchsteilnehmenden wurde nämlich gesagt, sie sollten nur so lange essen, bis sie sich satt fühlten. Doch die Gruppe, die industriell verarbeitete Lebensmittel aß, nahm *pro Tag 500 Kalorien mehr* zu sich als die Gruppe, die unverarbeitete Nahrungsmittel serviert bekam. Das entspricht einer ganzen zusätzlichen Mahlzeit, die nötig war, damit sich die Gruppe ebenso satt fühlte wie die Teilnehmenden mit dem nicht verarbeiteten Essen. Folglich führte die hochverarbeitete Ernährung auch dazu, dass die Probanden während der Studie zunahmen.

In der Gruppe mit der unverarbeiteten Ernährung verloren die Probandinnen und Probanden dagegen an Gewicht. Sie waren ja durchschnittliche Amerikaner und es daher gewohnt, in ihrer alltäglichen Ernährung eine ganze Menge Industrielebensmittel zu sich zu nehmen. Als sie dann zu unverarbeiteten Lebensmitteln wechselten, normalisierte sich ihre Appetitregulierung allmählich, was sich nicht nur in ihrem Gewicht widerspiegelte, sondern auch in ihrem Blut. So sanken beispielsweise die Werte des Hungerhormons Ghrelin, sobald die Versuchsteilnehmenden komplett auf industrielle Lebensmittel verzichteten, während die Werte für das appetitverringernde Hormon PYY anstiegen.

Die Studie kam also zu dem Schluss, dass es den Lebensmittelherstellern gelungen ist, Nahrungsmittel-Superstimuli zu erschaffen, die unsere Appetitregulierung außer Kraft setzen und uns dazu bringen, zu viel zu essen.

Lassen Sie uns herausfinden, wie sie das anstellen.

Das weiße Gold

Überall in ganz Südamerika wachsen kleine buschartige Pflanzen, die man Cocasträucher nennt. Diese Sträucher werden insbesondere in Peru und Bolivien angebaut, wo die Blätter dieser Pflanzen seit Tausenden von Jahren einen wichtigen Bestandteil der Kultur darstellen. Cocablätter haben nämlich eine belebende Wirkung, wenn man sie zerkaut. Und eben das tun die Einheimischen, um Müdigkeit entgegenzuwirken, ebenso wie sie die Blätter auch in Verbindung mit Zeremonien einsetzen und um alles von der Höhenkrankheit bis hin zu Hunger und Durst zu bekämpfen.

Im Zuge der spanischen Kolonisation Südamerikas gelangten die Cocablätter bereits im 16. Jahrhundert nach Europa. Doch zu Beginn lösten sie fern ihres Ursprungsorts keine Begeisterung aus. 1855 gelang es einigen deutschen Chemikern dann allerdings, den aktiven Stoff in den Blättern zu isolieren. Also den Stoff, der für den belebenden Effekt sorgt. Die Chemiker benannten diesen Stoff nach dem Cocastrauch – *Kokain* –, und spätestens ab hier dürften Sie eine recht deutliche Ahnung haben, wie der Rest der Geschichte verläuft.

Die deutschen Chemiker hatten eigentlich vorgehabt, den neuen Stoff für die Entwicklung von Medikamenten zu nutzen, aber man fand schnell auch andere Verwendungsmöglichkeiten. Kokain als isolierter Stoff ist nämlich um ein Vielfaches stärker, als wenn man bloß die Blätter der Cocapflanze kaut.

Das liegt zuallererst daran, dass man eine größere Menge in konzentrierter Pulverform einnimmt. Cocablätter bestehen zu weniger als einem Prozent aus Kokain, man müsste also Blättermengen wie ein Elefant fressen, um die gleiche Menge wie in einem bisschen Pulver zu bekommen.

Darüber hinaus hat reines Kokain aber auch deshalb einen stärkeren Effekt als Cocablätter, weil ab der Einnahme weniger Zeit vergeht, bis der Stoff das Gehirn erreicht. Zerkaut man die Blätter, nimmt man das Kokain zusammen mit vielen Ballaststoffen, Wasser und woraus das Blatt eben sonst so besteht, ein. Das verzögert die Aufnahme im Körper, weshalb das Kokain länger braucht, um ins Gehirn zu gelangen. Und das ist relevant, denn Wirkstoffe im Allgemeinen werden stimulierender – und abhängigkeitsverursachender –, je schneller sie das Gehirn erreichen.

Zigaretten machen zum Beispiel deshalb abhängiger als Nikotinkaugummis, weil das Nikotin schneller ins Gehirn gelangt, wenn man es raucht. Dabei wird das Nikotin über die Lungen aufgenommen, und das geht eben schneller, als wenn man es über die Mundschleimhäute aufnimmt, wie man es beim Kauen von Nikotinkaugummis tut. Aus dem gleichen Grund kann Kokain *noch* abhängigkeitserregender gemacht werden, indem man es als *Crackkokain* raucht.

Aber warum spreche ich hier eigentlich über Kokain?

Nun ja, auf die Gefahr hin, Sie ein wenig paranoid im Hinblick auf das Essen in Ihrem Kühlschrank werden zu lassen, gibt es tatsächlich eine Parallele zu Nahrungsmittel-Superstimuli. Denn die Lebensmittelhersteller wenden denselben Trick beim Entwickeln von Nahrungsmittel-Superstimuli an wie die deutschen Chemiker seinerzeit bei der Herstellung von Kokain: den stimulierenden Wirkstoff finden, isolieren und in großen Mengen hinzufügen.

Das beste Beispiel für diesen Prozess ist ein anderes weißes

Pulver, nämlich Zucker. Vielleicht haben Sie schon einmal davon gehört, dass Zucker auf die gleiche Weise auf das Gehirn wirkt wie Kokain. Lassen Sie mich gleich anmerken, dass das nicht ganz korrekt ist. Natürlich gibt es einen großen Unterschied zwischen einem Kokainabhängigen und einem Ottonormalverbraucher, der an einem Samstagabend einfach eine Tüte Gummibärchen naschen will.

Aber nachdem das gesagt ist: Es gibt doch gewisse interessante Ähnlichkeiten. Zum Beispiel kann man bei Ratten abhängigkeitsähnliches Verhalten auslösen, sowohl wenn man sie mit Kokain als auch wenn man sie mit Zucker füttert. In beiden Fällen »bingen« die Ratten, sobald sie Zugang zu ihrem Stoff bekommen; sie weisen mitunter Abstinenzsymptome auf, wenn sie keinen Zugang dazu haben; und in Verbindung mit der Fütterung von Zucker hat man einige Veränderungen im Gehirn entdeckt, die man auch von anderen Formen von Abhängigkeit kennt.

Stellt sich nur die Frage, warum wir diese Schwäche haben.

* * *

Nicht alle Tiere teilen unsere große Vorliebe für Zucker. Arten wie Delfine und verschiedene Katzen können Süßes tatsächlich gar nicht schmecken.

Abgesehen davon sind viele Wesen aber ganz wild auf alles von Obst bis hin zu Weingummis. Vermeintlich lässt sich diese Begeisterung damit erklären, dass Zucker eine »billige« Form von Kalorien darstellt. Er muss so gut wie nicht verdaut werden, bevor wir ihn im Körper aufnehmen und als Energie für unsere Zellen nutzen können. Man könnte also sagen, Zucker ist gleichbedeutend mit Kalorien, bei denen der Körper sich nicht anzustrengen braucht, um sie zu gewinnen. Und Energie wollen wir ja immer gern einsparen.

Obendrein haben wir Menschen aufgrund unserer langen Vorgeschichte als obstessende Affen im Regenwald eine besondere Vorliebe für Süßkram. Süße bedeutet in diesem Zusammenhang, dass eine Frucht reif und zudem ungiftig ist. In diesen frühen Zeiten nutzten unsere affenähnlichen Vorfahren die Vorliebe für Süßes also als Ernährungsratgeber, um herauszufinden, was man bedenkenlos verzehren konnte.

Heute sind die Supermärkte immer noch randvoll mit allen möglichen Früchten, aber dabei handelt es sich gar nicht mehr um das Obst, von dem unsere Vorfahren lebten. Modernes Obst ist eine menschliche Erfindung. Nehmen wir zum Beispiel Pfirsiche. Vor vielen Tausend Jahren waren sie weder saftig noch apfelgroß wie die Früchte, die wir heute kennen. Wilde Pfirsiche hatten die Größe von Beeren und schmeckten recht trocken, ein bisschen so wie Linsen.

Doch im Osten Chinas nahmen sich Bauern der Pfirsichbäume an und begannen, sie zu züchten. In jeder Generation züchteten sie mit denjenigen Bäumen weiter, die die am besten schmeckenden Früchte trugen. Was zur Folge hatte, dass die Pfirsiche mit der Zeit nach unserem Geschmack geformt wurden. Sie wurden größer, deutlich saftiger und um ein Vielfaches süßer als ihre Vorgänger.

Die gleiche Geschichte lässt sich im Grunde über alle Obstsorten erzählen, die wir heute essen. Der Urvater der Wassermelone zum Beispiel war eine kleine Frucht mit bitterem, grünem Fruchtfleisch, und wilde Bananen haben rein gar nichts mit dem süßen Obst zu tun, das wir heute kennen. Nein, sie sind klein, schmecken bitter und haben harte Kerne.

Verstehen Sie mich nicht falsch – dass unser Obst heute süßer ist als »natürliches« Obst, heißt nicht, dass es ungesund wäre. Im Gegenteil, es gibt viele Belege dafür, wie gesund der Verzehr von Obst ist. Unter anderem, weil Obst eine Quelle für Vitamine, Mineralien und Ballaststoffe ist und somit sättigt.

Tatsache ist jedoch, dass modernes Obst das erste Beispiel für unsere Fähigkeit darstellt, unsere Lebensmittel nach unserem Geschmack zu formen. Was bei den Pfirsichbauern in China so wunderbar seinen Anfang nahm, lief danach allerdings ziemlich aus dem Ruder.

* * *

Unsere Vorliebe für Süßes brachte uns schließlich ernsthaft in Schwierigkeiten, als man im alten Indien *verarbeiteten* beziehungsweise raffinierten Zucker erfand. Also die Art Zucker, die wir vollständig aus ihrem natürlichen Kontext reißen, isolieren und unserem Essen in großen Mengen zusetzen.

Von Indien aus verbreitete sich der raffinierte Zucker unter anderem in den Nahen Osten, wo europäische Kreuzfahrer und andere Reisende ihn zu kosten bekamen. *Süßes Salz* nannten sie ihn, und schon bald erfreute er sich auch in Europa großer Beliebtheit. Lange Zeit war raffinierter Zucker aber so teuer, dass nur die Oberschicht Zugang dazu hatte, und deshalb gab man ihm den Beinamen *weißes Gold*.

Im 15. Jahrhundert änderte sich jedoch alles. Damals segelten die Spanier und Portugiesen weit hinaus auf den Atlantik und entdeckten dort mehrere Inseln – unter anderem Madeira, die Kanarischen Inseln und São Tomé. Größtenteils waren diese Inseln unbewohnt, also ließen sich die Entdeckungsreisenden nieder und befanden sie bald als für den Anbau von Zuckerrohr geeignet. Später entdeckten die Spanier auch Amerika (wieder) und brachten den Zuckerrohranbau mit. Nur neun Jahre nachdem Christoph Kolumbus an Land ging, erntete man zum ersten Mal Zuckerrohr auf dem amerikanischen Kontinent. Binnen kürzester Zeit wurde er zu einer der wichtigsten Exportwaren des Kontinents, und damit begann ein fanatischer Kampf darum, den Preis zu drücken. Man machte technologische Fortschritte beim Gewinnungsprozess, sodass aus jedem Zuckerrohr so viel Zucker wie nur irgend möglich geholt wurde. Die Kolonialisten stützten sich auf die Sklaverei, um den Arbeitern auf den Zuckerfeldern keinen Lohn zahlen zu müssen. Und zuletzt gelang es zu Hause in Europa deutschen Forschern, die Pflanze heranzuzüchten, die wir heute Zuckerrübe nennen. Sie wuchs und gedieh im kühlen europäischen Klima, und man war nicht mehr darauf angewiesen, den raffinierten Zucker quer über den Atlantik zu transportieren.

Im Lauf weniger Jahrhunderte verwandelte der Preiswettlauf Zucker vom *weißen Gold* in eines der billigsten Dinge, die man überhaupt essen kann. Und daran hat sich bis heute nichts geändert. Lediglich ein paar Lebensmittel wie zum Beispiel Reis können es in puncto Preis mit raffiniertem Zucker aufnehmen. Alles andere, von Milch über Kartoffeln bis zu Hafer, ist teurer.

Wegen seines niedrigen Preises und unserer Vorliebe für Süßes ist raffinierter Zucker zu einem Eckpfeiler der modernen Ernährung geworden. Im Durchschnitt essen die Dänen 50 Gramm zugesetzten Zucker pro Tag, was 10 Teelöffeln, 20 Zuckerwürfeln oder einem Zehntel unserer gesamten Kalorienzufuhr entspricht. In Deutschland liegt der Verbrauch mit 91 Gramm Zucker pro Tag und Kopf fast doppelt so hoch.

* * *

Stellen Sie sich einmal vor, Sie schließen sich nach dieser kleinen Einführung der *dunklen Seite* an. Sie werden von einem Lebensmittelkonzern angestellt, wo Sie die Aufgabe haben, Nahrungsmittel-Superstimuli zu entwickeln. Was haben Sie bisher Nützliches gelernt?

Zuallererst wissen Sie, dass wir Menschen auf Süßes stehen, das den Appetit anregt, also sollte Ihr Produkt auf jeden Fall

Zucker enthalten. Außerdem wissen Sie, dass Zucker durch den technologischen Fortschritt extrem billig ist. Das heißt, Sie können ihn in großen Mengen einsetzen, ohne sich Gedanken um die Kosten machen zu müssen. Und schließlich haben Sie gelernt, je schneller ein Stoff vom Körper aufgenommen und ins Gehirn transportiert wird, desto effektiver wirkt er als Superstimulus.

Das bringt Sie auf eine gute Idee. Indem Sie den Zucker in einer Flüssigkeit auflösen, stellen Sie sicher, dass er schnell vom Körper aufgenommen wird. Denn alles, was wir essen, wird zu Flüssigkeit, wenn wir es verdauen. Durch die Herstellung einer Zuckerflüssigkeit können Sie die Verdauung einfach überspringen und sorgen so dafür, dass die Verbraucher den Zucker schnellstmöglich aufnehmen.

Voilà, ein Getränk voller Zucker. Jetzt können Sie reich werden.

Okay, in Wahrheit sind Sie natürlich viel zu spät dran, um diese Erfindung für sich zu beanspruchen. Es existiert bereits eine globale Industrie, die sich dem Verkauf von Limonaden, Eistees, Sportgetränken, Fruchtsäften, Energy Drinks und Ähnlichem widmet. Die Formel dahinter ist eine simple: Wasser, Unmengen an Zucker und ein paar Geschmacksstoffe. Mehr braucht es tatsächlich nicht, um Milliarden zu verdienen.

Zwar enthielt Coca-Cola früher auch Kokain, doch diese Zutat hat man gestrichen. Um die Kunden abhängig zu machen, sind nämlich lediglich große Mengen des anderen weißen Pulvers nötig. Das können wir unter anderem beobachten, wenn wir den Kühlschrank eines durchschnittlichen Dänen (oder Deutschen) öffnen. Wir trinken nämlich so viel Limonade, dass man davon Zahnschmerzen bekommen will. Allein zu Hause liegt der Verbrauch pro Kopf in Dänemark bei rund 82 Litern jährlich (77 Liter in Deutschland). Zählt man sämtliche gesüßten Getränke mit, kommen wir auf 127 Liter Softdrinks

(Deutschland: 122 Liter), weil manche von uns offenbar völlig verrückt nach Fruchtsaftgetränken sind.

Das ist nicht nur deshalb ein Problem, weil es unseren armen Zahnärzten und -ärztinnen den Schlaf raubt. Süße Getränke sind nämlich leider auch eine äußerst effektive Methode, einen Menschen dick zu machen, weil wir die Kalorien in einem Softdrink nicht kompensieren. Normalerweise essen Sie weniger zu Abend, wenn Sie ein üppiges Mittagessen hatten, und Sie essen weniger Fleisch, wenn Sie dafür ein paar Kartoffeln mehr auf den Teller laden. Das liegt daran, dass Ihre natürliche Appetitregulation im Blick behält, wie viele Kalorien Sie zu sich genommen haben, und dafür sorgt, dass Sie die Gabel liegen lassen, wenn Sie genug hatten.

Süße Getränke aber stören diesen Prozess. Erstens ist der enorme Zuckergehalt ein Superstimulus, der unser Gehirn, wie wir inzwischen wissen, nach mehr schreien lässt. Zweitens enthalten die meisten Süßgetränke weder Proteine noch Ballaststoffe, die sonst am meisten zur Sättigung beitragen. Und drittens sättigen Flüssigkeiten im Allgemeinen nicht sonderlich gut.

Eigentlich haben wir sogenannte Dehnungsrezeptoren in der Magenwand, die registrieren, wie voll dieser ist, und die das Gehirn über den Zustand informieren. Aber denken Sie daran, Flüssigkeiten werden vom Körper blitzschnell aufgenommen (und auch rasch wieder ausgeschieden). Das bedeutet, dass sie den Magen nicht besonders lange füllen. Folglich essen Sie nicht weniger, weil Sie eine Cola mehr trinken. Die Kalorien aus der Limonade kommen einfach mit obendrauf, und deshalb erhöhen Limonaden das Risiko zuzunehmen.

Cola-Sterin

Limonaden und Softdrinks sind nicht nur ungesund, weil sie dick machen.

Das sehen wir beispielsweise an einer Schweizer Studie, bei der die Wissenschaftler eine Gruppe Versuchspersonen, die normalerweise keine Limonade tranken, dazu brachte, damit anzufangen. Während des Versuchs nahmen die Wissenschaftler regelmäßige Blutproben, und es dauerte nicht mehr als zwei bis drei Wochen, ehe die Werte sich in eine besorgniserregende Richtung bewegten.

Das Cholesterin-Niveau der Probandinnen und Probanden stieg, ebenso wie ihr Blutdruck und ihre Entzündungswerte. Zusammengenommen bilden diese drei Werte unter anderem die größten Risikofaktoren, um später an Herz-Kreislauf-Erkrankungen wie Thrombosen, Hirnblutungen und Herzproblemen zu leiden.

Selbst wenn man also normalgewichtig ist, hat es negative gesundheitliche Auswirkungen, zu viele süße Getränke zu sich zu nehmen. Und ich wiederhole: All das passierte innerhalb von *zwei bis drei Wochen*.

* * *

Ein alter Abnehmtipp lautet: Hören Sie auf, Kalorien zu trinken. Das schließt bis auf Weiteres all die Produkte aus, mit denen wir uns beschäftigt haben, und es bleiben Wasser, Kaffee und Tee übrig. Das klingt nach einer guten Regel, aber Regeln sind doch dazu da, um gebrochen zu werden. Was kann man also tun, wenn man an einem heißen Sommertag gern eine kühle Cola genießen will?

Womöglich haben Sie bereits an eine Lösung gedacht. Denn das Problem mit den Softdrinks sind die enormen Mengen an Zucker. Was, wenn man stattdessen also Light-Produkte trinkt? Sie sind mit künstlichen Süßstoffen versetzt, die die Geschmacksrezeptoren der Zunge hinters Licht führen. Diese Stoffe schmecken für die Zunge süß, obwohl sie in Wahrheit gar kein Zucker sind. Das Konzept könnte man so erklären:

Stellen Sie sich die Geschmacksrezeptoren auf Ihrer Zunge als eine Art Schloss vor. Wenn Sie etwas mit Zucker essen, passt der Schlüssel (Zucker) ins Schloss (Geschmacksrezeptoren für Süßes) und kann es öffnen. Deshalb nehmen Sie Zucker als etwas wahr, das süß schmeckt. Doch es gibt auch andere Schlüssel (künstliche Süßungsmittel), die das Schloss öffnen können. Manche von ihnen haben wir selbst entwickelt, andere stammen aus der Natur. In beiden Fällen sind solche künstlichen Süßungsmittel üblicherweise Stoffe, die unser Darm nicht verdauen kann, weshalb wir auch keine Kalorien aus ihnen gewinnen können; was natürlich nicht gleichbedeutend damit ist, dass Light-Produkte gesund wären. Eine Cola Zero ist immer noch ein »Frankenfood«, bestehend aus kohlensäurehaltigem Wasser, Phosphorsäure, künstlichen Süßungsmitteln und dem Karamellfarbstoff E150d.

Dennoch besteht kein Zweifel daran, dass Light-Produkte gesünder als die Zuckerversionen sind. Unter anderem können wir das besagter Schweizer Studie entnehmen. Hier wiesen die Forscher nach, dass Nicht-Limonadentrinker, die beginnen, Softdrinks zu sich zu nehmen, höhere Cholesterinwerte, einen höheren Blutdruck und höhere Entzündungswerte entwickeln. In derselben Studie ließen die Forscher manche ihrer Probanden aber auch Wasser durch Light-Getränke ersetzen. Es änderte gar nichts an ihren Blutwerten.

Gleichzeitig wurden auch Studien angestellt, in denen man Limonadentrinker zu Light-Produkten wechseln ließ. Dabei verbesserten sich ihre Blutwerte in ähnlicher Weise, als hätten sie die Limonade durch Wasser ersetzt.

Jetzt dürfen Sie allerdings nicht glauben, dieses Buch hier sei eine Verteidigungsschrift für Süßungsmittel. Erst kürzlich landete das beliebteste Süßungsmittel, Aspartam, in der Kategorie »möglicherweise krebserregend« der Weltgesundheitsorganisation WHO. Manch einer argumentiert daher inzwischen, Light-Produkte seien schlimmer als die Zuckerversionen, die sie eigentlich ersetzen sollen. Aber die Kategorisierung der WHO ist in Wahrheit gar nicht so furchterregend, wie sie klingt. In derselben Kategorie wie Aspartam stoßen wir unter anderem auf Aloe Vera, die Arbeit als Zimmermann und eingelegtes Gemüse. In der Kategorie über »möglicherweise krebserregend« – also der Kategorie mit einer stärkeren Krebs-Evidenz – befindet sich »das Trinken sehr heißer Getränke mit einer Temperatur von über 65 Grad Celsius«.

Der Grund dafür, dass Aspartam als möglicherweise karzinogen gelistet wird, ist der, dass Studien gelegentlich behaupten, eine Verbindung zwischen dem Süßungsmittel und einem geringfügig erhöhten Krebsrisiko festgestellt zu haben. Normalerweise handelt es sich dabei aber um so große Mengen, dass Sie mehr als neun Dosen Light-Limonade täglich trinken müssten, bevor die Sache problematisch wird. Und viele Studien können selbst bei einem Konsum dieser Größenordnung kein Gesundheitsrisiko ausmachen. Wenn die WHO Aspartam also als »möglicherweise krebserregend« einstuft, dann tut sie das hauptsächlich, um auf der sicheren Seite zu sein.

Als einzigen Schluss können wir daraus ziehen, dass es vermutlich gesünder ist, Wasser anstelle von Pepsi Zero Zucker zu trinken. Aber im Vergleich mit zuckerhaltigen Softdrinks sind Light-Produkte ohne jeden Zweifel die gesündere Wahl.

Schlechte Handhygiene ist auch nicht ohne

Gegen Ende des 19. Jahrhunderts aß der russische Chemiker Constantin Fahlberg zu Mittag und wunderte sich darüber, dass sein Brot süß schmeckte. Dann fiel ihm ein, dass er wahrscheinlich vergessen hatte, sich die Hände zu waschen, also stammte der Geschmack wohl von einer der Chemikalien aus seinem Labor. Ich weiß nicht, ob die Forscher damals aus einem anderen Holz geschnitzt waren, aber Fahlberg machte sich ans Lösen dieses Rätsels, indem er zurück ins Labor ging und von den verschiedenen Reagenzien probierte. Auf genau diese Art wurde das erste künstliche Süßungsmittel der Welt, Saccharin, entdeckt.

Aus seltsamen Gründen ist diese Geschichte jedoch nicht nur die Geschichte eines *einzelnen* künstlichen Süßungsmittels. Im Großen und Ganzen ist es die Geschichte über sie alle. Das meistgenutzte Süßungsmittel der Welt, Aspartam, wurde zum Beispiel 1965 entdeckt, als der amerikanische Chemiker James Schlatter bei einem seiner Versuche seinen Finger ableckte, um in einem Stapel Papiere zu blättern. Und ein weiterer beliebter Süßstoff, Acesulfam-K, wurde auf exakt die gleiche Weise entdeckt. Glücklicherweise aber nicht vom selben Chemiker.

* * *

Es wird Sie wahrscheinlich nicht überraschen, dass große Zuckermengen das Geheimnis hinter Nahrungsmittel-Superstimuli wie Eis, Gummibärchen und Schokolade sind. Doch die Zuckersaga ist hier noch lange nicht zu Ende.

Zugesetzten Zucker finden wir nämlich nicht nur in Desserts und Snacks. Im Grunde enthalten *alle* Produkte im Supermarkt zugesetzten Zucker. Zum Beispiel Salatdressing, Wurstaufschnitt, Bohnen aus der Dose, Makrelen in Tomatensoße, Rotkohl, Nudelsoßen, Müsli, Frühstücksprodukte (selbst die mit Vollkorn), Fertiggerichte, Roggenbrot, ja, sogar Zigaretten enthalten Zucker.

Die Hersteller sind mitunter ehrlich und setzen Zucker auf die Zutatenliste, aber vielen von ihnen ist durchaus bewusst, dass das keine besonders smarte Verkaufsstrategie ist. Stattdessen benutzen sie deshalb Namen, die nach etwas anderem klingen, in Wirklichkeit aber nur Zucker sind, so wie *Dextrose*, *Maltodextrin* oder *Isoglucose*.

Am gerissensten versteckt man die Zutat Zucker aber, indem man verschiedene Formen von Konzentrat verwendet. Entdecken Sie zum Beispiel Fruchtkonzentrat auf der Zutatenliste, denken Sie wohl kaum, dass das etwas Ungesundes sein könnte. Fruchtkonzentrat ist aber nichts anderes als ein Obst, das so lange auseinandergenommen wurde, bis eigentlich nur noch der reine Zucker übrig ist. Zuerst entfernt man die Schale, in der sich ein Großteil der Vitamine und Ballaststoffe der Frucht befindet. Aus dem übrig gebliebenen Teil stellt man Saft her und entzieht ihm so das Fruchtfleisch und damit den letzten Rest an Ballaststoffen. Im letzten Schritt wird das Wasser verdampft, sodass nicht viel anderes übrig bleibt als … Zucker.

Dieses Tricks bedient man sich bei Snacks für gesundheitsbewusste Verbraucher, denn Fruchtkonzentrat hört sich gesünder an als Zucker. Aber auch bei gewöhnlichen Produkten wie Ketchup nutzt man diesen Trick, dort wird teilweise mit Tomatenkonzentrat gesüßt.

In beiden Fällen ergibt es durchaus Sinn, Zucker hinzuzufügen. Aber warum finden wir ihn auch auf der Zutatenliste hinten auf der Wurstpackung oder beim Roggenbrot?

Um die Antwort darauf zu erhalten, müssen wir unseren Blick auf den Darm richten. Zunächst einmal nicht auf den menschlichen, sondern auf den von Ratten. Denn genau wie wir Menschen ziehen Ratten Essen mit zugesetztem Zucker vor. Wir wissen ja bereits, dass die Cafeteria-Nahrung, die sich unter anderem aus Nutella, Muffins und Käsekuchen zusammensetzt, unter Ratten ein echter Renner ist und sie in Rekordzeit zunehmen lässt.

Wenn wir sie fragen könnten, warum sie diese Art von Nahrung so gern fressen, würden sie ungefähr das Gleiche antworten wie wir. *Weil es gut schmeckt.* Aber Geschmack kann nicht die ganze Erklärung sein. Forscher haben nämlich Versuche durchgeführt, bei denen Ratten ihr Futter direkt in den Darm verabreicht bekamen. Das heißt, sie hatten gar keine Möglichkeit, das Essen zu schmecken, das sie erhielten. Trotzdem zogen sie das Futter mit zugesetztem Zucker vor. Man hat sogar Studien mit einem vergleichbaren Versuchsaufbau an Menschen vorgenommen, in denen die Resultate ähnlich ausfielen. Die Versuchspersonen wollten lieber das Essen mit zugesetztem Zucker haben, auch wenn sie das Süße daran überhaupt nicht schmecken konnten.

Ursächlich dafür sind ein paar besondere Nervenzellen im Darm, die die Inhaltsstoffe der Nahrung kontrollieren, die wir zu uns nehmen. Manche dieser Nervenzellen registrieren Zuckerstoffe und senden ein Signal ans Gehirn: *Das hier ist lecker.* Auf diese Weise entfaltet Zucker eine anziehende Wirkung und steigert die Lust, mehr davon zu essen, obwohl hier nur von geringen Mengen die Rede ist und obwohl wir sie nicht einmal schmecken können.

Allzu ängstlich müssen Sie deshalb aber nicht sein. Es ist zwar eine gute Idee, eher wenig zugesetzten Zucker zu sich zu nehmen. Aber das bisschen Zucker, das in Roggenbrot, Bohnen in der Dose oder Makrelen in Tomatensoße enthalten ist, macht diese Produkte nicht ungesund. Es handelt sich bloß um kleine Mengen, die zudem gemeinsam mit unter anderem

Ballaststoffen, Proteinen, Vitaminen und Mineralien »serviert« werden.

Die Tatsache, dass Roggenbrot zugesetzten Zucker enthält, illustriert lediglich, dass Zucker schlicht einer der appetitanregendsten Stoffe ist, die wir kennen. Und deshalb wird er auch in großen Mengen eingesetzt, um wahre Nahrungsmittel-Superstimuli zu schaffen. Fast-Food-Ketten wissen zum Beispiel ganz genau, was das weiße Gold mit unserem Appetit anstellt, und mischen massenweise Zucker in alles: von Pizzateig und Pizzasoße über Burgerbrötchen, Sandwichbrot, Salatdressing, Sushi-Reis bis hin zu Thaigerichten, indischem Essen und so weiter.

Hier noch ein etwas lustiges Beispiel: Der Oberste Gerichtshof Irlands urteilte vor einigen Jahren, dass das Sandwichbrot der Fast-Food-Kette Subway gar kein Brot sei. Es enthält dermaßen viel Zucker, dass es als *Kuchen* eingestuft werden muss.

Kaninchenhunger

Während des Zweiten Weltkriegs verteilte das amerikanische Heer einen Überlebensratgeber an seine Soldaten. Darin stand zu lesen: »Essen Sie unter keinen Umständen nur Kaninchenfleisch ... das führt zu *Kaninchenhunger*. Innerhalb einer Woche bekommen Sie Durchfall, und wenn Sie sich weiter so ernähren, KÖNNEN SIE DARAN STERBEN.«

»Gestorben an Kaninchenhunger« klingt in einem Nachruf jetzt nicht besonders toll, seien Sie also gewarnt.

Okay, es gibt keinen Grund zur Panik, wenn Sie eines Tages mal zu einem Kaninchenragout eingeladen werden. Das ist weder giftig noch gesundheitsschädlich. Sie können nur nicht *ausschließlich* von Kaninchen leben, aus dem einfachen Grund, da Kaninchen zu mager sind. Menschen brauchen in ihrer Ernährung ein wenig Fett, und Kaninchenfleisch ist zu fettarm, um unseren Bedarf zu decken.

Sehen Sie, wie alle anderen Tiere sind Kaninchen nicht sonderlich erpicht darauf, gefressen zu werden. Aber sie haben weder Hörner noch scharfe Klauen, um sich gegen Raubtiere zu verteidigen. Stattdessen besteht die Überlebensstrategie von Kaninchen darin, wirklich schwer zu fangen zu sein. Ihre Augen sitzen seitlich am Kopf, sodass ihr Blickfeld annähernd 360 Grad umfasst. Mit ihren großen Ohren fangen sie selbst die leisesten Geräusche ein. Und überdies sind Kaninchen schneller und weitaus akrobatischer als die meisten anderen Tiere.

Das hat allerdings zur Folge, dass Kaninchen kein überschüssiges Gewicht haben dürfen. Jedes zusätzliche Gramm könnte den Unterschied zwischen »gerade noch so entwischen« und einem Ende als jemandes Abendbrot bedeuten. Deshalb enthält Kaninchenfleisch unglaublich wenig Fett – etwa ein Gramm Fett kommen auf 100 Gramm Körpergewicht. Damit zählen Kaninchen zu den trainiertesten Tieren überhaupt. Aber auch andere wilde Tierarten sind überraschend schlank. Wenn Sie sich zu gewissen Jahreszeiten zum Beispiel ausschließlich von Rentieren ernähren, können Sie ebenso gut an Kaninchenhunger erkranken.

Diese schlanken Tiere in der Natur bilden einen Gegensatz zu jenen, die Sie und ich jeden Tag zu uns nehmen. Vielleicht ist Ihnen das noch nicht aufgefallen, aber unsere landwirtschaftlichen Nutztiere sind ziemlich proper. Ursache dafür ist unter anderem eine ungesunde Ernährung und insgesamt recht kümmerliche Lebensverhältnisse. Aber selbst wenn sie im Freien und in gesunder Umgebung aufgezogen werden, neigen unsere Nutztiere dazu, mehr Fett anzusetzen als ihre wilden Verwandten. Schweine weisen beispielsweise einen dreieinhalbmal so hohen Körperfettgehalt auf wie Wildschweine. Und Rinder haben vier- bis sechsmal mehr Körperfett als ihre nahen Verwandten Bisons und Büffel.

Möglicherweise klingelt da etwas bei Ihnen. Falls nicht, gebe ich Ihnen einen Tipp: *Pfirsiche*. Die Geschichte ist hier nämlich die gleiche wie bei der Frucht, die im Laufe der Zeit immer süßer wurde. Schweine, Rinder und weitere Nutztiere tendieren dazu, mehr Fett zu speichern als ihre Vorfahren, weil sie, genau wie Pfirsiche und Wassermelonen, eine menschliche Erfindung sind.

Seit wir damit begonnen haben, Tiere zu zähmen und einen Zaun oder einen Stall um sie zu bauen, haben wir an ihnen die Eigenschaften herausgezüchtet, die für uns am nützlichsten sind. Unter anderem sind Nutztiere auf diese Weise viel friedlicher geworden, als ihre Vorfahren es einst waren. Es hat sie aber auch nach unseren Geschmacksvorlieben geformt. In diesem Fall nach unserem Bedürfnis nach Fett.

Wir stehen deshalb so sehr auf Fett, weil es die konzentrierteste Energiequelle der drei Hauptelemente unserer Ernährung darstellt: Fett, Proteine und Kohlenhydrate. Fett enthält mehr als doppelt so viele Kalorien pro Gramm wie Proteine und Kohlenhydrate, was Fett für unsere Ahnen besonders wertvoll machte. Wenn man permanent in der Gefahr lebt zu verhungern, gilt es nämlich, sich die kaloriendichteste Nahrung zu beschaffen. Also die Nahrung, bei der man aus einer bestimmten Menge die meisten Kalorien gewinnt.

Stellen Sie sich zum Beispiel zwei Steinzeitmenschen vor. Der eine ist völlig verrückt nach Nüssen, während der andere Sellerie liebt. Im Gegensatz zu Sellerie enthalten Nüsse richtig viel Fett und daher sehr viel mehr Kalorien. Um die gleiche Menge Kalorien aus Sellerie zu bekommen wie aus einer Handvoll Nüsse, müssen Sie *ein ganzes Kilo* davon knabbern. Folglich hatte der Steinzeitmensch, der Fett vorzog und deshalb gern Nüsse (oder fettes Fleisch) aß, eine bessere Chance, nicht zu verhungern. So wurden diese Steinzeitmenschen unsere Vorfahren und haben uns diese Präferenz vererbt.

Rein physiologisch beginnt unsere Begeisterung für fetthaltige Lebensmittel bereits im Mund. Fett zählt zwar nicht zu den fünf offiziellen Geschmacksrichtungen – süß, sauer, salzig, bitter und umami –, aber Geschmacksforscher haben herausgefunden, dass wir stattdessen durch das sogenannte Mundgefühl von Fett angezogen werden. Denken Sie an den Unterschied zwischen einer Soße, die mit Sahne zubereitet wird, und einer Soße aus (Gott bewahre) Wasser. Die Sahnesoße *fühlt* sich einfach besser an, aber wir wissen tatsächlich noch nicht ganz genau, warum.

Wie bei unserer Vorliebe für Süßes geht es beim Bedürfnis nach fettem Essen aber nicht nur um das, was im Mund passiert. Denn wir haben ja unsere Nervenzellen im Darm, die analysieren, was wir gegessen haben. In diesem Fall achten sie auf den *Fett*gehalt des Essens und informieren das Gehirn darüber.

Aus diesem Grund fällt es uns auch so schwer, unseren Körper mit Diätessen hereinzulegen. Oft versucht man dabei, das Mundgefühl von Fett mithilfe von verschiedenen Zutaten nachzuahmen, die eine ähnliche Geschmackstextur haben. Doch die Nervenzellen im Darm lassen sich nicht so leicht täuschen. Sie registrieren, dass die Diätvariante weniger Fett und weniger Kalorien hat. Wenn das Gehirn diese Informationen erhält, ist die Konsequenz, dass wir am Ende trotzdem wieder Lust auf die fetthaltige Variante haben, obwohl die beiden Versionen im ersten Moment vielleicht gleich schmecken.

* * *

Fast Food ist ein Hauptfaktor der Fettleibigkeits-Epidemie, und auch hier ist Fett der große Sünder. Ein Big Mac enthält zum Beispiel nicht nur Fett im Käse und im Fleisch, sondern auch im Dressing und, in Form von Rapsöl, im Brötchen. Das überrascht Sie sicherlich nicht.

Ich will McDonald's und Co. in diesem Buch nicht verteidigen – sie tragen ohne jeden Zweifel einen Teil der Verantwortung für unsere Gewichtsprobleme. Aber ein Einschießen auf Fast Food allein würde bedeuten, dass andere Bereiche der Lebensmittelindustrie leicht und elegant um die Kritik herummanövrieren würden.

In einer großangelegten Studie hat eine internationale Forschungsgruppe beispielsweise den Kaloriengehalt von Fast Food mit dem Kaloriengehalt von Speisen aus gewöhnlichen

Restaurants verglichen. Also solchen, bei denen man an einem Tisch sitzt und von einem Kellner bedient wird. Die meisten Menschen gehen davon aus, dass das Essen dort gesünder ist als bei den Fast-Food-Ketten, jedenfalls bin ich selbst immer davon ausgegangen. In einem Restaurant überwiegt meistens das Grüne auf dem Teller, und das Essen sieht üblicherweise auch weniger fettig aus. Ironischerweise stellt sich aber heraus, dass Restaurantgerichte in der Regel *mehr* Kalorien enthalten als Fast-Food-Mahlzeiten.

Das ist so, weil sich Restaurants in einem knallharten Wettbewerb miteinander befinden, genau wie Fast-Food-Ketten. Und diesen Wettbewerb gewinnt man nicht, indem man mit Kalorien geizt.

Wenn die Restaurants wollen, dass wir wiederkommen, müssen sie notwendigerweise sämtliche Geschmacksfacetten in den Wettbewerb mit einbeziehen, auch die »billigen«, wie die Verwendung großer Mengen an Fett. Das lässt sich vor allem daran beobachten, dass in Restaurantküchen enorm viel Butter und Öl eingesetzt wird. Selbstverständlich kommt auch Zucker hinzu, um das Essen schmackhafter zu machen. Aber in diesem Fall ist es wirklich clever, uns mit Fett anzulocken. Studien zeigen nämlich, dass wir nicht besonders gut darin sind, den Fettgehalt in unserem Essen einzuschätzen. Wenn man Versuchspersonen eine Mahlzeit serviert und sie fragt, wie viel Zucker darin enthalten ist, sind sie für gewöhnlich in der Lage, eine einigermaßen richtige Einschätzung abzugeben; jedenfalls, wenn die Zuckermenge ein gewisses Niveau übersteigt.

Im Vergleich dazu liegen Versuchspersonen bei der Einschätzung des Fettgehalts oft daneben. Manche Gerichte können durchaus die doppelte Menge an Fett enthalten, ohne dass die Versuchspersonen das überhaupt bemerken. Und um es auf die Spitze zu treiben, ist es sogar möglich, Personen Gerichte als *weniger* fetthaltig einstufen zu lassen, indem man ein kleines bisschen Zucker zu den großen Mengen an Butter und Öl hinzugibt.

Im Darm wird der nach wie vor hohe Fettgehalt natürlich registriert, und das Gehirn denkt sich »mjam«, sodass wir das Restaurant gern wieder besuchen. Doch dadurch, dass uns nicht bewusst ist, wie viel Fett wir aßen, haben wir auch nicht den Eindruck, eine ungesunde Mahlzeit eingenommen zu haben.

(Bevor alle meine Lieblingsrestaurants mir jetzt Hausverbote erteilen, will ich gleich anmerken, dass eine gute Küche selbstredend nicht auf »einfach eine Menge Fett und Zucker hinzugeben« reduziert werden kann. Es hilft. Aber wie bei jeder Kunst spielen auch beim Kochen viele Facetten eine Rolle. Der springende Punkt ist jedoch, dass es simple Tricks gibt, mit denen man Essen ansprechender machen kann, und diese Tricks sind dieselben, ob man nun eine Fast-Food-Kette oder ein schickes Restaurant ist.)

* * *

Fett allein finden wir schon super, genau wie Zucker, aber der echte Zauber entsteht erst, wenn man die beiden miteinander *kombiniert*. »Fett + Zucker« ist die Formel hinter eigentlich allen Snacks aus dem Supermarkt. Neben Zucker enthält Eis Fett von der Sahne. Schokolade enthält Fett von der Kakaobohne. Kuchen enthält Fett von Butter oder Öl und so weiter. Diese Regel gilt sogar für Softdrinks. Sie enthalten an sich zwar kein Fett, aber einer der beliebtesten Partner von Cola sind Chips – mit Fett aus Öl – oder fetthaltige Gerichte wie Pizza oder Burger.

Warum uns die Kombination aus Fett und Zucker besonders anzieht, wissen wir nicht mit Sicherheit. In der Natur begegnet uns diese Kombination nie. Essen mit einem hohen Zuckergehalt findet man durchaus, beispielsweise Honig. Genauso gibt es Nahrungsmittel mit einem hohen Fettgehalt wie Nüsse. Aber einen hohen Gehalt an beidem finden wir nicht.

Im Lauf dieses Buchs werden wir wieder und wieder sehen, dass wir Menschen es lieben, verschiedene Elemente, die an sich bereits stimulieren, miteinander zu kombinieren. Süßigkeiten und Filme zum Beispiel oder Alkohol und gute Musik. Vielleicht ist die Kombination aus Fett und Zucker ja deshalb so beliebt. Ihr Gehirn deutet es schließlich als Jackpot des Jahrhunderts, wenn Sie ein Stück von einem Schokoriegel abbeißen.

Es gibt aber auch eine weitere mögliche Erklärung, und nun tut es mir leid, wenn ich Ihnen Ihren Lieblingssnack madig mache. In der Natur existiert *tatsächlich* ein einziges Lebensmittel, das sowohl große Fett- als auch große Zuckermengen enthält …

Menschliche Muttermilch.

Darin stammen etwa fünfundfünfzig Prozent der Kalorien aus Fett, vierzig Prozent aus Kohlenhydraten (in Form von Milchzucker) und fünf Prozent aus Proteinen. Das stimmt verdächtig genau mit allen möglichen Snacks aus dem Supermarkt überein.

Versuchen wir mal einen Vergleich: Die Kalorien in Muttermilch setzen sich wie gesagt im Verhältnis 55:40:5 zusammen, also Fett:Kohlenhydrate:Proteine. Sehen Sie selbst, wie ähnlich das bei folgenden Snacks aussieht:

Schokolade: 50:45:5

Eis: 50:45:5

Plunderteilchen: 50:45:5

Donuts: 50:45:5

Käseflips: 55:40:5

Chips: 55:40:5

Nur Essen, das von Lebensmittelforschern entwickelt wurde, hat eine muttermilchähnliche Zusammensetzung. Natürliche Lebensmittel folgen dieser Formel nicht. Kidneybohnen beispielsweise haben das Verhältnis 5:70:25, ein Rindfleischsteak 50:0:50. Das gibt zu denken. Es ist also sehr gut möglich, dass die Lebensmittelforscher den Instinkt ausnutzen, der uns als ganz kleine Kinder zum Essen brachte. Damals mussten wir ja geradezu »überredet« werden, absurde Mengen Muttermilch zu trinken, damit wir groß und stark werden konnten.

Unter Lebensmittelforschern ist jedenfalls davon die Rede, dass genau dieses Verhältnis von Fett und Zucker/Kohlenhydraten dafür sorgt, dass Produkte einen *bliss point* treffen. Übersetzt könnten wir das einen *Glückseligkeitspunkt* nennen. Dabei hat das Essen eine maximale Auswirkung auf das Belohnungssystem Ihres Gehirns, was die Appetitregulierung gänzlich außer Kraft setzen kann. Möglicherweise versuchen einige Teile des Gehirns verzweifelt, die Botschaft »Wir haben jetzt genug Kalorien eingenommen« zu senden, aber trifft das Essen erst einmal den Glückseligkeitspunkt, wird das Gehirn vom Belohnungssystem überrumpelt, das lauthals brüllt: »Iss, iss, iss!«

Lieblingsfett

Früher war Butter einmal das Lieblingsfett der Lebensmittelindustrie, aber das ist sie heute nicht mehr. Heute sind die meisten industriell verarbeiteten Lebensmittel mit Pflanzenölen wie Palmöl, Sojaöl, Raps- oder Sonnenblumenöl versetzt.

In natürlichen Lebensmitteln ist an Pflanzenölen rein gar nichts auszusetzen. In industriell verarbeitetem Essen haben wir sie allerdings von ihrem natürlichen Kontext isoliert, um große Mengen essen zu können. Und das ist durchaus ein Problem.

Pflanzenöl enthält nämlich mehrfach gesättigte Fettsäuren, in erster Linie diejenigen, die man Omega-6 nennt. Andere mehrfach gesättigte Fettsäuren in unserem Essen sind Omega-3-Fettsäuren, die wir insbesondere aus fetten Fischen wie Lachs, Hering und Makrele gewinnen.

Als wir Jäger und Sammler waren – also unser »Ursprungszustand« –, aßen wir in etwa gleich viele Omega-3- wie Omega-6-Fettsäuren. Aufgrund der großen Mengen an Pflanzenöl in industriell verarbeiteten Lebensmitteln nimmt ein durchschnittlicher Europäer heute aber locker 20-mal mehr Omega-6 als Omega-3 zu sich.

Manchen Forschern bereitet das Sorgen. Wir wissen nämlich, dass Omega-6-Fettsäuren einen Einfluss auf die Entzündungen im menschlichen Körper haben. Und chronische Entzündungen treten in Verbindung mit vielen der schlimmsten Krankheiten auf.

Die Forschung auf diesem Gebiet weist jedoch in alle möglichen Richtungen, und die Ansichten darüber reichen von »Kein Problem« bis hin zu Aussagen im Stil von »Die Apokalypse naht«. Vielleicht ist man sich deshalb so uneins, weil es auch von unserer Genetik abhängt, wie gut wir die vielen Omega-6-Fettsäuren aus dem Industrieessen verarbeiten können. Jedenfalls deuten Studien darauf hin, dass der Verzehr von viel Pflanzenöl bei manchen Menschen zu gestiegenen Entzündungswerten führt, während andere keine Probleme damit zu haben scheinen.

Wenn Sie auf der sicheren Seite sein wollen, können Sie beim Kochen Olivenöl anstelle von Raps- oder Sonnenblumenöl verwenden. Und natürlich weniger Lebensmittel essen, die stark verarbeitet sind.

Was Fallschirmspringen und Salz gemeinsam haben

An einem warmen Morgen im Februar hebt in der namibischen Stadt Swakopmund ein ramponiertes Propellerflugzeug von einem kleinen Asphaltstreifen ab. Dem Flugzeug fehlt die rechte Tür, und mehrere Fenster sind bloß mit Klebeband befestigt. Aus unerklärlichen Gründen sitzen aber zwei junge Dänen in dem Flieger, verkleidet als ein Affe und eine Giraffe.

Der Affe bin ich, die Giraffe ist mein Freund Lars. Auf unserer Afrikareise haben wir uns gegenseitig angespornt, einen Fallschirmsprung zu wagen, und jetzt erfahren wir am eigenen Leib, wie lange eine halbe Stunde eigentlich dauern kann. Es stellt sich nämlich heraus, dass ein wackeliges Propellerflugzeug nervenzehrend lange braucht, um weit nach oben zu steigen.

Unten am Boden gab es keine Grenzen für unseren Übermut (daher die bescheuerten Kostüme), aber als Swakopmund nach und nach unter uns verschwindet, wird es still in der Kabine. Trotz allem ist es ein beeindruckender Anblick, während man sich dabei vor Angst in die Hosen macht. Unter uns treffen sich der orangefarbene Sand der Kalahari-Savanne und der Atlantik an der sogenannten Skelettküste. Oder im »Land, das Gott im Zorn erschuf«, wie die ortsansässigen San die Küste nennen.

Für einen Moment vergesse ich sogar, dass uns ein freier Fall mit bis zu 200 Stundenkilometern bevorsteht. Doch meine Tagträumereien währen nicht lange. Sie werden abrupt beendet, ein kräftiger Arnold-Schwarzenegger-Akzent holt mich zurück ins Hier und Jetzt und übertönt den ohrenbetäubenden Motorlärm ohne Probleme.

»*Too minutz.*«

Ein letztes Mal gehen wir die Sicherheitsabläufe durch.

Lars sitzt vorn und kann jetzt mehrere Kilometer in die Tiefe blicken.

»*Rea-dy?*«

Die Antwort höre ich nicht mehr. In einem Sekundenbruchteil wird ein großer Teenager aus Jütland aus der fehlenden Tür gesaugt wie eine Staubflocke von einem Staubsauger.

Dann bin ich an der Reihe.

»*Rea-dy?*«

Noch heute bin ich mir unsicher, ob ich überhaupt darauf geantwortet habe.

* * *

Zwei Mitglieder der heiligen Dreieinigkeit industriell verarbeiteter Lebensmittel haben wir bereits kennengelernt: Zucker und Fett. Das dritte ist Salz. Man könnte sogar diskutieren, ob Salz in Wahrheit nicht vielleicht den Thron für sich beansprucht.

Denn Sie können durchaus hochverarbeitete Lebensmittel ohne Zucker finden. Auch stark verarbeitetes Essen mit einem niedrigen Fettgehalt ist nicht schwer aufzutreiben. Richtig schwierig wird es jedoch, wenn Sie verarbeitete Lebensmittel ohne einen Salzgehalt finden wollen, der so hoch ist, dass allein der Gedanke daran mich durstig macht.

Das ist so, weil Salz eine Art Zauberzutat ist, wenn man Lebensmittel industriell herstellt. Durch Salz werden Lebensmittel länger haltbar, es verbessert ihr Aussehen und ihre Textur, und sie schmecken dadurch besser.

Wir Menschen werden nämlich instinktiv von Salz angezogen, und diese Neigung teilen wir mit den meisten anderen Tieren. Man kann diesen Instinkt sogar bis zu dem Zeitpunkt zurückverfolgen, an dem Wassertiere zum ersten Mal an Land gingen.

Salz ist lebenswichtig für alle biologischen Organismen, und wenn Sie von Meerwasser umgeben sind, bereitet es natürlich keine Probleme, es zu beschaffen. An Land allerdings ist Salz eine Mangelware. Trotzdem ist es noch genauso fundamental dafür, dass unter anderem unser Nervensystem und unsere Muskeln funktionieren, weshalb Landtiere darauf ausgerichtet sind, nach Salz zu suchen. Pflanzenfresser sind dabei besonders eifrig, weil Pflanzen weniger Salz enthalten als Fleisch. Aus diesem Grund essen Tiere, vom Schaf bis zum Elefanten, mit Vorliebe pures Salz.

Ganz so weit treiben wir Menschen es trotz allem nicht. Aber auch wir haben eine starke instinktive Vorliebe für Salz, die uns dabei helfen soll, einem Mangel zu entgehen.

Heißt das etwa, die Lebensmittelhersteller erweisen uns in Wahrheit einen Dienst, wenn sie den Salzeimer in all ihre Produkte leeren?

Na ja.

Der rein körperliche Bedarf an Salz liegt bei etwa einem halben Gramm täglich. Im Schnitt essen Dänen (und Deutsche) zwischen 8 und 11 Gramm Salz pro Tag, und es ist nicht ungewöhnlich, dass manche auf Werte von über 15 Gramm kommen.

Sie und ich nehmen also genug Salz zu uns, um den physiologischen Bedarf eines kleineren Dorfs abzudecken. Das liegt aber nicht an der Prise Salz, die wir selbst auf unser Essen streuen. Sie steht lediglich für einen winzigen Teil unseres gesamten Verbrauchs. Nein, das meiste Salz nehmen wir über verarbeitete Lebensmittel auf. Genau wie Zucker versteckt sich Salz nämlich überall. In Käse, Wurstaufschnitt und Brot kann sich leicht ebenso viel Salz befinden wie in einer Tüte Chips. Ja, selbst nicht verarbeiteten Lebensmitteln setzt man heimlich Salz zu, damit sie attraktiver für uns sind. Das schlimmste Beispiel dafür ist frisches Hühnchen, bei dem man eigentlich denken sollte, es würde, so wie es ist, nur verpackt und dann in die Tiefkühltruhe gelegt. Jedoch nutzen die Geflügelproduzenten oft eine Technik, die sie »Injizieren« oder »Plumping« nennen und bei der sie Salzwasser in das Fleisch hineinspritzen. Dadurch wird das Fleisch saftiger, es verbessert aber auch den Geschmack, weil das Wasser verdampft, sobald Sie das Hühnchen zubereiten. Zurück bleibt eine Menge Salz.

* * *

Wie Sie vermutlich schon geahnt haben, bin ich nach meinem Fallschirmsprung aus dem Flugzeug wieder heil und sicher gelandet. Zuerst drückte ich dem Boden unter meinen Füßen meine Dankbarkeit aus, doch anschließend unterhielt ich mich mit dem Fallschirmlehrer und wurde neugierig, wie es ihm eigentlich mit den Sprüngen erging.

»Es ist lange her, dass sie bei mir ein Kribbeln im Bauch verursachten«, sagte er. »Für mich ist es nicht aufregender, aus einem Flieger zu springen, als eine Runde mit meinem Auto zu drehen.«

Es klingt natürlich völlig verrückt, dass man derart entspannt mit einem freien Fall aus mehreren Kilometern Höhe umgehen kann, aber im Grunde ist das erwartbar. Wir haben ja gelernt, dass unser Körper dynamisch ist. Eine Anpassungsmaschine. Und das gilt in besonderem Maße für das Gehirn, das ein wahrer Experte darin ist, sich den Stimuli anzupassen, denen wir uns aussetzen – auch den ganz abgedrehten, wie aus einem Flugzeug zu springen.

Wenn Sie zum ersten Mal mit einem Fallschirm springen,

schüttet Ihr Gehirn große Mengen von unter anderem Adrenalin aus, und das verleiht Ihnen ein euphorisches Gefühl. Aber springen Sie immer wieder mit einem Fallschirm – so wie mein Lehrer –, schraubt Ihr Körper die Belohnung dafür still und leise herunter. Bis Sie den freien Fall schließlich so aufregend finden wie eine morgendliche Fahrt zum Bäcker.

Dieses Phänomen nennt sich *Desensibilisierung* und meint kurz gesagt das Prinzip: Je stärker wir einem bestimmten Reiz ausgesetzt werden, desto stärker verringert sich unsere Empfindlichkeit ihm gegenüber. Die Belohnung im Gehirn wird einfach immer kleiner, wenn wir eine belohnende Erfahrung häufig wiederholen. Aus dem gleichen Grund können sich reiche Menschen von einer Strandvilla mit zehn Sportwagen in der Garage gelangweilt fühlen, während bei anderen die erste kleine Wohnung und ein neuer Opel Corsa Euphorie auslösen.

Möglicherweise ist Ihnen der Begriff Desensibilisierung schon einmal im Zusammenhang mit Kampagnen gegen Drogenmissbrauch begegnet. Es ist nämlich die gleiche Form von sinkender Sensibilität, die Suchtkranke in Schwierigkeiten bringt. Oft nehmen sie zu Beginn nur eine winzige Menge eines bestimmten Stoffs ein, und die löst ein fantastisches High aus. Das wiederholt sich ein paarmal, doch mit der Zeit nimmt die Belohnung ab. Deshalb müssen Suchtkranke ihre Dosis erhöhen oder zu einer stärkeren Droge wechseln, um sich dem Gefühl des ersten High wieder anzunähern.

Ganz offenkundig funktioniert unsere Fettleibigkeits-Epidemie nach demselben Prinzip. Nehmen wir zum Beispiel Eis. Früher gab es Eis in einfachen Geschmacksrichtungen wie Vanille, Schokolade und Erdbeere. Heute bekommen Sie aber auch Eis wie das von Ben & Jerry's: kein simples Vanilleeis, sondern Vanilleeis gemischt mit Karamellsoße, Schokosplittern und Kekstein. Oder mit Browniestücken, Erdnussbutter und Marshmallows, um eine andere Sorte zu nennen. Das sind regelrechte Superstimuli-Bomben. Vanilleeis an sich ist ja bereits ein Superstimulus, der riesige Mengen an Zucker und Fett kombiniert. Trotzdem erscheint ein schlichtes Vanilleeis ziemlich blass neben einem Becher Ben & Jerry's.

Wir können für Eisesser also den gleichen Plot nachzeichnen, wie wir ihn bei Drogenkranken gesehen haben: Zuerst wird Eis erfunden. Es ist ein Superstimulus, der im Gehirn eine unnatürlich große Belohnung auslöst und deshalb schnell sehr beliebt wird. Mit der Zeit gewöhnen wir uns aber an diesen Überreiz, und das hat zur Folge, dass wir mehr brauchen.

Wie wäre es mit ein wenig Schokoladensoße obendrauf?
Bingo!

Doch auch die Freude darüber währt nicht ewig. Manch einer hat bald das Bedürfnis nach einer weiteren Eskalation – und so geht es immer weiter, bis wir schließlich bei Ben & Jerry's landen, womit das Ende der Fahnenstange längst noch nicht erreicht ist.

Natürlich setzt nicht jeder immer noch einen obendrauf. Genauso wenig hat nicht jeder Probleme mit Übergewicht, und ebenso wenig werden alle, die einmal euphorisierende Stoffe ausprobieren, davon abhängig und zerstören ihr Leben. Ist man allerdings empfänglich für Desensibilisierung, besteht ein höheres Risiko, nach immer stärkeren Reizen zu suchen, und damit auch dafür, übergewichtig zu werden in einer Welt, in der der nächste Superstimulus schon hinter der nächsten Ecke wartet.

Die gute Nachricht ist, dass diese Entwicklung nicht nur in eine Richtung verläuft. Es gibt auch die *Resensibilisierung*. Also einen Prozess, bei dem wir unsere natürliche Empfindlichkeit gegenüber einer Belohnung **wiederentdecken** – und hier kommt wieder das Salz ins Spiel.

Wir wissen inzwischen, dass ein durchschnittlicher Europäer genügend Salz isst, um den Bedarf eines kleineren Dorfs zu decken, und das tun wir, weil wir gegenüber salzigen Geschmacksrichtungen desensibilisiert sind. Das Ganze ist ein Teufelskreis, bei dem die Lebensmittelkonzerne ihre Produkte mit zusätzlichem Salz versehen, damit sie besonders gut schmecken. Weil wir uns an dieses Salzniveau aber gewöhnen, wird es unter Umständen nötig, es wieder und wieder zu erhöhen, um den gleichen Geschmackseffekt zu erzielen.

Amerikanische Forscher haben jedoch gezeigt, dass wir diese Sensibilität innerhalb relativ kurzer Zeit zurückerlangen können. In einer Studie rekrutierten die Forscher Probanden, die sich durchschnittlich amerikanisch ernährten, und halfen ihnen, ihren Salzkonsum zu verringern. Anschließend begleiteten sie die Probanden für fünf Monate und ließen sie regelmäßig unter anderem Suppen und Cracker mit variierendem Salzgehalt probieren.

Anfangs entschieden sich alle Versuchsteilnehmer für die jeweils salzigsten Produkte – sie waren es schließlich gewohnt, massenweise hochverarbeitete Lebensmittel zu sich zu nehmen. Doch allmählich wurden diejenigen Teilnehmer, die ihren Salzkonsum einschränkten, wieder geschmacksempfindlicher. Die salzigsten Produkte waren ihnen zu heftig, und sie begannen allgemein, Geschmäcker als salziger einzustufen als vorher.

Mit anderen Worten hatten sie ihre natürliche Empfindlichkeit wiedererlangt und konnten Speisen mit weniger Salz genießen. Zu Beginn muss das den Versuchspersonen ziemlich langweilig vorgekommen sein, da sie wahrscheinlich das Gefühl hatten, ihr Essen schmecke nach nichts. Wesentlich ist aber, dass es auf lange Sicht ziemlich hilfreich sein kann, in diesem Punkt zu deeskalieren. Wenn Sie es durch die Gewöhnungsphase hindurchschaffen, werden Sie sensibler für salzigen Geschmack, und dann können Sie Ihr Essen genauso wie vorher genießen, nur mit weniger Salz.

* * *

Eine weitere gute Nachricht ist, dass wir nicht nur unsere Salzempfindlichkeit wiedergewinnen können. Resensibilisierung funktioniert bei vielen verschiedenen Geschmackswahrnehmungen. So zum Beispiel auch bei Zucker. In einer Studie, die an den gerade vorgestellten Salzversuch erinnert, schränkte die Hälfte der Versuchspersonen ihren Zuckerkonsum unter Anleitung der Forscher ein. Innerhalb der folgenden drei Monate setzte man den Versuchsteilnehmenden Puddings mit variierendem Zuckergehalt vor und bat sie, einzuschätzen, wie süß sie schmeckten. Genau wie in der Salzstudie erwies sich die Personengruppe, die weniger Zucker konsumierte, als geschmackssensibler. Sie stufte die Puddings um vierzig Prozent süßer ein als die Gruppe, die weiterhin große Mengen Zucker zu sich nahm.

Genau dieses Experiment habe ich mehrmals an meinem eigenen Körper durchgeführt. Aus rein sozialen Gesichtspunkten ist das sicherlich nicht zu empfehlen – in Dänemark wird man ziemlich schief angesehen, wenn man Nein zu einem Stück Kuchen sagt. Aber es ist trotzdem interessant, es einmal auszuprobieren, weil der Effekt wirklich spürbar ist. Nach ein paar Wochen ohne zusätzlichen Zucker schmecken vor allem Früchte und Beeren wesentlich süßer als normal. Und wenn man irgendwann wieder zu zuckerhaltigen Superstimuli wie Gummibärchen greift, schmecken sie übertrieben süß, manchmal sogar ekelerregend.

Das passiert allerdings nicht nur, weil der Geschmack intensiver wird. Es gibt auch das Prinzip der Toleranz. Im Grunde ist es eine andere Form der Desensibilisierung – die sich aber auf die *negativen* Aspekte eines Reizes bezieht. Also ein Phänomen, bei dem wir die Sensibilität für die schädlichen Auswirkungen einer Sache verlieren. Sie erinnern sich bestimmt an das erste Mal, als Sie Alkohol getrunken haben. Damals brauchte es nicht viel, bis Sie betrunken waren, und wahrscheinlich wurde Ihnen auch recht schnell übel davon.

Doch je mehr Alkohol man trinkt, desto größer wird die Toleranz, die der Körper aufbaut. Er passt sich an, sodass Sie die unangenehmen Effekte des Alkohols weniger deutlich spüren. Aus diesem Grund können alkoholkranke Menschen Mengen trinken, von denen wir anderen bewusstlos werden würden. Und deshalb können Raucher die giftigen Dämpfe inhalieren, ohne dass ihnen schlecht wird. Normalerweise husten sich Leute, die das erste Mal an einer Zigarette ziehen, die Seele aus dem Leib. Nach einer Gewöhnungsphase können sie aber Kette rauchen, ohne auch nur das Geringste zu spüren (zumindest auf kurze Sicht).

Dass wir solche Toleranzen aufbauen, bedeutet im Umkehrschluss aber *nicht*, dass Rauchen oder Alkohol mit der Zeit weniger schädlich für uns würden. Die erste Reaktion auf diese Stoffe ist ziemlich aussagekräftig dafür, was sie eigentlich mit dem Körper anrichten. Toleranz ist nur ein weiteres Beispiel dafür, dass sich der Körper Reizen anpasst, aber das nimmt ein böses Ende, weil es so möglich ist, sich mit weniger Widerstand selbst zu schaden.

Nun können Sie sich gut vorstellen, wie wir uns auf die gleiche Art und Weise an die übertrieben großen Portionen Salz, Zucker und Fett gewöhnen, die man in Nahrungsmittel-Superstimuli stopft. Einerseits verlieren wir das Empfinden für die Belohnung, sodass wir immer mehr brauchen, um das gleiche Geschmackserlebnis zu haben. Und andererseits bauen wir eine Toleranz auf, durch die wir die negativen gesundheitlichen Auswirkungen weniger stark wahrnehmen und es schaffen, größere Mengen zu uns zu nehmen, ohne uns schlecht zu fühlen. Keine gute Kombination, aber wenn Sie für eine Weile auf Industrieessen verzichten, können Sie diese Sensibilität zurückgewinnen. Gleichzeitig nimmt auch Ihre Toleranz ab, sodass Sie wieder spüren, was industriell verarbeitete Lebensmittel tatsächlich mit Ihrem Körper anstellen.

Nahrungsmittel-Superstimuli rund um den Globus

Viele nutzen den Begriff »westliches Essen« für Speisen, die voller Zucker, Salz und Fett sind. Unter anderem, weil Burger, Pommes frites, Pizza und dergleichen aus dem globalen Westen stammen (und von dort aus ihren Siegeszug um die ganze Welt starteten).

Dabei ist an Nahrungsmittel-Superstimuli nichts spezifisch »Westliches«. Der globale Westen war lediglich als Erstes reich genug, um die Technologie zu entwickeln, die es braucht, um hochverarbeitete Lebensmittel herzustellen.

Je weiter sich aber der Rest der Welt ökonomisch entwickelt, desto stärker verändern sich auch die Ess- und Kochgewohnheiten, wie sie es bei uns getan haben. In Indien ist zum Beispiel Butter Chicken (Butter, Sahne, Geschmacksverstärker, künstliche Farbstoffe) mit weißem Reis, Naan-Brot (Zucker, Weißmehl, massenweise Butter) und einem Lassi (indischer Milchshake) sehr beliebt. Und in China isst man gern Frühlingsrollen (frittiert) gefolgt von Schweinefleisch süß-sauer (Zucker, Salz, Öl, gesättigtes Fett) und trinkt dazu Bubble Tea (enthält ebenso viel Zucker wie ein Softdrink).

Nahrungsmittel-Superstimuli sind einfach eine so naheliegende Geschäftsmöglichkeit, dass sie auf der ganzen Welt auftauchen, sobald ein Land reich genug und industriell dazu in der Lage ist. Danach dauert es nicht lange, bis sich die ersten Fettleibigkeitsprobleme und Zivilisationskrankheiten melden ...

* * *

Desensibilisierung geschieht aber nicht ausschließlich über einen längeren Zeitraum hinweg. Sie passiert auch während jeder Mahlzeit, die Sie zu sich nehmen. Denn der erste Bissen schmeckt am besten, danach nimmt die Belohnung mit jeder weiteren Gabel ab, bis Sie schließlich aufhören zu essen.

In diesem Fall handelt es sich jedoch nicht um eine permanente Desensibilisierung. Wenn Sie das nächste Mal Hunger haben, schmeckt der erste Bissen wieder lecker. Um die Fettleibigkeits-Epidemie zu verstehen, ist es aber wichtig, auch diese mittelfristige Form der Desensibilisierung zu kennen.

Wir haben bereits gelernt, dass unser Sättigungsgefühl teilweise körperlich bedingt ist, da unser Magen über Dehnungsrezeptoren verfügt, die ihn spüren lassen, wie gefüllt er ist. Jetzt stellen Sie sich vor, Sie sind zu Besuch bei Freunden. Es gibt Ihr Lieblingsgericht, und die erste Gabel, die Sie davon nehmen, schmeckt fantastisch. Ganz egal, wie hervorragend das Essen auch sein mag, kommt irgendwann jedoch der unumgängliche Punkt, an dem Sie unter keinen Umständen auch nur einen weiteren Krümel herunterbekommen. Ihr Magen ist voll und signalisiert Ihnen: Stopp! Doch was passiert, wenn Ihr Gastgeber mit dem Nachtisch aufwartet?

Wie aus dem Nichts ist Ihr Appetit zurück, und auf einmal ist doch noch Platz für ein paar Hundert weitere Kalorien.

Dieses Phänomen nennt man *Desserteffekt* oder *wahrnehmungsspezifische Sättigung*, wenn es sich wissenschaftlicher anhören soll. Beides beschreibt einen Effekt, bei dem das Gefühl der Sättigung kein rein physisches ist. Es hat auch eine psychische Komponente und ist an das Essen geknüpft, das Sie gerade verspeisen. Wenn dann plötzlich etwas anderes auf den Tisch kommt, kehrt die Belohnung durch das Essen zurück, und deshalb geschieht das Gleiche mit Ihrem Appetit.

Ihr Gehirn funktioniert so aus evolutionären Gründen. Wir Menschen sind Allesfresser und brauchen eine ganze Menge verschiedener Nährstoffe. Nur die wenigsten Lebensmittel können uns aber all das, was wir brauchen, auf einmal liefern. Deshalb wollen wir instinktiv eine Variation auf unserem Teller.

Wie wir schon zuvor gesehen haben, ist unser Hang zur Variation eine clevere Anpassung, die in der modernen Welt ein wenig aus der Bahn gerät. Jäger und Sammler aßen nämlich eine sehr eintönige Kost, weil sich ihre Möglichkeiten auf einen Umkreis von nur wenigen Kilometern beschränkten. Sie konnten sich eben nicht einfach ein paar spannende Obstsorten von der anderen Seite der Welt liefern lassen. Nein, wenn der Stamm einen Hirsch erlegte, dann gab es genau das zu essen, und zwar morgens, mittags, abends, bis nichts mehr davon übrig war. Und wenn der Stamm an einem Ort lebte, an dem sich ein besonderes Wurzelgemüse leicht beschaffen ließ, dann gab es so gut wie zu jeder Mahlzeit genau dieses Wurzelgemüse.

Auch heute können wir so etwas bei Naturvölkern beobachten, die einen steinzeitähnlichen Lebensstil führen. Zum Beispiel das Volk der !Kung in Namibia. In gesundheitlicher Hinsicht könnte man durchaus ein wenig neidisch auf sie werden, genau wie auf unsere alten Bekannten, die Hadza. Trotzdem bezweifle ich, dass Sie besonders neidisch auf die Nahrung wären, die die Ursache für ihre hervorragende Gesundheit bildet. Etwa die Hälfte *aller* Kalorien, die die !Kung zu sich nehmen, kommen nämlich aus ein und derselben Quelle; und zwar aus Mongongonüssen.

Ich bin mir sicher, dass Mongongonüsse ausgezeichnet schmecken. Es heißt, sie würden an Cashewkerne erinnern. Und gelegentlich an besondere Käsesorten, auch wenn es schwer vorstellbar erscheint, wie diese beiden Dinge zusammenhängen. Wenn Sie nun so leben würden wie die !Kung, dann müssten Sie pro Tag weit mehr als 1000 Kalorien aus Mongongonüssen zu sich nehmen. Selbst wenn diese Nüsse Ihr Leibgericht wären, glaube ich doch, dass es auf Dauer ziemlich langweilig werden würde …

Jetzt verstehen Sie vermutlich, dass es für Steinzeitmenschen (und uns) nützlich war, nach Variation suchen zu wollen, auch wenn es dazu der Anstrengung und eines großen Einsatzes bedurfte. Denn auf Dauer kann man sich nicht ausschließlich von Mongongonüssen und genauso wenig von den meisten anderen Lebensmitteln ernähren.

* * *

Heutzutage begegnet uns der Hang zur Variation überall in der Lebensmittellandschaft. Und er kann von Nutzen sein: Studien belegen, dass Kinder mehr Obst und Gemüse essen, wenn man ihnen eine breite Auswahl anbietet, als wenn sie nur eine Sorte wählen können. Die große Auswahl macht auch das Rennen, wenn man ihnen eine entsprechende Menge ihres Lieblingsobstes oder ihres Lieblingsgemüses vorsetzt. Aber in den meisten Fällen wird unser Bedürfnis nach Variation ausgenutzt, damit wir zu viel von den verkehrten Dingen essen.

Wieso ist freitagabends zum Beispiel die gemischte Süßigkeitentüte das dänische Nationalgericht? Weil wir mehr Süßigkeiten essen, wenn wir aus einer Menge verschiedener Sorten wählen können. Im Prinzip könnten wir die Tüte ja ausschließlich mit unserer Lieblingssorte füllen, aber genau wie in der Studie über Obst und Gemüse ziehen wir die Abwechslung der einen Lieblingssüßigkeit vor.

Oder warum nenne ich das Eis von Ben & Jerry's eine Superstimuli-Bombe? Weil es ein Superstimulus ist, der *zudem auch* Abwechslung bietet. Eis an sich ist bereits ein Superstimulus, genau wie Schokoladensoße, Keksteig und so weiter. In einem Becher Ben & Jerry's mit allem Drum und Dran wird die Variation also genutzt, um Sie noch ein paar weitere Sprossen auf der Superstimulus-Leiter erklimmen zu lassen.

Ja, wir stehen sogar dann auf Variation, wenn sie nur oberflächlich ist. Alles von M&M's über Skittles bis hin zu Gummibärchen gibt es in verschiedenen Farben, obwohl der

Geschmack derselbe ist. Nur eine kleine oberflächliche Abwechslung macht das Produkt attraktiver für uns.

Untersuchungen, die sich den Essgewohnheiten von Menschen an Buffets widmen, liefern uns einige Zahlen, wie Variation unseren Appetit und die Tendenz beeinflusst, zu viel zu essen. Dabei zeigt sich nämlich, dass wir an Buffets bis zu *vierzig Prozent* mehr Kalorien verputzen, als wenn wir portionierte Gerichte serviert bekommen. Ganz einfach, weil die Abwechslung den psychologischen Part unseres Sättigungsgefühls aufschiebt. Deshalb hat unsere Vorliebe für Variation auch einen dritten Namen – *der Buffeteffekt*.

Sind E-Nummern gefährlich?

Bei unserer Wahrnehmung von Essen geht es nicht allein um den Geschmack. Lebensmittelhersteller optimieren alles, vom Klang – denken Sie nur an den Crunch von Chips – über Textur und Geruch bis hin zur Optik. Letztere hübscht man in der Regel durch den Einsatz von Farbstoffen in Form diverser E-Nummern auf. Manch einen lässt dies die Nase rümpfen, die meisten dieser Nummern werden aber von den Behörden gründlichst getestet.

Ab und zu kommt es allerdings vor, dass sich manche E-Nummern als nicht gänzlich harmlos herausstellen. Vor Kurzem zum Beispiel der Stoff Titandioxid – E171 –, der verwendet wurde, um unter anderem Süßwaren und Kaugummis kräftige Farben zu verleihen. Titandioxid ist möglicherweise krebserregend, weshalb der Stoff in der EU inzwischen verboten wurde (in anderen Gebieten der Welt wird er nach wie vor eingesetzt).

Die echten Horrorgeschichten über Essen, das uns krank macht, haben aber nichts mit E-Nummern zu tun.

Stattdessen handeln sie von Betrügereien und mangelnden Kontrollen vonseiten der zuständigen Behörden. Eine der schlimmsten Geschichten der jüngeren Vergangenheit stammt aus Indien und Bangladesch.

Hier litt ein Teil der Bevölkerung an einer Bleivergiftung, und zunächst fand man nicht heraus, welche Ursache das hatte. Wie sich herausstellte, konnte man das Problem auf das Gewürz Kurkuma zurückführen, aber nicht etwa, weil von Natur aus etwas nicht mit Kurkuma stimmt. Nein, manche Gewürzhändler hatten herausgefunden, dass man Kurkuma mittels eines bleibasierten Farbstoffs gelber aussehen lassen konnte. Und wenn das Gewürz eine kräftigere Farbe aufweist, verkauft es sich besser.

In unseren Gefilden, in denen die Behörden über größere Ressourcen verfügen, treten Lebensmittelbetrügereien glücklicherweise seltener auf. Was allerdings nicht bedeutet, dass es nie dazu käme. Sie erinnern sich vielleicht noch an den Pferdefleischskandal von 2013?

Damals kam heraus, dass in ganz Europa verkauftes »Rindfleisch« mit Pferdefleisch vermischt worden war. Teils, weil Pferdefleisch billiger ist – so konnten die Hersteller Geld sparen –, und teils, weil es eine rötere Farbe als Rindfleisch hat. Es lässt das Essen also frischer aussehen. Aus gesundheitlicher Sicht ist der Verzehr von Pferdefleisch unbedenklich, aber der Fall zeigt dennoch, wie wichtig es ist, die Lebensmittelindustrie zu regulieren.

Leider finden sich viele ähnlich geartete Fälle. Zum Beispiel »Olivenöl«, das mit billigeren Ölen gepanscht wird und dem man Farbstoffe hinzufügt, sodass man den Schwindel nicht unmittelbar bemerkt. Oder der Betrug mit Fischsorten. In Los Angeles testeten Forscher im Rahmen einer Studie das Sushi verschiedener Restaurants und fanden dabei heraus, dass die Hälfte aller Speisen mit einer anderen Fischsorte zubereitet worden war, als die Speisekarte angab.

Ja, in einem krassen Beispiel aus Singapur gelang es einem Produzenten gar, »Garnelenbällchen« zu verkaufen, die überhaupt keine Garnelen enthielten, sondern stattdessen in erster Linie aus Schweinefleisch bestanden.

Teil II

Gesundheitstipps aus dem Amazonas

Allmählich dürften kaum noch Zweifel an den Ursachen für die Fettleibigkeits-Epidemie bestehen. Wir sind übergewichtig geworden, weil unser Essen eigens dazu entwickelt wurde, uns dazu zu bringen, so viel wie möglich davon zu konsumieren. Die Lebensmittelhersteller unternehmen alles, um herauszufinden, wie sie unsere natürliche Appetitregulierung manipulieren können, damit wir mehr essen. Sie setzen auf unsere Vorliebe für Zucker, Fett und Salz. Auf unser Bedürfnis nach Variation. Auf unsere Tendenz, zu immer stärkeren Stimuli zu greifen. Ja, *alles* wird optimiert, bis hin zu Farbe, Textur und Klang. Die Konsequenz ist eine globale Gesundheitskrise, die selbst die entferntesten Winkel der Erde erreicht hat. Aber was ist, wenn man prima damit zurechtkommt und Normalgewicht hat? Ist die ganze Sache dann nicht eigentlich egal?

* * *

Tief im bolivianischen Teil des Amazonasurwalds lebt eine Ansammlung kleinerer Volksgruppen, die man Tsimané nennt. Ihre Heimat ist eines der abgelegensten Gebiete der Welt, und sie leben unabhängig von der modernen Gesellschaft: Sie betreiben simple Landwirtschaft, fischen und gehen im umliegenden Regenwald auf die Jagd.

Ihr naturnaher Lebensstil bedeutet, dass die Tsimané – genau wie unsere alten Freunde, die Hadza – oft Besuch von Wissenschaftlern erhalten. Sie sind nämlich eines der wenigen uns verbliebenen Beispiele für Menschen, die in »natürlicheren« Verhältnissen als Sie und ich leben. Über Jahrzehnte haben Forscher die Tsimané in allen möglichen Bereichen untersucht, ihr Sozialleben, Schlaf- und Essgewohnheiten sowie ihre allgemeine Gesundheit.

Recht schnell fand man durch die Studien heraus, dass so gut wie alle Mitglieder dieses Naturvolks eine Menge chronischer Infektionen aufwiesen – insbesondere in Form von verschiedenen Darmparasiten. Eigentlich ist das nicht verwunderlich, wenn man bedenkt, dass ihr Garten das weltgrößte Paradies für allerlei Kriech- und Krabbeltiere ist. Die chronischen Infektionen bedeuten aber, dass das Blut der Tsimané haushohe Entzündungswerte hat, weil ihr Immunsystem konstant gegen ungebetene Gäste kämpft.

Dies ist nicht gerade gut, denn wir wissen, dass hohe Entzündungswerte etwas begünstigen, das man auch *Arterien-* oder *Gefäßverkalkung* nennt. Dieser Begriff ist Ihnen sicher schon einmal untergekommen. Unter Gefäßverkalkung versteht man eine Art fettigen Belag, der sich mit dem Alter auf der Innenseite der Blutgefäße festsetzen kann. Stellen Sie sich das wie ein Wasserrohr vor, in dem sich immer mehr Schmutz ansammelt. In einem gesunden Blutgefäß kann das Blut leicht hindurchströmen, doch je stärker die Arterien verkalkt sind, desto schwieriger gestaltet sich der Blutfluss. Am Ende kann das Blutgefäß ganz verstopfen, oder es löst sich ein Teil des Belags. Das lässt das Blut unter Umständen gerinnen, sodass sich ein Gerinnsel bildet, das wiederum die Blutzufuhr blockiert und das Gewebe absterben lässt. Wir kennen diesen Vorgang als Thrombose.

Wären die Tsimané in Dänemark zu Hause, würde ihr Hausarzt den Finger heben und ihnen den Rat geben, die Entzündungswerte besser schleunigst in den Griff zu bekommen. Auch die amerikanischen Forscher, die diese Werte bei den Tsimané entdeckten, machten sich Sorgen, weshalb sie beschlossen, Herzen und Blutgefäße der Tsimané genauer zu untersuchen. Zu ihrer großen Verblüffung fanden sie dabei aber nicht die geringsten Anzeichen für Arterienverkalkung. Die Tsimané hatten nicht nur absolut gesunde Herzen und Blutgefäße. Sie hatten die gesündesten Herzen und Blutgefäße, *die jemals dokumentiert wurden.*

Selbst unter den ältesten Mitgliedern der Volksgruppe fand man so gut wie keine Arterienverkalkung, deshalb waren den Tsimané Herz-Kreislauf-Erkrankungen wie Thrombose auch völlig unbekannt. Um zu begreifen, wie verrückt dieser Umstand ist, müssen Sie wissen, dass ein Drittel *aller Menschen*, die weltweit sterben, Herz-Kreislauf-Erkrankungen erliegen. Wir sprechen also, allein während Ihrer Lebenszeit, von mehreren Hundert Millionen Menschen. Und Arterienverkalkung (oder Arteriosklerose, wie es in Fachkreisen heißt) ist nichts, das man einfach mal eben so vermeiden könnte.

Das erste Mal stießen wir in den 1950er-Jahren darauf. Während des Koreakrieges entdeckten die amerikanischen Ärzte Arterienverkalkungen bei achtzig Prozent der toten Soldaten, an denen sie Obduktionen vornahmen. Größtenteils waren diese Soldaten junge Männer Anfang zwanzig und befanden sich in der Hochform ihres Lebens. Trotzdem zeigten sich zu ihren Lebzeiten bereits erste Anzeichen von Herz-Kreislauf-Erkrankungen. Hätte das Schicksal es anders gewollt, wären diese jungen Männer wohlbehalten heimgekehrt, allerdings mit einer tickenden biologischen Zeitbombe. Mit den Jahren hätte ihre Arterienverkalkung weiter zugenommen, bis sie eines Tages viele dieser Männer das Leben gekostet hätte.

* * *

Um zu verstehen, weshalb die Naturvölker im Amazonas keine Arteriosklerose bekommen, können wir uns den Krankheitsverlauf ansehen. Inzwischen wissen wir nämlich ziemlich genau, was schiefläuft, *bevor* es zu einer Thrombose kommt.

Der erste Schritt bei der Entstehung von Arterienverkalkung ist eine Beschädigung oder Störung der Innenhaut Ihrer Blutgefäße. Dahinter können Giftstoffe durch das Rauchen stecken oder ins Blut gelangte Verunreinigungen. Die am meisten verbreitete Ursache für solche Schäden aber ist ein hoher Blutdruck.

Stellen Sie sich Ihre Blutgefäße wieder als Rohre vor, durch die Wasser strömt. Je höher der Druck, mit dem das Wasser fließt, desto stärker die Belastung an den Rohrinnenwänden. Wenn Sie also hohen Blutdruck haben, dann beschädigt das mit der Zeit die Innenhaut Ihrer Blutgefäße.

Dies wiederum kann zum nächsten Schritt bei der Entstehung von Arteriosklerose führen. Dabei verklumpen sich an den geschädigten Stellen sogenannte Lipoproteine. Lipoproteine sind Partikel, die Cholesterin und Fett enthalten. Sie können sie sich als kleine Busse vorstellen, die diese Cholesterin- und Fettmoleküle durch das Blut transportieren.

Insbesondere ein Protein verklumpt an der Innenhaut betroffener Blutgefäße, das LDL genannt wird und auf den Transport von Cholesterin spezialisiert ist. Das bedeutet, dass sich nun Cholesterinablagerungen in dem Blutgefäß ansammeln.

Um diese Ablagerungen zu entfernen, bittet der Körper die Immunzellen, vorbeizuschauen und sauber zu machen. Wenn die Ablagerungen aber zu groß sind, überfordert das die Immunzellen, und letztlich sterben sie vor Erschöpfung, ehe sie ihre Aufgabe erledigt haben. Was den Körper dazu veranlasst, weitere Immunzellen hinzuzurufen, die dann dummerweise das gleiche Schicksal erleiden. Währenddessen häufen sich immer mehr Cholesterinablagerungen an. Als allerletzte Maßnahme greift der Körper zu einer Notlösung. Er bildet eine Art Hülle um die Ablagerungen, um sie am Wachsen zu hindern.

Das rettet zwar das Blutgefäß, ist aber nicht die sicherste Lösung. Denn unter dieser Hülle befindet sich nun eine hässliche Mischung aus (unter anderem) Cholesterin und toten Zellen. Wenn die Innenhaut der Blutgefäße weiterhin beschädigt wird, ist es eine Frage der Zeit, bis die Hülle Löcher bekommt. Dann gelangt eine Menge Schmutz ins Blut – unter anderem Cholesterin und Proteine von den abgestorbenen Zellen. Das bringt das Blut zum Gerinnen, und schon sind wir am Ende angelangt: einem Thrombus, der das Blutgefäß blockiert.

Fassen wir einmal zusammen: Die ganze Sache nimmt ihren Anfang, wenn irgendetwas die Innenhaut eines Blutgefäßes irritiert oder beschädigt, woraufhin sich Cholesterinablagerungen bilden. Das lässt uns zwei Möglichkeiten, dieses Problem zu umgehen: Entweder vermeiden wir den Schaden, der alles ins Rollen bringt. Oder wir vermeiden, dass es zu Cholesterinablagerungen kommt.

Wenn Sie die eigentliche Beschädigung von vornherein ausschließen wollen, wäre es eine gute Idee, keinen hohen Blutdruck zu bekommen. Was allerdings leichter gesagt ist als getan. Ein Drittel der Weltbevölkerung ist von hohem Blutdruck betroffen, doch längst nicht alle dieser Menschen wissen das. Hoher Blutdruck tut nämlich nicht weh, und die meisten haben keine besonderen Symptome. Aber wir kennen die Ursachen für hohen Blutdruck, und eine der wichtigsten davon ist die Einnahme von zu viel Salz. Ein hoher Salzkonsum lässt uns also nicht nur viel zu viel essen und an Gewicht zunehmen. Er steigert zudem auch unser Risiko für Nierensteine, Autoimmunkrankheiten und, ganz besonders, für hohen Blutdruck. In Studien, in denen die Wissenschaftler die Probanden weniger Salz essen lassen, sinkt deren Blutdruck, und in Studien mit gegensätzlicher Ausrichtung, in denen die Versuchspersonen also mehr Salz zu sich nehmen, steigt der Blutdruck. Diesen Zusammenhang können wir nicht nur bei Menschen, sondern auch bei unseren nahen Verwandten, den Schimpansen, beobachten. Das heißt, Salz ist in Wahrheit ein weltweiter Killer. Im Alltag mag es vielleicht harmlos wirken, aber selbst die besten Schätzungen sagen uns, dass unser Überverbrauch von Salz jährlich zwischen ein und fünf Million Menschenleben kostet.

Bei den Tsimané und anderen Volksgruppen, die kein hochverarbeitetes Essen zu sich nehmen, kennt man dieses Problem gar nicht. Im globalen Westen gehen wir quasi automatisch davon aus, dass hoher Blutdruck mit dem Alter nahezu unvermeidbar ist. Das stimmt aber nicht. Unsere Blutdruckprobleme sind unserem Lebensstil geschuldet.

* * *

Der zweite große Übeltäter in der Geschichte über Arteriosklerose ist, wie bereits erwähnt, das sogenannte LDL-Cholesterin. Eine Bestätigung dafür finden wir in einer genetischen Krankheit mit dem überaus klangvollen Namen *familiäre Hypercholesterinämie*. Sie verursacht im Blut von Menschen nämlich kolossale Mengen an LDL-Cholesterin. Bei manchen sogar so viel davon, dass diese Leute gelbe Fetteinlagerungen um die Augen entwickeln. Wenn Menschen mit familiärer Hypercholesterinämie keine cholesterinsenkenden Medikamente einnehmen, erleidet die Hälfte aller betroffenen Männer eine Thrombose, bevor sie ihren 50. Geburtstag feiern. Und ein Drittel der erkrankten Frauen hat eine Thrombose, bevor sie 60 werden.

Zum Glück sind die meisten von uns nicht von familiärer Hypercholesterinämie betroffen. Das Prinzip dahinter gilt aber trotzdem: Je höher der LDL-Cholesterinspiegel im Blut und je länger man diesem Stoff ausgesetzt ist, desto größer ist das Risiko für Arteriosklerose und dafür, an einer Herz-Kreislauf-Erkrankung zu sterben. Genau hier finden wir das zweite große Geheimnis der Tsimané: Im Durchschnitt weist ihr Blut nur halb so viel LDL-Cholesterin auf wie das eines Europäers, was schlicht zu wenig für das Entstehen von Arterienverkalkung ist. Europäer, die, aus welchen Gründen auch immer, ebenso wenig LDL-Cholesterin im Blut haben, bekommen ebenfalls keine Thrombosen.

Doch obwohl sich die Tsimané im Hinblick auf die Weltbevölkerung unvergleichlich weit in der Unterzahl befinden, sind hier nicht sie die Unnormalen. Sondern wir. Der LDL-Cholesterinspiegel, den ihr Blut aufweist, entspricht nämlich den Werten, die wir bei Neugeborenen messen, und stimmt außerdem mit den Werten einer langen Reihe von Tieren überein. Also ist ihr Wert der eigentlich natürliche.

Die Erklärung für unsere unnatürlichen Werte ist – was auch sonst – mal wieder unsere Ernährung. Um zu beweisen, dass das so ist, müssen wir den Amazonas-Regenwald nicht einmal verlassen. Denn innerhalb des letzten Jahrzehnts haben manche Tsimané Zugang zu kleinen Benzinmotorbooten bekommen. Damit unternehmen sie lange Touren zu den Marktstädten des Regenwalds, wo hochverarbeitete Lebensmittel gehandelt werden. Dafür sind die Mitglieder dieser Volksgruppe natürlich genauso empfänglich wie wir, und diese Nahrung hat für sie die gleichen Folgen. In den letzten Jahren haben also viele Tsimané immer öfter und immer mehr ungesundes Essen zu sich genommen, und im selben Zeitraum sind ihre LDL-Cholesterinwerte angestiegen.

Insgesamt betrachtet sind stark verarbeitete Lebensmittel der perfekte (thromboseverursachende) Sturm. Die großen Salzmengen führen, wie wir wissen, zu hohem Blutdruck. Die großen Zuckermengen lassen den Körper mehr LDL-Cholesterin im Blut bilden, besonders wenn sie aus zuckerhaltigen Getränken wie Limonade stammen. Hinzu kommen die großen Mengen an gesättigtem Fett, die die LDL-Cholesterinwerte nur noch weiter in die Höhe treiben. Insbesondere gesättigtes Fett aus stark verarbeiteten Produkten wie Junkfood, Bratwürsten und Bacon.

Letzten Endes führt industriell verarbeitetes Essen paradoxerweise auch wegen der Inhaltsstoffe, die ihm *fehlen*, zu Arterienverkalkung. Was uns nämlich am allermeisten sättigt, sind Ballaststoffe. Unter diesen Oberbegriff fallen verschiedene pflanzliche Nahrungsbestandteile, die wir nicht verdauen können. Ein bisschen davon finden Sie im Grunde in jedem Obst, in jedem Gemüse und auch in Vollkornprodukten sowie in Hülsenfrüchten.

Ballaststoffe machen uns satt, weil sie Wasser binden und somit Platz füllen. Da die Lebensmittelhersteller unser Sättigungsgefühl aber gern umgehen möchten, entfernen sie die Ballaststoffe aus ihren Produkten. Deshalb haben wir im Vergleich zu unseren Vorfahren eine regelrecht mickrige Ballaststoffzufuhr. Wir Dänen werden durch unsere Vorliebe für Roggenbrot und Haferflocken zumindest ein klein wenig »gerettet«. Im Schnitt isst ein Däne nämlich um die 22 Gramm Ballaststoffe pro Tag, während es bei Amerikanern nur etwa 16 Gramm sind.

Die Hadza nehmen täglich zwischen 80 und 150 Gramm Ballaststoffe zu sich. Ich bezweifle, dass es auch nur einen einzigen Dänen gibt, der solche Werte erreicht.

All das hier ist relevant, weil Ballaststoffe den LDL-Cholesterinspiegel im Blut senken. Das belegen Studien, in denen die Forscher den Versuchsteilnehmenden Nahrungsergänzungsmittel wie beispielsweise *Psyllium* – Flohsamenschalen – oder Haferfasern verabreichen. Der Mechanismus dahinter ist ein bisschen knifflig, aber lassen wir es auf einen Versuch ankommen.

In Ihrem Darm kommen Moleküle zum Einsatz, die sogenannten Gallensalze, um das Fett aus Ihrem Essen zu verarbeiten. Wie immer möchte Ihr Körper dabei Ressourcen sparen, weshalb er die Gallensalze mehrfach wiederverwendet. Wenn sich nun aber Ballaststoffe im Darm befinden, können sich die Gallensalze darin verfangen. Und so werden sie vom Körper mit ausgeschieden, anstatt wieder aufgenommen zu werden. Das mag erst mal nicht nach etwas Positivem klingen, hilft aber dabei, den Cholesterinwert zu senken. Denn Gallensalze werden aus Cholesterin gebildet. Wenn Sie sie also loswerden, nimmt die Leber LDL-Cholesterin aus dem Blut auf, um neue Gallensalze herzustellen. Und auf diese Weise helfen Ballaststoffe dabei, Ihrem Blut immer wieder LDL-Cholesterin zu entziehen.

Eier sind okay

In den 1990er-Jahren berichtete ein amerikanischer Arzt von einem dementen Pflegeheimbewohner, der jeden Tag 25 weichgekochte Eier verspeiste. Dieser Gewohnheit ging der Mann schon seit Jahren nach, weshalb der Arzt sich große Sorgen um die Gesundheit des Mannes machte. Eier enthalten nämlich Cholesterin, und folglich nahm der Pflegeheimbewohner riesige Mengen Cholesterin zu sich. Bei Blutproben zeigte sich allerdings, dass der Cholesterinspiegel des dementen Herrn völlig in Ordnung und normal war. Grund dafür ist, dass nämlich, während Zucker und Fett in der Nahrung den Cholesterinspiegel erhöhen, dies – paradoxerweise – nicht für Cholesterin in der Nahrung gilt. Das liegt daran, dass Ihr Körper Cholesterin selbst produzieren kann: Wenn Sie über die Nahrung viel Cholesterin zu sich nehmen, schraubt der Körper einfach die Produktion herunter. Wenn Sie etwas weniger zu sich nehmen, fährt er sie wieder nach oben. Um Arteriosklerose vorzubeugen, brauchen Sie also nicht auf Ihr Frühstücksei zu verzichten.

* * *

Vielleicht haben Sie jetzt den Eindruck, man müsste sich wie ein Steinzeitmensch ernähren, um gesund zu leben. Es besteht in jedem Fall kein Zweifel, dass traditionelle Naturvölker eine bessere Gesundheit haben als ein Durchschnittseuropäer.

Wir haben bereits über Übergewicht und Herz-Kreislauf-Erkrankungen gesprochen. Ich könnte hier noch weitermachen und unter anderem Diabetes erwähnen, woran inzwischen zehn Prozent der Weltbevölkerung leiden ... Falls Sie nicht längst begriffen haben, worauf ich hinauswill.

Es könnte andererseits aber auch sein, dass die Rede von den gesunden Naturvölkern einen kleinen Widerspruch zu etwas bildet, das Sie vielleicht schon einmal gehört haben. Denn heißt es nicht eigentlich, dass Steinzeitmenschen nicht älter als 40 Jahre wurden? So gesund können sie dann ja wohl doch nicht gewesen sein.

Es stimmt tatsächlich, dass die durchschnittliche Lebenszeit unserer Vorfahren eher niedrig war. Und das Gleiche trifft auch auf die Jäger und Sammler der Gegenwart zu. Die Lebenserwartung der Hadza liegt zum Beispiel bei 32,5 Jahren. Aber das bedeutet nicht, dass die meisten Hadza in ihren Dreißigern an Altersschwäche sterben. Der Knackpunkt liegt in dem Wort *durchschnittliche* Lebenserwartung. In den meisten Jäger-und-Sammler-Gesellschaften gibt es nämlich eine enorm hohe Kindersterblichkeit. Vier von zehn Hadza-Kindern sterben vor ihrem 15. Geburtstag, was den Schnitt nach unten zieht. In einer Gruppe aus vier Personen, von denen zwei als 80-Jährige sterben, während die beiden anderen bei ihrem Tod Säuglinge sind, beläuft sich das durchschnittliche Lebensalter zum Beispiel auf 40 Jahre.

Nimmt man die Kindersterblichkeit also aus der Gleichung heraus, kommen die Jäger und Sammler in puncto Lebensalter auf ganz ähnliche Zahlen wie wir selbst. Bei den Hadza, die ein Alter von mindestens 15 Jahren erreichen, liegt das durchschnittliche Todesalter bei 76, bei den Tsimané bei 78 Jahren. Und das wohlgemerkt nach einem ganzen Leben ohne Zugang zu moderner Medizin oder zu technologischen Hilfsmitteln überhaupt.

Darüber hinaus ist es essenziell zu verstehen, dass die mit Abstand häufigste Todesursache bei den Hadza – sowohl bei Kindern als auch bei Erwachsenen – Infektionen sind. Siebzig Prozent aller Todesfälle bei modernen Jägern und Sammlern werden von viralen und bakteriellen Infekten verursacht. Das sollte man bedenken, wenn man das nächste Mal jemandem begegnet, der in Impfstoffen die Wurzel allen Übels auszumachen glaubt.

Die Schlussfolgerung daraus lautet jedenfalls, dass traditionell lebende Völker ungleich gesünder sind als wir, die wir in der modernen Welt zu Hause sind. Sie sind schlanker, haben mehr Muskelmasse, einen gesünderen Stoffwechsel, und sie vermeiden viele der Krankheiten, die uns in der entwickelten Welt plagen. Ohne Zugang zu moderner Medizin leiden sie stattdessen aber an allen möglichen Infektionen. Man könnte also behaupten, die gesündeste Person *überhaupt* wäre eine Art Kombination aus beidem – ein Hadza mit goldenem Krankenversichertenkärtchen.

Das Problem daran ist selbstverständlich, dass es weder für Sie noch für mich sonderlich realistisch ist, zum Lebensstil der Jäger und Sammler zu konvertieren. Es wäre sicher spannend, in der Savanne von Tansania zu wohnen, aber alles andere an ihrer Lebensweise erscheint nicht gerade reizvoll. Allerdings gibt es eine Ernährungsbewegung, die versucht, einen modernen Lebensstil mit den besten Elementen des Jäger-und-Sammler-Daseins zu verbinden: Man nennt das *Paleo-* oder *Steinzeit-Diät*. Vielleicht haben Sie schon einmal davon gehört.

Bei dieser Art der Ernährung werden alle Lebensmittel ausgeschlossen, zu denen unsere steinzeitlichen Vorfahren keinen Zugang hatten. Darunter fallen Getreideprodukte wie Brot und Reis, diverse Hülsenfrüchte, Milchprodukte und selbstredend alles, was ich hier als Industrieessen bezeichne. Stattdessen basiert diese Ernährungsform auf Fleisch, Fisch, Obst und Gemüse, wie bei den Hadza. Ohne jeden Zweifel ist diese Art der Ernährung gesünder als die durchschnittliche westliche Kost. Nur schießt die Steinzeit-Diät leider trotzdem am Ziel vorbei. Vor allem aus drei Gründen:

Erstens irrt sie sich darin, was man in der Steinzeit tatsächlich aß. Es stellt sich beispielsweise heraus, dass Getreideprodukte ein gar nicht so junger Bestandteil der menschlichen Ernährung sind, wie man einmal annahm. Archäologen haben Hinweise entdeckt, dass man bereits mehrere Tausend Jahre vor dem Aufkommen der eigentlichen Landwirtschaft Brot backte. Und das deutet darauf hin, dass wir seit noch längerer Zeit verschiedene Grasarten – die Vorfahren von Getreide – verzehrt haben.

Umgekehrt sind in der Steinzeit-Diät viele Lebensmittel erlaubt, die unseren Vorfahren vollkommen unbekannt waren. Nehmen Sie zum Beispiel Tomaten, Chilis oder Kartoffeln. Alle drei werden als Gemüse eingestuft (wobei Tomaten technisch gesehen Obst sind) und stehen somit auf der Liste erlaubter Lebensmittel. Doch diese Nahrungsmittel kommen vom amerikanischen Kontinent. Wenn Ihre Vorfahren also nicht ursprünglich aus Amerika stammten, gibt es absolut keine Möglichkeit, dass sie diese Dinge in der Steinzeit gegessen haben könnten. Tomaten, Chilis und Kartoffeln gelangten erst mit der (Wieder-)Entdeckung Amerikas durch Columbus nach Europa, Asien und Afrika.

Zweitens haben sowohl Lebensmittel als auch wir selbst seit der Steinzeit große Veränderungen durchlaufen. Wir wissen ja bereits, dass Fleisch, Obst und Gemüse gezüchtet wurden, um süßer zu schmecken sowie fetter und größer zu sein als ihre wilden Ursprungsformen. In den letzten 10 000 Jahren hat es zudem große Völkerwanderungen gegeben, und wir haben uns genetisch angepasst. Also ähneln auch wir den Menschen von damals nicht mehr allzu sehr. Zum Beispiel sind Europäer und Asiaten – die schon lange Landwirtschaft betreiben – durch genetische Anpassungen besser darin geworden, Stärke aus unter anderem Brot und Reis zu verdauen. Und durch genetische Anpassungen haben sich viele Europäer sowie einige Inder und Afrikaner an den Verzehr von Milchprodukten gewöhnt. Aus rein genetischer Sicht sind viele von uns heutzutage also besser an eine landwirtschaftlich geprägte Ernährung angepasst als unsere steinzeitlichen Ahnen.

Drittens ist zu erwähnen, dass man relativ einfach Bauern findet, die genauso gesund sind wie die Jäger und Sammler. Zum Beispiel unsere Freunde aus dem Amazonas, die Tsimané, die zwar auch im Dschungel jagen, den größten Teil ihrer Kalorien aber über Geerntetes beziehen – unter anderem über Kochbananen, Reis, Maniokwurzeln und Mais.

All diese Erkenntnisse machen Ihnen und mir das Leben leichter. Denn sie bedeuten, dass wir nicht in den Wald ziehen und unser Essen mit Pfeil und Bogen erlegen müssen, um ein gesundes Leben zu führen. Nein, wir können uns damit begnügen, die Zeiger der Uhr nur ein wenig zurückzudrehen. Die größte Bedrohung für unsere Gesundheit ist nämlich nicht besonders alt. Es sind weder Getreideprodukte noch Milch, sondern ... kommen Sie drauf?

Stark verarbeitete Lebensmittel.

Dann wollen wir mal sehen, was wir tun können.

Die Kartoffeldiät

»Mach dein Leben interessant und deine Ernährung langweilig«, lautete Andrew Taylors Motto, als er sich zum Ziel setzte, abzunehmen.

Taylor kommt aus Melbourne in Australien und wog einmal 151 Kilo. Wie so viele andere wusste er ganz genau, dass er sich völlig falsch ernährte. Aber er konnte es nicht bleiben lassen. Die Lust auf Eis und Junkfood war einfach zu groß. Taylor fand, dass sein Verhältnis zu ungesundem Essen an eine Sucht erinnerte, deshalb entschied er sich für eine wohlbekannte Behandlungsmethode: einen kalten Entzug.

Das Problem dieser Methode liegt auf der Hand: Ein kalter Entzug ist, gerade wenn es ums Essen geht, keine sehr nachhaltige und dauerhafte Lösung. Irgendetwas muss man schließlich essen. Taylor kam in der Zwischenzeit auf den Gedanken, dass er einen kalten Entzug simulieren könnte, indem er das Vergnügen strich, das er normalerweise aus seinem Essen schöpfte. Dafür musste er bloß die langweiligste und eintönigste Kost wie nur irgend möglich finden.

Hier könnte man über ein paar Kandidaten diskutieren, aber Taylors Wahl fiel auf eine Diät, die nichts anderes als Kartoffeln umfasste. Nicht ganz verkehrt, wenn Sie mich fragen. Anfangs wollte sich Taylor nur ein paar Wochen an Kartoffeln halten, um zu sehen, was passieren würde. Als die Kilos aber zu purzeln begannen, beschloss er weiterzumachen. Nun kann man nicht alle Nährstoffe, die der Körper braucht, ausschließlich aus Kartoffeln gewinnen. Also nahm Taylor einige Justierungen vor, um gesund zu bleiben. Kartoffeln enthalten nicht genügend Vitamin A, doch diesen Bedarf kann man mit Süßkartoffeln decken, also setzte Taylor sie mit auf den Speiseplan. Außerdem enthalten Kartoffeln weder Salz noch Vitamin B12, was Taylor löste, indem er Salz über seine Kartoffeln streute und Nahrungsergänzungsmittel einnahm.

Abgesehen davon ernährte sich Andrew Taylor aber ausschließlich von Kartoffeln. Er erlaubte sich zu essen, sobald er Hunger verspürte, und zwar genau so viele Kartoffeln, wie er wollte. Das heißt, er hatte zu keiner Zeit Probleme mit Hunger, wie ihn die meisten erleben, wenn sie eine Diät machen. Doch obwohl Taylor nie hungrig war, hatte er letztlich trotzdem einen großen Kalorienmangel. Er konnte schlicht nicht genügend Kartoffeln essen, um sein Gewicht zu halten. Er setzte das Experiment ein ganzes Jahr lang fort, am Ende hatte er insgesamt 53 Kilogramm abgenommen und sowohl sein hoher Cholesterinspiegel als auch der erhöhte Blutdruck hatten sich normalisiert.

Seit der großangelegten Kartoffeldiät ist Taylor dennoch zu einer abwechslungsreicheren Ernährung übergegangen. Wie er selbst sagt, hatte der Versuch eher zum Ziel, sein Verhältnis zum Essen zu normalisieren, als eine gesunde und dauerhafte Ernährungsumstellung durchzuführen. Seither konnte Taylor sein Gewicht halten, auch mit dem neuen Speiseplan, und wie Sie vielleicht noch in Erinnerung haben, ist das eine Seltenheit bei Personen, die zuvor eine Diät absolviert haben.

Taylors Geheimnis? Immer noch Kartoffeln. Als ich mit ihm spreche, ist seine letzte Mahlzeit eine große Portion Kartoffeln gewesen, genau wie in alten Tagen.

* * *

Es ist wohl selbsterklärend, dass eine so monotone Ernährung wie die Kartoffeldiät nicht besonders gesund ist. Aber als ich von Andrew Taylors Experiment erfuhr, machte mich das dennoch neugierig darauf, es selbst einmal mit einer abgespeckten Variante davon zu versuchen.

Also verputzte ich an einem Sonntagabend meine letzte normale Mahlzeit und machte mich daran, Ofenkartoffeln für das Frühstück am Montagmorgen vorzubereiten. Bis zum darauffolgenden Wochenende hielt ich mich an die Kartoffeldiät. Erstes Learning: Es fühlt sich in der Kantine ein wenig peinlich an, wenn das mitgebrachte Essen aussieht, als käme es aus einem jütländischen Armenhaus im 19. Jahrhundert. Zweites Learning: Es ist schlicht unmöglich, ausreichend Kartoffeln zu essen, um sein Gewicht zu halten. Ich jedenfalls schaffte es nicht.

Wie sich nämlich herausstellt, sind Kartoffeln das sättigendste Lebensmittel *schlechthin*. Diesen Eindruck bekommt man auch, wenn man mit der dritten Ofenkartoffel nacheinander beginnt, will ich nur anmerken. Aber diese Behauptung lässt sich auch durch wissenschaftliche Studien stützen. So hat eine Gruppe australischer Forscher beispielsweise einen sogenannten Sättigungsindex erstellt. Dabei handelt es sich um eine Übersicht darüber, wie sättigend ein gegebenes Lebensmittel pro Kalorie ist. Also wie satt man sich zum Beispiel nach dem Verzehr von 100 Kalorien aus Äpfeln im Vergleich zu 100 Kalorien aus Birnen fühlt.

Der Sättigungsindex wurde seinerzeit im Rahmen eines Versuchs erstellt, bei dem australische Wissenschaftlerinnen den Versuchspersonen die gleiche Menge an Kalorien (239, um es ganz genau zu nehmen) in Form von unterschiedlichen Lebensmitteln reichten. Anschließend baten sie die Probandinnen und Probanden, im Lauf der folgenden zwei Stunden alle fünfzehn Minuten anzugeben, wie hungrig sie sich fühlten. Zum Abschluss durften sich die Versuchsteilnehmenden an einem

Buffet bedienen, wobei die Wissenschaftler heimlich überwachten, wie viel die Teilnehmer aßen.

Spontan könnte man glauben, dass die Versuchspersonen alle gleichermaßen satt wurden, egal, welches Lebensmittel die Forscher ihnen vorsetzten. Schließlich nahmen ja alle die gleiche Menge an Kalorien zu sich. Doch das geschah nicht. Manche der Teilnehmenden waren noch immer pappsatt, als sie zum Buffet geführt wurden, während andere sehr schnell wieder Hunger verspürt hatten.

Am wenigsten satt waren die Versuchspersonen, die ihre 239 Kalorien durch Industrieessen wie Kekse und Schokoriegel bekommen hatten. Nicht unbedingt überraschend, wenn man bedenkt, dass beide Snacks nicht darauf ausgelegt sind, lange satt zu halten. Am meisten sättigten dagegen gekochte Kartoffeln. Und dieser Wettbewerb ging alles andere als knapp aus. Andere Kohlenhydratquellen – wie zum Beispiel Brot, Reis oder Nudeln – kamen nicht einmal in die Nähe der Werte von gekochten Kartoffeln.

Als ich dieses Ergebnis zum ersten Mal las, wunderte ich mich über den großen Abstand. Warum sollten Kartoffeln so anders sein als alle möglichen anderen Lieferanten von Kohlenhydraten?

Nach meinem eigenen Experiment wunderte ich mich nicht mehr. Während meiner fünf Tage andauernden Kartoffeldiät hatte ich kein einziges Mal Hunger verspürt. Damit will ich nicht sagen, dass es sich besonders toll anfühlt, ausschließlich Kartoffeln zu essen. Ich würde es niemandem empfehlen. In Wahrheit war ich aber überhaupt nicht hungrig. Warum Kartoffeln so satt machen, müssen wir noch herausfinden, zumindest, um es mit Sicherheit sagen zu können. Hier kommen aber ein paar mögliche Ursachen:

Erstens enthalten Kartoffeln eine ganze Menge Ballaststoffe, die, wie wir ja wissen, satt machen. Viele andere Lebensmittel –

wie zum Beispiel Vollkornbrot oder Vollkornnudeln – enthalten aber ebenfalls große Mengen an Ballaststoffen. Das allein kann also nicht erklären, warum Kartoffeln sich so unterschiedlich ausnehmen. Außerdem befinden sich viele der Ballaststoffe in der Schale, und ich schälte meine Kartoffeln, weil in der Schale auch Stoffe enthalten sind, die man aus Gesundheitsgründen nicht unbedingt essen sollte, zumindest nicht zu jeder Mahlzeit.

Zweitens enthalten Kartoffeln ein Protein, das sich Protease Inhibitor II nennt. In Versuchen mit Mäusen hat sich gezeigt, dass dieses Protein ihren Appetit hemmt, und das Gleiche könnte sehr gut auch für Menschen gelten.

Drittens ist die Kaloriendichte von Kartoffeln erstaunlich niedrig. Das bedeutet, dass Kartoffeln nur wenige Kalorien im Verhältnis dazu enthalten, wie groß sie sind. Zwar kommt einem eine gekochte Kartoffel wie eine schwere Mahlzeit vor, rein auf die Kalorien bezogen ist sie das aber gar nicht. 100 Gramm Kartoffeln enthalten nur etwa 77 Kalorien. Wenn Sie ein ganzes Kilo essen, erhalten Sie also nur 770 Kalorien. Um das ins Verhältnis zu setzen, müssten Sie zwischen zwei und drei Kilo Kartoffeln pro Tag essen, um auf die empfohlene tägliche Kalorienzufuhr zu kommen. Keine leichte Aufgabe.

In dem australischen Experiment hatte die geringe Kaloriendichte zur Folge, dass die Versuchsteilnehmenden mehr als 300 Gramm gekochte Kartoffeln essen mussten, um die gleiche Kalorienmenge zu erreichen wie diejenigen, die einfach nur einen Mars-Riegel bekamen. Vor diesem Hintergrund ist es also nicht verwunderlich, dass sich die Kartoffelesser satter fühlten; ihre Mägen waren einfach sehr viel voller. Das ist im Übrigen eine generelle Regel im Sättigungsindex: Nahrungsmittel mit niedriger Kaloriendichte sättigen mehr pro Kalorie als Nahrungsmittel mit einer hohen Kaloriendichte.

Deshalb waren die anderen, am meisten sättigenden Lebensmittel in diesem Versuch ebenfalls unverarbeitete Speisen wie Äpfel, Fisch und Orangen. Beeren waren leider nicht Teil des Versuchs, aber sie hätten sicherlich genauso zu den Topscorern gezählt. 100 Gramm Erdbeeren enthalten zum Beispiel bloß mickrige 32 Kalorien. Um auf den Wert des Mars-Riegels zu kommen, hätten die Versuchsteilnehmerinnen fast 750 Gramm, also ungefähr 40 bis 60 Erdbeeren essen müssen.

Es ist folglich nicht schwer, sich vorzustellen, dass die geringe Kaloriendichte die Hauptursache für den hohen Sättigungsgrad von Kartoffeln ist. Dabei sollte man die hedonistische Seite in dieser Angelegenheit nicht außer Acht lassen. Wenn Sie mich fragen, sind gekochte Kartoffeln das wohl Langweiligste, das man überhaupt essen kann. Ja, man kann ohne Umschweife behaupten, dass gekochte Kartoffeln eine Art Antisuperstimulus darstellen. Geschmacksneutral, ballaststoffreich, eintönig und kalorienarm.

Wie gesagt, würde ich Ihnen die Kartoffeldiät nicht empfehlen. Auf Dauer ist eine so monotone Ernährung nicht gesund. Doch wie immer kann man etwas dazulernen, wenn man die Extreme unter die Lupe nimmt. Und all diese Erkenntnisse untermauern die Wichtigkeit davon, unverarbeitete Lebensmittel mit einer niedrigen Kaloriendichte zu sich zu nehmen. So gesehen sind Kartoffeln ein guter Verbündeter, aber vielleicht spricht da auch nur der Nordjütländer aus mir.

* * *

Wenn nun aber weder die Kartoffeldiät noch die Steinzeiternährung die beste Lösung bieten, wofür soll man sich im Kampf gegen Nahrungsmittel-Superstimuli dann entscheiden?

Sie haben vermutlich selbst bemerkt, dass die Welt der Ernährung mitunter einem undurchdringlichen Dschungel gleicht. Manche schwören auf Low-Carb-Kost, bei der man zum Beispiel auf Nudeln und Brot verzichtet. Andere hingegen sind Anhänger der Low-Fat-Ernährung, also dem kompletten Gegenteil. Manche verlieren Gewicht, indem sie Vegetarier werden und Fleisch ganz von ihrem Speiseplan streichen, während wieder andere abnehmen, indem sie *mehr* Fleisch essen. So könnten wir noch eine ganze Weile weitermachen, mit der Mittelmeer-Diät, der Fruchtgummi-Diät oder der Wattebausch-Diät.

Aber jetzt verrate ich Ihnen ein Geheimnis. Viele dieser Ernährungspläne funktionieren tatsächlich. Nur nicht aufgrund der Mechanismen, die die Leute dahinter vermuten. Der Grund, weshalb Menschen durch solche restriktiven Diäten an Gewicht verlieren, ist … dass sie das Essen langweilig machen.

Lassen Sie sich das von jemandem sagen, der sie alle ausprobiert hat. Die Belohnung für eine Mahlzeit fällt schlicht und ergreifend sehr viel geringer aus, wenn man eine gesamte Gruppe von Lebensmitteln ausschließt. Ganz gleich, wie spannend Low-Carb- oder Low-Fat-Gerichte den Behauptungen der Kochbuchautoren zufolge auch sein sollen, lässt sich nicht leugnen, dass Brot und Nudeln einfach gut schmecken. Dass Fleisch und Fisch lecker sind. Und dass Bacon und Käse schmecken. Wenn Sie manche dieser Lebensmittel aus Ihrer Ernährung verbannen, macht das Ihre Mahlzeiten weniger aufregend. Außerdem wird Ihre Ernährung auch weniger *abwechslungsreich*, und wir haben ja gerade erst gelernt, wie wichtig Abwechslung für die Menge an Essen ist, die wir verzehren.

Unter anderem lässt sich der weniger belohnende Effekt anhand von Studien an Veganern und Vegetariern belegen. Je näher Menschen einem reinen Veganismus kommen, desto geringer wird die Zahl der Kalorien, die sie verspeisen. Allesesser nehmen die meisten Kalorien zu sich. Danach kommen Pescetarier, die auf Fleisch, aber nicht auf Fisch, Schalentiere, Eier und Milchprodukte verzichten. Es folgen Vegetarier, die weder

Fleisch noch Fisch oder Schalentiere essen (aber immer noch Eier und Milchprodukte). Zu guter Letzt kommen – diejenigen mit der niedrigsten Kalorienzufuhr – die Veganer, die überhaupt keine tierischen Produkte zu sich nehmen.

Je mehr Sie also verzichten, desto weniger Kalorien nehmen Sie in der Regel durch Nahrung auf. Was sich auch beobachten lässt, wenn die Forscher den BMI der Versuchspersonen messen. Hier haben Veganer im Schnitt die niedrigsten Werte, gefolgt von Vegetariern, Pescetariern und schließlich Allesessern.

Eine Ernährungsvariante wie die Kartoffeldiät treibt dieses Prinzip in Wahrheit lediglich auf die Spitze. Gäbe es tatsächlich eine größere Gruppe Menschen, die sich nach der Kartoffeldiät ernährten, so können Sie sicher sein, dass ihre Kalorienzufuhr und ihr BMI noch niedriger als bei Veganern wären. Denn die Kartoffeldiät ist noch restriktiver. Auf das Wesentliche heruntergebrochen kann man sagen: Man isst weniger, je langweiliger das Essen ist, und deshalb nimmt man ab.

Dasselbe Phänomen sehen wir auch bei unseren alten Freunden, den Hadza, sowie anderen Jägern und Sammlern. Wissenschaftler, die sich mit diesen Volksgruppen beschäftigen, berichten stets davon, wie begeistert und freundlich diese Menschen seien, wie herzlich man empfangen werde und wie sehr sie deren Gesellschaft genossen hätten. Gleichzeitig räumen die Forscher ein wenig belämmert ein, wenn sie sich über eine Sache beschweren müssten, dann fiele ihre Wahl wohl auf das Essen. Es sei so furchtbar langweilig.

Der Anthropologe Herman Pontzer, den wir bereits kennengelernt haben, schreibt: »Die Nahrung der Hadza ist nicht sonderlich aufregend. Bis auf Honig und manche sauren Früchte ist sie ziemlich nichtssagend. Die Hadza verwenden keine Gewürze, mit der gelegentlichen Ausnahme von ein wenig Salz. Nahezu sämtliche Mahlzeiten werden roh, geröstet oder gekocht verzehrt. Im Westen würden das nur die wenigsten als schmackhaft oder gar verlockend bezeichnen. Kein Essen ist ihnen zu blutig, zu alt oder zu abstoßend. Wenn Sie am Morgen nach einer Grillparty einmal eine kalte, vergessene Hähnchenkeule und eine einsame schwarze Kartoffel auf dem Grillrost gefunden haben, wissen Sie, wie das Essen der Hadza aussieht.«

Pontzers Beschreibung liefert ein ziemlich treffendes Bild der Nahrung, die unsere Vorfahren Jahrmillionen lang zu sich genommen haben. Keine spannenden Gerichte, in denen man verschiedene Zutaten kombiniert, um das Essen extra schmackhaft zu machen. Auch keine Gewürze, um eine Mahlzeit aufzupeppen. Nein, stattdessen bestand die Ernährung aus den immer gleichen Lebensmitteln, die auf die immer gleiche Weise zubereitet wurden. Und zudem erforderte die Beschaffung dieser Nahrung so große Anstrengungen, dass man gewillt war, selbst an verkohltem Fleisch und Schlimmerem zu nagen. Guten Appetit!

Natürlich stellt sich die Frage, ob die Hadza ihr Essen *selbst* auch so langweilig finden. Und dafür gibt es absolut keinerlei Anzeichen. Denken Sie daran, unsere Gehirne sind Anpassungsmaschinen. Wären Sie und ich als Hadza aufgewachsen, bestünde unser Lieblingsgericht eben aus dem Fleisch einer bestimmten Antilope anstelle von Pizza.

An Verbesserungen gewöhnen wir uns blitzschnell, sodass unsere Ernährung, auch wenn wir im Überfluss leben, nicht notwendigerweise ein spannenderes kulinarisches Erlebnis bietet, als es bei unseren Vorfahren der Fall war. Die gute Nachricht dabei ist ja, dass Anpassungen trotz allem in beide Richtungen funktionieren. Ich bezweifle, dass Sie und ich uns jemals ebenso sehr über eine saure Frucht freuen könnten wie ein Hadza.

Aber es wird deutlich, dass für einen Gewichtsverlust eine

Deeskalation nötig ist. Für manche wird es ausreichen, sich mit einem Vanilleeis statt einem Vanilleeis mit Browniestückchen, Karamellsoße, Schokosplittern und Erdnussbutter zu begnügen. Andere dagegen müssen mehr unternehmen. Ganz egal, wo Sie sich auf dieser Skala befinden, ist klar, dass das ein schwieriges Unterfangen wird. Am Anfang muss man den Drang überwinden, sich für Superstimuli zu entscheiden, und das ist bekanntermaßen ein Kampf gegen tausend kluge Köpfe, die gegen einen arbeiten. Für Einzelne mögen Willenskraft und Aufklärung ganz bestimmt funktionieren. Aber gleichzeitig steht zu befürchten, dass diese Lösung für die Gesellschaft als Ganzes nicht ausreicht. Bislang jedenfalls gab es nicht viel, das unsere beständig nach oben wachsende Gewichtskurve aufhalten konnte.

Doch zum Glück gibt es einen Silberstreif am Horizont.

Warum Flugzeugessen langweilig ist

Tief in den Rocky Mountains befindet sich der amerikanische Bundesstaat Colorado. Mit seiner durchschnittlichen Höhe von 2.100 Meter über dem Meeresniveau ist Colorado der am höchsten gelegene Staat der USA. Gleichzeitig leben hier auch die schlanksten Menschen der Vereinigten Staaten. Ob diese beiden Umstände wohl etwas miteinander zu tun haben könnten?

Amerikanische Forscher haben jedenfalls herausgefunden, dass Amerikaner, die weit oben leben, ein geringeres Risiko für Übergewicht haben. Spanische Forscher haben in ihrem Land die gleiche Entdeckung gemacht. Und Studien an amerikanischen Soldaten zeigen, dass Rekruten, die in höher gelegenen Stützpunkten stationiert sind, seltener übergewichtig werden als solche in Stützpunkten, die auf Höhe des Meeresspiegels liegen.

Vielleicht macht es den Anschein, als wären diese beiden Dinge schwer in Zusammenhang zu bringen. Doch die Verbindung könnte möglicherweise der *Geschmack* sein. Sie haben sicher schon einmal etwas in einem Flugzeug gegessen und dabei bemerkt, dass das Essen einen schwächeren Geschmack hat. Eine Studie der Lufthansa ist beispielsweise zu dem Schluss gekommen, dass die Sensibilität der Geschmacksnerven für süße und salzige Lebensmittel während einer Flugreise bis zu dreißig Prozent niedriger ist. Ebenso hat man herausgefunden, dass der Luftdruck und die niedrige Luftfeuchtigkeit den Essensgeruch weniger intensiv machen.

Vielleicht fällt es Bergbewohnern also deshalb leichter, ihr Gewicht zu halten, weil ihre Umgebung sie einfach weniger empfänglich für die Tricks der Lebensmittelindustrie macht.

Von Sprengstoff zu Schlankheitspillen

Während des Ersten Weltkriegs arbeiteten die Franzosen mit Hochdruck an der Herstellung von Sprengstoffen. Die deutschen Truppen waren tief in das französische Territorium eingedrungen, weshalb die Sache eine Frage des nationalen Überlebens war.

Damals legte man nicht die gleichen Sicherheitsstandards wie heute an den Tag, sodass Sie sich vermutlich denken können, dass in den französischen Sprengstofffabriken nicht gerade die besten Arbeitsbedingungen herrschten. Die Arbeiter kamen ständig in Kontakt mit den vielen Chemikalien, die für die Sprengstoffe genutzt wurden, und mit der Zeit klagten einige von ihnen über recht sonderbare Symptome. Sie schwitzten unnatürlich stark – besonders nachts –, fühlten sich ausgelaugt und verloren eine Menge Gewicht. Bei manchen fielen die Symptome derart heftig aus, dass sie sogar daran starben.

Nach dem Krieg stellten französische wie amerikanische Forscher Untersuchungen dazu an, worin die Ursache dieser Todesfälle liegen konnte. Die Wissenschaftler prüften, welche Auswirkungen die Chemikalien aus den Sprengstofffabriken auf Tiere und Menschen hatten – also abgesehen davon, wenn man sie dicht zusammenpackte und mit einer Lunte anzündete. Sie kamen zu der Erkenntnis, dass die Ursache für die eigenartigen Symptome in einem Stoff namens Dinitrophenol, kurz DNP, zu finden war.

Die Franzosen verwendeten DNP in ihren Bomben, weil es hochexplosiv ist, aber es stellte sich auch heraus, dass sich der Stoff, wenn man ihn einatmet oder auf andere Weise einnimmt, auf Strukturen in unseren Zellen auswirkt, die Mitochondrien heißen. Vielleicht kennen Sie sie als die Kraftwerke der Zellen. Die Mitochondrien sind verantwortlich für den letzten Arbeitsschritt, wenn unser Körper Energie aus Lebensmitteln gewinnt. Genau genommen speichern sie diese Energie in Molekülen, ATP genannt, die die Zellen später dazu nutzen können, um energieintensive Aufgaben zu bewältigen. Ein bisschen ist das so, als würden die Mitochondrien kleine Batterien für die Körperzellen herstellen.

DNP stört die Mitochondrien, die Zellkraftwerke, aber, sodass sie die Energie nicht in ATP einlagern, sondern sie stattdessen als Wärme verbrennen. Sie können sich das wie ein Auto im Leerlauf vorstellen. Wenn Sie dabei das Gaspedal durchtreten, kommen Sie nicht vorwärts – der Motor wird lediglich heiß. Das bedeutet, wenn die französischen Fabrikarbeiter die Sprengstoffchemikalie DNP einatmeten, schalteten die kleinen Kraftwerke in ihren Zellen immer mehr in den Leerlauf. Deshalb fehlte ihnen bald die Energie, und sie begannen, sich müde und kraftlos zu fühlen.

Um dieses Problem zu lösen und für mehr Energie zu sorgen, versuchten die Zellen der Arbeiter, die Verbrennung anzukurbeln. Da aber kein Gang eingelegt war, erzeugte jede Schippe, die draufgelegt wurde, nur noch mehr Hitze. Deshalb schwitzten die Arbeiter auch so viel. Am Ende lag die Verbrennung der Arbeiter fünfzig Prozent höher als normal, und aus diesem Grund verloren sie auch an Gewicht. Sie konnten ganz einfach nicht genügend Kalorien aufnehmen, um der enormen Hitzeproduktion der Mitochondrien nachzukommen.

Mit anderen Worten heißt das: Das DNP ließ die Arbeiter absurde Mengen an Kalorien als Hitze verbrennen, und deshalb nahmen sie kräftig ab. Kommen Sie darauf, was man mit dieser neugewonnenen Erkenntnis anstellte?

Ungefähr ein Jahrzehnt nach seiner Entdeckung war DNP ein so beliebtes Schlankheitsmittel geworden, dass über die gesamte westliche Welt verteilt mehr als 100 000 Menschen dieses Mittel nutzten, um abzuspecken. Davon war der Stoff aber auch nicht sicherer geworden, sodass nach wie vor Leute daran starben, zum Teil auf äußerst makabre Art. So schilderte beispielsweise ein Arzt, wie er einen Patienten empfing, dessen Körpertemperatur auf 45 Grad Celsius angestiegen war, kurz bevor er starb.

Die vielen DNP-Anwenderinnen und -Anwender halfen den Ärzten außerdem, eine ganze Reihe Nebenwirkungen zu entdecken, die in den ursprünglichen Studien nicht erwähnt worden waren. Manche DNP-Nutzer entwickelten wegen der Schlankheitspillen verschiedene Formen von Hautausschlag. Andere wachten plötzlich mit verschwommenem Blick auf. Und manche wurden sogar dauerhaft blind. Innerhalb weniger Jahre bereitete der Einsatz von DNP als Schlankheitsmittel vielen Ärzten in der westlichen Welt also gründliche Sorgen. Am Ende der ganzen Misere wurde der Einsatz von DNP illegal, sobald die zuständigen Arzneimittelbehörden der verschiedenen Länder die juristische Macht erhielten, den Einsatz von Produkten zu untersagen.

Vom Schwarzmarkt ist DNP seit damals allerdings nie völlig verschwunden. Unter anderem wird es immer noch von Bodybuildern verwendet, die vor Wettbewerben an Gewicht verlieren wollen, und genau wie in alten Tagen kostet das mitunter Menschenleben.

Der langjährige und große Erfolg von DNP brachte jedoch auch etwas Gutes mit sich, denn er trieb die Suche nach einer medizinischen Behandlung gegen Fettleibigkeit voran. Sieht man einmal von den gravierenden Nebenwirkungen ab, erscheint das Grundprinzip hinter dem Mittel vielversprechend. Wenn wir ein sicheres Arzneimittel fänden, das den Stoffwechsel anregt, wäre das eine simple und ziemlich zufriedenstellende Lösung gegen Übergewicht: Essen Sie, was Sie wollen, und erhöhen Sie ihre Kalorienverbrennung anschließend einfach durch eine Pille, damit Sie nicht zunehmen.

Diese einfache Idee hat sich jedoch leider in der Umsetzung als deutlich komplizierter entpuppt. Zwar ist es Medizinern, die an Adipositas forschten, durchaus gelungen, andere Arzneimittel zu entwickeln, die den Stoffwechsel ankurbeln. Aber bisher haben sie bei den meisten Menschen nur zu Herzproblemen geführt. Die Suche nach einem Medikament, das den Stoffwechsel erhöht, ist allerdings noch nicht beendet, und auf der ganzen Welt sind diverse interessante Projekte im Gange. Unter anderem hat sich gezeigt, dass unser Körper bereits über einen natürlichen Mechanismus verfügt, dessen Effekt an den von DNP erinnert. Wir tragen nämlich etwas mit uns herum, das sich braunes Fettgewebe nennt. Seine Farbe stammt daher, dass es voller Mitochondrien steckt, und Sie können es sich als eine Art Gegenpart zu weißem Körperfett vorstellen. Weißes Fett *speichert* Energie, während braunes Fett Energie *verbrennt*. Der Zweck dahinter ist es, Wärme zu produzieren, und wie gesagt ähnelt dieser Mechanismus der Wirkweise von DNP. Statt Sprengstoff verwenden die Zellen lediglich ein Protein namens UCP1 oder Thermogenin, um die Mitochondrien in den Leerlauf schalten zu lassen, die Folge davon ist aber dieselbe: Das Protein UCP1 sorgt dafür, dass das braune Fettgewebe Hitze erzeugt.

Braunes Fett findet sich vor allem bei Säuglingen und wird aktiviert, wenn wir Kälte ausgesetzt sind. Zum Beispiel bei einem Sprung in kaltes Wasser. Ganz naiv könnte man hoffen, dass Kälte ausreichen würde, um uns beim Abnehmen zu unterstützen – also schnell unter die kalte Dusche, und schon sorgt das braune Fett dafür, eine Menge Kalorien als Hitze zu verbrennen. Nur ist es leider nicht ganz so einfach, und inzwischen brauche ich wohl kaum noch zu erklären, warum. *Der Körper passt sich an.* Wenn wir also Kälte einsetzen, um das braune Fett für uns arbeiten zu lassen, verbrennen wir eine Menge Kalorien. Unser Körper reagiert darauf allerdings, indem er die Verbrennung in anderen Bereichen herunterfährt und den Appetit steigen lässt, sodass wir mehr essen. Das heißt, eine kalte Dusche reicht nicht, um abzunehmen, genauso wenig, wie man die überschüssigen Pfunde durch Rennen loswerden kann.

Es bleibt zu hoffen, dass wir irgendwann einmal eine Möglichkeit finden, den Körper an dieser Art der Kompensation zu hindern. Bis dahin bedeuten diese Probleme aber, dass sich der beste Ort, um nach einer Behandlung von Fettleibigkeit zu suchen, auf der anderen Seite der Gleichung befindet: Bei der Kalorien*zufuhr*, nicht bei ihrer Verbrennung.

* * *

Die Inspiration für appetithemmende Medikamente kam von ganz unerwarteter Seite. Denn es waren Cannabisraucher, die die Fettleibigkeitsforscher auf ihre erste große Idee brachten. Cannabis hat nämlich die Eigenart, den Appetit anzuregen – nach dem Konsum von Cannabis ist es nicht unüblich, dass man einen sogenannten Fressflash bekommt. Eine regelrechte Heißhungerattacke, die sich insbesondere durch ein starkes Verlangen nach Süßigkeiten und Snacks auszeichnet. So gesehen hat das Rauchen von Cannabis den diametral entgegengesetzten Effekt dessen, wonach die Fettleibigkeitsforscher eigentlich suchten. Das brachte sie ins Grübeln. Was, wenn man eine Art *Anti*cannabis herstellen könnte? Etwas, das einen *Anti*fressflash hervorruft?

Einem französischen Pharmakonzern gelang es dann tatsächlich, einen Stoff ausfindig zu machen, der im Gehirn das komplette Gegenteil von Cannabis bewirkt. Diesen neuen Stoff nannte man *Rimonabant*, und in den ersten klinischen Studien führte er bei den Testpersonen wirklich zu *Anti*fressattacken. Die Probanden verspürten weniger Appetit als normal und nahmen daher zumeist ein paar Kilogramm ab. Es sah also ganz danach aus, als wäre das *Anti*cannabis auf dem besten Weg, das erste erfolgreiche Medikament gegen Fettleibigkeit zu werden. In der EU wurde es sogar zugelassen – für zwei Jahre –, und mehrere Tausend Menschen bekamen es von ihren Ärzten verschrieben. In der endgültigen klinischen Studie in den USA stieß man jedoch auf Schwierigkeiten. Rückblickend waren das Schwierigkeiten, die man eventuell hätte vorhersehen können.

Denn Cannabis ist ja auch dafür bekannt, angenehme Gefühle hervorzurufen. Zumindest vorübergehend. Eine gegenteilige Wirkung kann sich daher im Gemüt niederschlagen. In der amerikanischen Studie führte Rimonabant bei bis zu zehn Prozent der Versuchsteilnehmenden zu Depressionen. Nachdem zwei Versuchspersonen Selbstmord begangen hatten, wurde die Studie abgebrochen. Anschließend nahm man das Präparat schnell wieder vom europäischen Markt.

Ein deprimierendes Ergebnis für die Adipositasforschung. Wieder einmal *so close, yet so far*. Es sah aus, als wäre Fettleibigkeit ein Problem, das man medizinisch nie in den Griff bekommen würde. DNP ließ Menschen erblinden und manche von ihnen innerlich quasi wortwörtlich zu Tode kochen. Rimonabant hatte massive mentale Nebenwirkungen. Und auch all die anderen infrage kommenden Mittel schlugen fehl.

Das beste Beispiel für die Fiaskos der Adipositasforschung ist ein übergewichtsbekämpfender Stoff namens Olestra. Es war eine Art synthetischer Fettersatz, der nur sehr wenige Kalorien enthielt – man erhoffte sich, damit den Kaloriengehalt von beispielsweise Keksen und Chips zu reduzieren. Ungefähr so wie beim Zusatz von künstlichen Süßungsmitteln, um Produkte süßer zu machen, ohne Zucker zu verwenden.

In den klinischen Studien lief es fantastisch für Olestra, aber als es auf den Markt kam und die ersten Kunden es mit nach Hause nahmen, traten einige unglückliche Nebenwirkungen auf. Daheim auf ihren Sofas aßen die Leute nämlich wesentlich mehr, als die Versuchspersonen es unter der Aufsicht der Wissenschaftler getan hatten. Und so kam es zu recht unangenehmen Folgen. Denn hörte man nicht rechtzeitig damit auf, seine Olestra-Chips oder -Kekse zu futtern, führte das zu Bauchschmerzen bis hin zu explosivem Durchfall.

Als Fettleibigkeitsforscher konnte man sich zu dieser Zeit durchaus vorkommen wie die Pointe in irgendeinem kosmischen Witz. Denn während es diesen Forschern nicht gelang, den Leuten etwas anderes als Herzprobleme und Durchfall zu bescheren, setzten die Zahlen auf den Badezimmerwaagen dieser Welt ihren Höhenflug unbeeindruckt fort.

* * *

Zu Beginn der 1990er-Jahre untersuchten dänische Forscher ein Darmhormon namens *GLP-1*. Die Forschungsgruppe unter der Leitung von Jens Juul Holst war eine der ersten, die GLP-1 entdeckten, und fand heraus, dass dieses Hormon ins Blut ausgeschüttet wird, nachdem wir etwas gegessen haben. Die Frage war nur, wieso.

Nach mehreren Jahren der Forschung entdeckten die Wissenschaftler, dass GLP-1 unter anderem für die Produktion eines weiteren Hormons verantwortlich ist: Insulin.

Interessanterweise besteht die Rolle von Insulin darin, die Aufnahme von Zucker aus dem Blut zu organisieren. Das Ganze läuft ungefähr wie folgt ab: Zuerst essen wir. Wenn das Essen den Darm erreicht, wird unter anderem GLP-1 im Blut freigesetzt. Das wiederum lässt uns Insulin ausschütten, und während die Nahrung verdaut und vom Blut aufgenommen wird, gelangen die Nährstoffe in unsere Zellen.

Bei Menschen, die an Diabetes erkrankt sind, kann dieser Prozess auf verschiedene Arten gestört werden oder gar fehlschlagen. Daher erkannten die Forscher die Möglichkeit, GLP-1 für eine neue Form der Diabetes-Behandlung einzusetzen.

Diese Möglichkeit ist besonders interessant, wenn man sich zufällig just in Dänemark befindet. In der Gemeinde Bagsværd nördlich von Kopenhagen sitzt nämlich der weltgrößte Konzern für Diabetesmedikamente, Novo Nordisk, wo man sofort hellhörig wurde und unbedingt mehr über dieses Darmhormon wissen wollte.

Um ein Medikament aus GLP-1 herzustellen, mussten die Forscher allerdings zuerst einen Weg finden, wie sie es potenziellen Anwendern überhaupt verabreichen sollten, was gar nicht so leicht ist. GLP-1 ist ein Protein. Wenn Sie also einfach eine Pille daraus machen und sie schlucken, wird GLP-1 genau wie alle anderen Proteine aus Ihrer Nahrung im Verdauungssystem verarbeitet und zerlegt. Eine Alternative wären Injektionen mit GLP-1, doch auch das stellte sich nicht als gerade einfach heraus. Denn im Blut befindet sich ein Enzym, das GLP-1 abbauen kann. Sie können sich das Enzym wie kleine Scheren vorstellen, die dann schneiden, wenn sie etwas Bestimmtes wiedererkennen. Danach funktioniert GLP-1 nicht mehr, sodass der Effekt nach einer Spritze schnell verfliegt.

Bei Novo Nordisk setzte man ein großes Forscherteam darauf an, herauszufinden, ob man GLP-1 nicht ein wenig widerstandsfähiger machen könnte. Es dauerte mehrere Jahre, bis eine Lösung gefunden war, aber schließlich entdeckten die Forscher, dass sie die Struktur von GLP-1 geringfügig verändern konnten und damit die »Scheren« im Blut daran hinderten, es zu zerlegen.

Diese leicht veränderte Form von GLP-1 nannten sie *Liraglutid*, und das erwies sich in den klinischen Studien sowohl als sicher als auch als effektiv. Eine neue Behandlungsmethode gegen Diabetes war geboren.

Wäre das das Ende dieser Geschichte, hätten wohl nur die wenigsten außerhalb von wissenschaftlichen Kreisen je von dem Mittel gehört. Doch stattdessen geriet die Sache zu einem der wildesten Geschäftsabenteuer der dänischen Geschichte. Denn Liraglutid hilft diabeteskranken Menschen nicht nur dabei, ihren Blutzucker zu regulieren. *Es lässt sie auch abnehmen.* Anstatt einfach nur ein weiteres von vielen Diabetesmedikamenten zu sein, wurde Liraglutid zu dem Schlankheitsmedikament, nach dem die Adipositasforschung gehungert hatte. Noch dazu ganz ohne Durchfall, Herzprobleme oder Schlimmeres.

Bald gelang es den Forschern von Novo Nordisk, eine noch stabilere Variante des Medikaments herzustellen. Sie nannten es *Semaglutid*, das Sie vielleicht unter dem Namen Ozempic kennen (ja, die Pharmaindustrie neigt dazu, ihren Produkten Namen zu geben, die ebenso gut Zaubersprüche in *Harry Potter* oder Städte in Kasachstan sein könnten). Die neue Medizin gegen Fettleibigkeit wurde in klinischen Studien getestet und ließ die Probanden dabei doppelt so viel Gewicht verlieren wie die ursprüngliche Version des Medikaments. Im Durchschnitt wogen die Testpersonen zu Beginn der Studie 105 Kilo, und nahmen im Lauf von etwas mehr als einem Jahr über 15 Kilo ab. Bei einer solchen Wirkung machte man sich also ernsthafte Hoffnungen auf eine effektive Behandlung von Übergewicht.

Bis jetzt ist dieser ins Rollen geratene Schneeball noch nicht gestoppt worden. Das amerikanische Pharmaunternehmen Eli Lilly hat bereits ein neues Medikament entwickelt, das einen GLP-1-ähnlichen Stoff mit einem anderen Stoff kombiniert, der den Effekt eines weiteren Darmhormons namens GIP nachahmt. In ihren eigenen klinischen Studien wogen die Versuchspersonen bei Studienbeginn durchschnittlich ebenfalls 105 Kilogramm, nahmen aber mehr als 23 Kilo ab, wenn sie die höchstmögliche Dosis des Medikaments einnahmen. Sowohl Novo Nordisk als auch Eli Lilly arbeiten schon an weiteren Verbesserungen, sodass dieser Wettlauf wohl noch viele Jahre lang anhalten wird.

Dabei lautet die große Frage aber: Wie genau funktionieren all diese Medikamente eigentlich? Wie bringt ein Darmhormon wie GLP-1 Leute plötzlich dazu, so viele Kilos zu verlieren? Man könnte womöglich denken, der Gewichtsverlust müsse irgendetwas mit dem Darm zu tun haben. Deshalb besagt eine der ersten Theorien dazu auch, dass GLP-1 die Geschwindigkeit verringert, mit der der Darm geleert wird, sodass man sich für längere Zeit satt fühlt.

Zwar stimmt diese Annahme, doch der Gewichtsverlust rührt nicht daher. Man nimmt durch GLP-1 ab, weil der Stoff auf die *Hirnbereiche wirkt*, die für die Appetitregulierung zuständig sind. Wenn Menschen also Liraglutid, Semaglutid oder eines der anderen GLP-1-Präparate einnehmen, hemmt das ganz einfach ihren Appetit. Man isst weniger, und deshalb nimmt man ab. Einer meiner Freunde hat diese Methode ausprobiert und beschreibt das Gefühl folgendermaßen: »Wie direkt nach einer Mahlzeit, wenn man absolut keine Lust mehr hat, etwas zu essen.«

Als besonders wirksam hat sich dieser Effekt in Verbindung mit der Lust auf Nahrungsmittel-Superstimuli herausgestellt, sodass die Geschichte über GLP-1 tatsächlich all das bestätigt, was wir bisher über Fettleibigkeit gelernt haben: Das Problem liegt im Gehirn. Leider bedeutet das aber auch, dass die Lösung mit dieser ansonsten wirklich effektiven Schlankheitsmedizin keine permanente sein kann. Wenn Leute die Medikamente wieder absetzen, verlieren sie den Schutz vor Nahrungsmittel-

Superstimuli, und am Ende werden die meisten von ihnen wieder an Gewicht zunehmen.

Aktuell ist man noch darauf angewiesen, an den Injektionen festzuhalten. Das löst natürlich Spekulationen über die böse Pharmaindustrie aus, die es lediglich auf unser Geld abgesehen hat. Ich muss allerdings gestehen, dass ich zum gegenwärtigen Zeitpunkt keine besseren Methoden sehe, mit denen man das Problem Fettleibigkeit in den Griff bekäme. Die Lebensmittelindustrie hat sich moderne Technologie zunutze gemacht, um unseren Appetit künstlich in die Höhe zu treiben. So gesehen kann es durchaus nötig sein, ihn mittels moderner Technologie wieder in normale Sphären zu bewegen.

Zu viele Kalorien können auch etwas Gutes sein

Es lässt sich behaupten, das Problem mit Nahrungsmittel-Superstimuli bestehe in Wahrheit gar nicht darin, dass wir durch sie viel zu viele Kalorien zu uns nehmen.

Das Problem liegt vielmehr darin, dass Menschen ab einem gewissen Punkt überschüssige Kalorien in Fett umwandeln. So sind wir von Natur aus aufgestellt, weil Fett unsere Vorfahren einst vor dem Verhungern bewahrte. Aber stellen Sie sich einmal all die Möglichkeiten vor, die uns offenstünden, wenn wir die überschüssigen Kalorien, die wir aktuell zu uns nehmen, für etwas anderes verwenden könnten.

Zum Beispiel für mehr Muskelmasse. Im Vergleich mit vielen anderen Tieren sind wir Menschen nämlich ziemlich schwach, weil wir so viele Kalorien für unsere Gehirne verwenden. Dafür sparen wir eben Energie beim Muskelaufbau ein. Da wir inzwischen aber nahezu ungeahnte Mengen an Kalorien bekommen, wieso sollten wir nicht beides haben können?

Noch haben wir keine Pille erfunden, die zusätzliches Muskelwachstum auf eine sichere Art und Weise fördern kann. Aber momentan arbeitet man an der Entwicklung eines spannenden Medikaments, das in dieser Sache unter Umständen helfen könnte. Es trägt den Namen Bimagrumab. Dabei handelt es sich um ein Mittel zur Gewichtsabnahme, das Menschen nicht nur abnehmen lässt, *sondern auch* ihre Muskelmasse steigert, zumindest in den frühen klinischen Studien.

Der Gewichtsverlust ist dabei zwar nicht so groß wie bei appetithemmenden Medikamenten, trotzdem ist eine Kombination mit dem Besten aus beiden Welten vorstellbar oder dass es in naher Zukunft gelingt, das Mittel so weiterzuentwickeln, dass es noch besser wirkt.

Alternativ könnte man all die Extrakalorien für mehr Energie bei täglichen Aktivitäten einsetzen, für eine bessere molekulare Reparatur des Körpers, stärkere Knochen oder sogar größere Gehirne.

Sex und die Verzauberung der Flasche

Der Westen Australiens ist bekannt für das sogenannte Outback. Eine hübsche Landschaft mit rotbrauner Erde und weitverbreiteten Buschgebieten, die sich fantastisch auf einer Postkarte macht.

Für Pflanzen und Tiere ist der Busch allerdings kein Paradies. Er ist staubtrocken und brütend heiß, und obendrein zählt der Boden in Westaustralien zu den nährstoffärmsten der Welt. Deshalb tummeln sich nicht gerade viele Tiere dort, und auch nach Menschen muss man lange suchen. Achtzig Prozent der australischen Bevölkerung leben an der fruchtbareren Ostküste, und die einzige Millionenstadt Westaustraliens – Perth – zählt zu den abgelegensten Großstädten der Welt.

Ironischerweise hat die Abwesenheit von Menschen im australischen Busch nicht zur Folge, dass die Tiere dort menschengemachten Problemen entgehen würden. Nehmen wir zum Beispiel den kleinen Prachtkäfer. Um einen solchen Käfer als prächtig zu bezeichnen, muss man wohl Insektenforscher sein: Mit seinem länglichen rotbraunen Körper und dem schwarzen Kopf ähnelt er am ehesten einer Kakerlake. Aber auch wenn der Prachtkäfer mit seinem Aussehen vermutlich nie einen Schönheitswettbewerb gewinnen wird, ist er ein Beispiel für eine perfekte Anpassung an die Natur Westaustraliens. Auf der rotbraunen Erdoberfläche ist der Prachtkäfer nämlich bestens getarnt, weshalb er den Großteil seiner Zeit damit verbringen kann, sich ungestört an den diversen Pflanzen des Outbacks zu laben.

Einmal im Jahr wird der eintönige Alltag des Prachtkäfers jedoch unterbrochen, und zwar in der Paarungszeit. Dann schwingen sich die Prachtkäfermännchen in die Lüfte, um ein Weibchen zu finden, mit dem sie sich paaren können. Die Käferweibchen können selbst nicht fliegen, sodass die liebestollen Männchen im Busch herumschwirren und nach einer bräunlich glänzenden Partnerin am Boden Ausschau halten. Und genau hierbei geraten sie in Schwierigkeiten.

Denn hin und wieder hinterlassen durstige Australier leere Bierflaschen in der Natur. Diese Flaschen sind groß, glänzend und braun, genau wie ein Prachtkäferweibchen. Ja, tatsächlich sind die Flaschen größer und schimmern stärker, als ein Prachtkäferweibchen es je tun wird.

Wenn ein Prachtkäfermännchen also eine leere Bierflasche erspäht, ist es Liebe auf den ersten Blick. Schnell landet es und versucht dann resolut, sich mit der Flasche zu paaren. Sollte währenddessen ein echtes Weibchen vorbeilaufen, wird es komplett ignoriert. Mit der Verzauberung der Flasche kann es schlicht und ergreifend nicht mithalten. Im Grunde gibt es nichts, das die Prachtkäfermännchen aufgeben ließe, und man muss sie wirklich von den Flaschen herunterpicken, um ihre verzweifelten Fortpflanzungsversuche abzubrechen.

Ohne menschliches Eingreifen vertrocknen diese Insekten entweder in der Sonne oder werden bei lebendigem Leib von Ameisen gefressen, weil sie sich stur weigern, von ihrer Auserkorenen abzulassen.

* * *

Dabei ist es eigentlich gar nicht mal verwunderlich, dass sich Tiere wie der Prachtkäfer von sexuellen Superstimuli zum Narren halten lassen – tatsächlich würde man genau das erwarten. Denn in der Natur gibt es im Grunde zwei Ziele: Nahrung beschaffen und sich fortpflanzen, und die Nahrung braucht man dabei genau genommen nur, um sich am Leben zu erhalten, damit man Sex haben und Nachkommen zeugen kann.

Biologische Wesen verhalten sich auf diese Weise, weil diejenigen von ihnen, denen die Vermehrung gelingt, die nächste Generation erschaffen. Mit einem kleinen Gedankenexperiment können Sie sich vielleicht etwas besser vorstellen, wie das zusammenhängt: Wir erschaffen zwei Ausgaben eines Tieres. Die erste Ausgabe hat *kein* Interesse an Sex. Das Tier verwendet seine Zeit auf die Nahrungssuche, schläft und erforscht seine Umgebung. Wenn es dann irgendwann stirbt, gibt es keine nachfolgende Generation. Und damit gibt es auch niemanden, der die Wesenszüge dieses Tieres erbt.

Unser zweites Tier dagegen ist regelrecht besessen von Sex. Natürlich muss auch dieses Wesen schlafen, Nahrung finden und seine Umgebung kennen, sodass es nicht permanent Zeit oder Energie in die Suche nach dem anderen Geschlecht investieren kann. Aber es wird die ihm verbleibende Zeit für die Mission der Fortpflanzung einsetzen. Diese Mission kann scheitern, wenn das Tier gefressen, abgewiesen oder von Konkurrenten besiegt wird, doch eine Sache steht fest: Die sexbesessenen Tiere werden mehr Nachkommen haben als Tiere, denen Sex egal ist. Dadurch, dass die Lust auf Sex – wie die meisten anderen Wesenszüge – vererbbar ist, wird die nächste Generation mehr sexbesessene Tiere hervorbringen als solche, für die die Vermehrung keine Rolle spielt. So läuft das inzwischen schon seit Millionen von Generationen.

Aus diesem Grund sind unsere Gehirne auch darauf optimiert, auf Reize zu reagieren, die mit Sex zu tun haben. Für Prachtkäfermännchen bedeutet dies, dass glänzende braune Oberflächen attraktiv auf sie wirken; für ein Pavianmännchen ist es stattdessen ein großer roter Hintern, und Menschen können sich von physischen Merkmalen wie einem tollen Körper oder einem hübschen Gesicht, aber auch von abstrakteren Eigenschaften wie Macht, Aufmerksamkeit oder Selbstvertrauen angezogen fühlen.

* * *

Der erste Schritt bei der Jagd nach Sex ist es, jemanden zu finden, mit dem man ihn haben kann. Bei Menschen gestaltet sich dieser Prozess jedoch ein klein wenig komplizierter als bei den Prachtkäfern. Allerdings sind unsere Instinkte, genau wie bei den Käfermännchen und ihren Flaschen, nicht immun gegen die moderne Welt, und es gibt Hinweise darauf, dass die Dinge nicht mehr ganz so sind, wie sie sein sollten.

Heutzutage sind in Dänemark mehr Menschen alleinstehend als zu irgendeinem anderen Zeitpunkt, zu dem wir Daten kennen. In Deutschland sieht die Situation ganz ähnlich aus. Aber obwohl die Anzahl der Singles Rekorde bricht, gelten diese Zahlen nicht für alle Altersgruppen. In den älteren Generationen ist der Anteil an Alleinstehenden heute nämlich niedriger als früher. In der Altersgruppe unter 50 Jahren gibt es jedes Jahr allerdings mehr Singles. Eine Erklärung könnte ökonomischer Natur sein. Wir verdienen heute mehr Geld als je zuvor, sodass es einfacher ist, allein zurechtzukommen, sofern man das möchte. Eine andere Erklärung wäre eine kulturelle. Traditionelle christliche Werte wie die Ehe und das Leben in einer Kernfamilie haben für uns heute einen geringeren Stellenwert. Aber wenn heute etwas einen größeren Einfluss auf die jüngeren als auf die älteren Generationen hat, dann liegt es auf der Hand, dass der technologische Fortschritt seine Finger mit im Spiel hat.

Deutlich wird das, wenn Sie sich einmal vorstellen, Sie wären ein junger Mann im mittelalterlichen Dänemark (oder Deutschland, wenn Sie mögen). Sie sind in einem kleinen Dorf auf einem Hof aufgewachsen, und bald ist die Zeit gekommen, sich eine Frau zu suchen, damit Sie heiraten und später den Hof Ihrer Eltern übernehmen können.

Aber wenn Sie sich in Ihrem Heimatdorf einmal umsehen, stellen Sie fest, dass die Auswahl eher begrenzt ist. Ja, eigentlich leben nur drei junge Frauen in der näheren Umgebung, die ledig sind und sich im passenden Alter befinden. Die erste sieht recht süß aus, kann Sie aber nicht ausstehen. Die zweite ist Ihre Cousine. Und der dritten fehlt die Hälfte ihrer Zähne.

Okay, Sie könnten den Kreis der infrage kommenden Damen ein wenig erweitern, indem Sie zum Beispiel ein Fest in den Nachbardörfern besuchen. Aber wie Sie es auch drehen und wenden, Ihre Wahlmöglichkeiten sind und bleiben begrenzt.

Als Frau würden die damaligen Geschlechterrollen Sie sogar noch stärker einschränken, und in manchen Gesellschaftsschichten müssten Sie sich außerdem damit abfinden, dass Ihre Eltern sich in die Partnerwahl mit einmischen. In Europa bestand dieses Einmischen meistens darin, dass die Eltern einen potenziellen Ehepartner abweisen konnten, wenn er ihren Erwartungen nicht entsprach. In großen Teilen der restlichen Welt aber waren Zwangsehen einmal völlig normal (und sind es mancherorts heute noch). Wenn das zahnlose Dorfmädchen also die Tochter eines Bekannten Ihres Vaters gewesen wäre, hätten Sie ruhig schon mal damit beginnen können, für ein Holzgebiss zu sparen.

Vergleichen Sie diese Situation mit der eines jungen Menschen im heutigen Europa. Hier kann man seinen Partner oder seine Partnerin in der Stadt finden oder vielleicht sogar in der Buchhandlung, sein oder ihr Lieblingsbuch, *Gewohnheitstiere*, in der Hand haltend. Am häufigsten lernen sich Paare heutzutage aber durch Online-Dating kennen. Für Dänemark fehlen uns leider belastbare Zahlen, aber wir können diese Entwicklung anhand von Umfragen aus den USA erkennen. Im Jahr 1999 berichteten fünf Prozent frischer Liebespaare, dass sie sich online kennengelernt hätten. 2009 waren es schon zweiundzwanzig Prozent. Zehn Jahre später waren es vierzig Prozent, und heute sind es schon über die Hälfte.

Richtig Fahrt aufgenommen hat das Online-Dating in den 2010er Jahren, als Smartphones und Apps wie Tinder, Bumble und Hinge ihren Siegeszug begannen. Für unseren heiratswilligen Bauernsohn aus dem Mittelalter wäre ein Blick in eine solche App ein absurdes Erlebnis gewesen. Dort werden einem Tausende potenzieller Partnerinnen gezeigt, und zwar schnell nacheinander. Natürlich sehen nicht alle von ihnen interessant aus. Und ebenso wenig erwidert jede der angezeigten Personen das Interesse. Aber im Vergleich zur Situation unseres Bauernsohns sind solche Apps eine wahre Goldgrube an Wahlmöglichkeiten. »Ein Geschenk des Himmels« hätte er es wohl genannt. Bei einer derart riesigen Auswahl *müssen* die Leute ja den oder die Richtige finden. Zweifelsohne sind sie alle hochzufrieden mit ihren Partnerschaften.

Oder doch nicht? Wenn das so wäre, würden wir schließlich erwarten, dass es in Dänemark oder Deutschland heute *weniger* und nicht *mehr* Singles als je zuvor gäbe. Doch paradoxerweise könnte ausgerechnet die große Auswahl einer der Gründe sein, weshalb in der modernen Welt weniger Menschen eine Paarbeziehung eingehen. Studien belegen nämlich, dass große Wahlmöglichkeiten es uns schwerer machen, eine Entscheidung zu treffen, und uns zudem dazu neigen lassen, uns später wieder umzuentscheiden.

In einer bekannten Studie führten Psychologen zum Beispiel ein Experiment mit Marmeladesorten in Supermärkten durch. Am ersten Tag ließen sie Menschen 24 verschiedene Geschmacksrichtungen probieren. Am nächsten Tag boten sie dann stattdessen nur sechs verschiedene Marmeladensorten zur Auswahl. Dabei stellten die Psychologen fest, dass die große Marmeladenauswahl die Aufmerksamkeit der Menschen am stärksten auf sich zog und die Leute zum Probieren anregte. Es zeigte sich aber auch, dass die kleinere Auswahl sehr viel effektiver dabei war, die Leute zu einer Entscheidung und damit zu einem Kauf zu motivieren. Eine große Auswahl erzeugte also das meiste Interesse, eine kleine Auswahl hingegen erwies sich als besser, um Leute zu einer Entscheidung zu bewegen.

Vielleicht kennen Sie dieses Phänomen, wenn Sie mal wieder einen Film auf Netflix anschauen möchten und die riesige Auswahl Ihnen die Entscheidung so schwer macht, dass Sie am Ende rastlos durch die vielen Titel scrollen.

Amerikanische Forscher haben gezeigt, dass das Gleiche auch auf Dating zutrifft. Sie warben einige Studentinnen an und tarnten ihr Experiment, indem sie behaupteten, die Universität entwickle gerade eine Dating-App, die die jungen Frauen bewerten sollten. Manche Frauen bekamen daraufhin sechs potenzielle Partner angezeigt, andere sahen vierundzwanzig. Im Anschluss wurden sämtliche Teilnehmerinnen gebeten, den Partner auszuwählen, den sie am besten leiden konnten.

Eine Woche später kamen die Versuchsteilnehmerinnen wieder zusammen und sollten nun bewerten, wie zufrieden sie mit ihrer Wahl waren – und ob sie sie bereuten. Das taten diejenigen von ihnen, die die größere Auswahl gehabt hatten. Sie waren nicht nur weniger zufrieden mit ihren Entscheidungen, sondern fragten auch eher danach, ob sie sich umentscheiden könnten.

* * *

Natürlich kann man auch ohne festen Partner oder feste Partnerin Sex haben. Für die meisten Tiere gilt aber trotzdem, dass sie sich für das Erlebnis einen Artgenossen suchen müssen. Wie immer sind wir Menschen dabei ein klein wenig erfindungsreicher. Erste Anzeichen dafür finden sich bereits in der Steinzeit. In ganz Europa stoßen Archäologen bei ihren Ausgrabungen nämlich immer wieder auf sogenannte Venusfigurinen. Das sind kleine Statuetten: nackte Frauen mit großen Brüsten, breiten Hüften und ausladenden, runden Formen.

Man hat lange über die Bedeutung und den Zweck dieser Figurinen diskutiert: Stellten sie Fruchtbarkeitsgöttinnen dar, die man anbetete? Oder handelte es sich um schmeichelhafte Versuche von Selbstporträts? Aus nachvollziehbaren Gründen können wir die Künstler selbst nicht mehr fragen. Dennoch ist es sehr gut möglich, dass diese Figurinen die ersten Beispiele für Pornos sind. Vielleicht nahm man die Statuetten mit auf lange Jagdexpeditionen, während die Frau zu Hause blieb. Diese Hypothese wird dadurch gestützt, dass man mit den Venusfigurinen offenbar handelte. Die berühmteste dieser Statuetten, die Venus von Willendorf, wurde zum Beispiel in Österreich entdeckt, ist aber aus Kalkstein gefertigt, der aus einem mehrere Hundert Kilometer südlich liegenden Gebiet stammt. Es ist durchaus vorstellbar, dass irgendein gewiefter Steinzeitkaufmann herausfand, dass Pornografie ein lohnenswertes Geschäftsfeld ist und es dem Absatz dient, wenn man dabei ein wenig übertreibt ...

In diesem Fall wäre er auf etwas gestoßen, das einer universellen Wahrheit nahekommt. Denn reisen wir zurück in die heutige Zeit, stellen wir fest, dass Pornografie nach wie vor so beliebt ist, dass auf der Liste der meistbesuchten Internetseiten der Welt gleich drei Pornoseiten auftauchen. Reisen wir dann in eine Zeit, die mehrere Millionen Jahre *vor* der Steinzeit liegt, gilt exakt das Gleiche. In einer amerikanischen Studie arbeiteten die

Forscher beispielsweise mit einem unserer entfernten Verwandten, nämlich Rhesusaffen. Sie fanden heraus, dass die Affenmännchen bereit waren, mit ihrem Lieblingsgetränk – Fruchtsaft – zu »bezahlen«, um sich dafür Bilder von Hinterteilen von Affenweibchen ansehen zu dürfen.

* * *

Einmal besuchte der ehemalige amerikanische Präsident Calvin Coolidge gemeinsam mit seiner Frau einen Bauernhof.

Die Landwirte führten die Ehepartner getrennt voneinander herum, und irgendwann blieb Mrs Coolidge vor dem Zaun eines Hühnergeheges stehen. Ihr fiel auf, dass der Hahn sich mit einem Huhn nach dem anderen paarte. Neugierig fragte sie den Bauern: »Wie oft tut er das?«

»Mehrmals täglich«, antwortete der Landwirt.

Dazu meinte Mrs Coolidge: »Erzählen Sie das meinem Mann, wenn er hier vorbeikommt.«

Als der Landwirt dies dem Präsidenten später erzählte, grinste der nur und fragte: »Mit derselben Henne?«

Worauf der Bauer prompt antwortete: »Nein, Mr President, natürlich nicht. Er nimmt sich jedes Mal eine andere.«

Da lachte der Präsident: »Erzählen Sie das meiner Frau…«

Die Geschichte über das Ehepaar Coolidge ist vermutlich zwar nur eine witzige Anekdote, aber tatsächlich bringt sie ein reales psychologisches Phänomen auf den Punkt. Wie sich nämlich zeigt, teilt der ehemalige amerikanische Präsident seine Neigung mit Ratten. In einem klassischen Experiment setzen die Forscher eine männliche Ratte in einen Käfig mit lauter läufigen Rattenweibchen. Das Männchen verschwendet keine Zeit und macht sich augenblicklich ans Paaren mit den verschiedenen Weibchen, oft sogar mehrmals nacheinander. Mit der Zeit wird das Männchen allerdings müde, bis es sich in eine Ecke zurückzieht, um sich auszuruhen. Danach weigert es sich, den Akt zu wiederholen, selbst wenn die Weibchen sich ihm anbiedern.

Dabei bleibt das Rattenmännchen so lange, bis die Forscher ein neues Weibchen in den Käfig setzen. Dann erwacht die Energie des Männchens plötzlich wieder, und es paart sich schleunigst mit dem neuen Weibchen. Anschließend erholt es sich, lebt aber jedes Mal erneut auf, wenn die Forscher ein neues Weibchen in den Käfig setzen. Tatsächlich können die Forscher dieses Spiel so lange treiben, bis das Männchen vor Erschöpfung zusammenbricht. Dafür ist lediglich nötig, dass ihnen die Rattenweibchen nicht ausgehen.

Dieses Phänomen – dass ein neuer Partner zu einem gesteigerten sexuellen Interesse führt – ist nach der Anekdote über den amerikanischen Präsidenten benannt und als Coolidge-Effekt bekannt. In Wahrheit handelt es sich aber nur um die Sexvariante des Buffeteffekts, den wir zuvor schon kennengelernt haben – also das Phänomen, dass es länger dauert, satt zu werden, wenn man uns konstant neue Gerichte vorsetzt.

Der Coolidge-Effekt tritt nicht nur bei amerikanischen Präsidenten und Ratten auf, sondern bei allen Säugetieren, die die Forscher untersucht haben – zum Beispiel bei Schafen, Hamstern und Rhesusaffen. Es gibt zwar niemanden, der diesen Versuch an Menschen durchgeführt hat, zumindest nicht aus wissenschaftlicher Perspektive. Jedoch haben mehrere Forschungsgruppen versucht, ihn im Labor zu simulieren. Zum Beispiel, indem sie Männern Pornofilme zeigten und Interviews oder körperliche Tests nutzten, um zu registrieren, wie stark die Filme sie sexuell erregten. In diesen Studien zeigt sich, dass Männer – exakt wie Rattenmännchen, Widder und Affenmännchen – stärkere sexuelle Erregung verspüren, wenn die Forscher ihnen Pornofilme mit neuen Darstellerinnen vorführen.

Man hat ebenfalls untersucht, ob der Coolidge-Effekt auch

bei Frauen und weiblichen Tieren auftritt, aber das ist schwieriger festzustellen. Die Ursache dafür ist – wenn ich ehrlich sein soll –, dass die Grenze zwischen Sex und Vergewaltigung bei vielen Säugetieren nicht wirklich klar ist. Ein Rattenmännchen wartet beispielsweise nicht auf das Okay des Weibchens, bevor es versucht, es zu begatten. Daher ist es schwieriger, einen Einblick in die Präferenzen der Weibchen zu erhalten, als bei den Männchen. Es gibt jedoch Versuche, bei denen die Forscher den Weibchen die Möglichkeit geben, selbst zu wählen. Zum Beispiel, indem sie Käfige durch Tunnel miteinander verbinden, die zu eng für die Männchen sind, durch die die Weibchen aber problemlos hindurchpassen. In diesen Experimenten hat es ebenfalls den Anschein, als würden die Weibchen ein leicht gestiegenes Interesse für neue Partner zeigen. In jedem Fall wechseln sie gelegentlich die Käfige. Insgesamt ist der Effekt jedoch weniger stark ausgeprägt als bei den Männchen.

Diese Erkenntnis erklärt womöglich zum Teil, wieso moderne Pornografie vor allem Männer anzieht. Oder zumindest, warum sie so ist, wie sie ist. Alle großen Pornowebsites haben nämlich hauptsächlich männliche Besucher, und das bedeutet, dass sich die Seitenbetreiber den Coolidge-Effekt zunutze machen können, um die Einnahmen zu sichern.

Sehen Sie, seit der Zeit der Venusfigurinen hat sich die Pornografie gemeinsam mit unserer Technologie weiterentwickelt – von Figuren und Malereien über Fotografien bis hin zu Videokassetten und nun eben Streaming im Internet. Alle diese Technologien nutzen Superstimuli. Die Venusfigurinen haben zum Beispiel übertriebene oder wenigstens ungewöhnliche Proportionen. Ähnliches lässt sich über Playboy-Models sagen, die seinerzeit aufgrund ihres Aussehens ausgewählt wurden, ehe man sie durch plastische Chirurgie, Make-up, Licht und Nachbearbeitung noch ein wenig »aufhübschte«.

Im Vergleich zu den früheren Ausgaben ist die heutige

Pornografie trotzdem ein Superstimulus auf Steroiden. Denn nicht genug damit, dass sich die Pornowebsites all der gleichen Tricks bedienen, die schon immer genutzt wurden; sie sorgen zudem dafür, dass es eine beinahe endlose Auswahl gibt, sodass sie den Coolidge-Effekt nutzen können, um die Zuschauer auf der Seite zu halten. Denn Pornoseiten verdienen ihr Geld unter anderem durch das Zeigen von Reklame, und durch ein sexuelles »Buffet« stellen sie sicher, dass die sexuelle Sättigung der Zuschauer so lange wie möglich ausbleibt. Je besser ihnen das gelingt, desto mehr Werbung können sie zeigen, und desto mehr Geld verdienen sie.

Sind wir etwa nicht monogam?

Der Coolidge-Effekt ist nicht so zu verstehen, dass wir Menschen zu etwas anderem als Monogamie »geschaffen« wären. Er ist einfach nur ein weiteres Beispiel dafür, dass Gott wirklich seinen Spaß gehabt haben muss, als er uns erschuf.

Denn während der Coolidge-Effekt gegen Monogamie spricht, sind uns andere Wesenszüge zu eigen, die uns wiederum zur Zweisamkeit hinziehen. Wenn wir uns verlieben, dann meist so heftig, dass wir die Fähigkeit verlieren, rational zu denken. Wir werden von Natur aus eifersüchtig, wenn andere unserem Partner gegenüber Annäherungsversuche unternehmen, und genauso haben wir einen ganz natürlichen Drang danach, Paarbeziehungen einzugehen. Das lässt sich damit belegen, dass die meisten Steinzeitkulturen (und Kulturen im Allgemeinen) Monogamie praktizieren.

In manchen Kulturen herrscht Polygamie vor, wo also eine einzelne Person Paarbeziehungen zu mehreren Individuen unterhält. Typischerweise handelt es sich dabei um Männer, die mehrere Frauen haben, aber in gewissen Volksgruppen ist die Verteilung umgekehrt. Allerdings ist Polygamie in solchen Kulturen meist nur in den mächtigsten Gesellschaftskreisen üblich. In der übrigen Bevölkerung sind monogame Paarbeziehungen nach wie vor die Regel. Wenn man also versucht, den menschlichen »Naturzustand« in Bezug auf Paarbeziehungen zusammenzufassen, können wir festhalten, dass wir unperfekte Monogamisten sind. Die meisten unserer Wesenszüge weisen in diese Richtung und sorgen dafür, dass wir gern als Paare zusammenleben wollen. Es gibt aber auch Züge an uns, die uns in die entgegengesetzte Richtung beeinflussen, weshalb unsere Paarbeziehungen nicht immer auf Dauer halten.

✱ ✱ ✱

Innerhalb der letzten Jahrzehnte hat sich eine immer weiter steigende Anzahl Patienten mit einem Problem an Ärzte und Psychologen gewandt, das sie als »Pornosucht« beschreiben. Hauptsächlich sind davon Männer betroffen, aber manchmal leiden auch Frauen unter diesem Problem. Aus der Welt der Promis sind hier zum Beispiel der amerikanische Komiker Chris Rock, der Schauspieler und ehemalige American-Football-Spieler Terry Crews und die Sängerin Billie Eilish (die sagt, Pornos hätten »ihr Gehirn gegrillt«) zu nennen.

2018 beschloss die Weltgesundheitsorganisation WHO, dass es genügend Belege dafür gebe, die »zwanghafte sexuelle Verhaltensstörung« (compulsive sexual behavior disorder) ihrer offiziellen Liste über Erkrankungen hinzuzufügen. Diese Störung deckt mehrere verschiedene Ausprägungen von Hypersexualität ab – also einen übertriebenen Fokus auf und Drang nach Sex oder Pornografie. Ich verwende den Begriff »Pornosucht« hier aber trotzdem in Anführungszeichen, weil immer noch diskutiert wird, inwiefern es sich dabei um eine »Sucht« handelt oder ob man dieses Leiden nicht eher als »Verhaltensstörung« oder »Zwangsstörung« bezeichnen sollte.

Für die meisten spielt diese Unterscheidung kaum eine Rolle. Der springende Punkt ist, dass es Menschen gibt, die ihren Pornokonsum gern beenden oder verringern wollen, dazu aber nicht in der Lage sind. Üblicherweise berichten diese Menschen von einem Drang, der sich nicht unterdrücken lässt, und von einer Desensibilisierung, sodass sie mit der Zeit immer extremere Inhalte konsumieren. Genau wie wir es auch schon bei Nahrungsmittel-Superstimuli beobachtet haben, wo ein simples Vanilleeis irgendwann zu langweilig wird und man sich stattdessen einen gemischten Becher Ben & Jerry's mit Karamellsoße, Schokosplittern und Keksteig gönnt.

Natürlich wird nicht jeder, der sich Pornos ansieht, süchtig danach. So wie auch Nahrungsmittel-Superstimuli nicht für jeden ein Problem darstellen. Manche reagieren stärker auf Nahrungsmittel-Superstimuli und können ihr Gewicht nicht halten, während andere schlank bleiben, ohne großartig darüber nachdenken zu müssen. Zwischen diesen beiden Extremen findet sich der Großteil der Bevölkerung wieder, in dem es verschiedene Abstufungen des Verlangens nach Superstimuli gibt. Das gilt auch für Pornos, denn viele Konsumenten haben vielleicht keine klinische Verhaltensstörung, weisen aber einige Merkmale davon auf.

In einer großangelegten dänischen Studie berichteten neunundfünfzig Prozent der befragten jugendlichen Pornokonsumenten, dass sie gelegentlich einen »unbändigen« Drang verspürten, sich einen Pornofilm anzusehen. Die Hälfte der Befragten sagte, dass die Art der Filme, die sie sich ansahen, mit der Zeit extremer geworden sei, und dreiundvierzig Prozent fühlten sich zu einem gewissen Grad abhängig von pornografischen Inhalten.

Wenn wir unseren Blick jetzt wieder nach Australien richten und uns mit dem Prachtkäfer vergleichen, könnte man durchaus die Hypothese aufstellen, dass Pornos zu weniger Sex in der Realität führen. Die Käfermännchen ziehen ihre auserwählten Bierflaschen schließlich einem echten Weibchen vor. Könnte das Gleiche am Ende auch mit uns Menschen geschehen?

Um eine Antwort darauf zu finden, können wir uns Umfragen aus der ganzen Welt ansehen, die ermitteln wollen, wie viel Sex die Menschen haben. Generell gilt bezüglich dieser Frage das gleiche Muster: Wir haben heute weniger Sex als in vergangenen Zeiten. Das lässt sich anhand von Studien aus Großbritannien, Deutschland und den USA feststellen. In Amerika gibt es unter 20- bis 24-Jährigen heute zweieinhalbmal so viele Personen ohne sexuelle Erfahrungen wie in der gleichen Altersgruppe in den 1960er-Jahren. Aber die Menschen haben heute nicht nur deshalb weniger Geschlechtsverkehr, weil sie später in ihrem Leben damit beginnen. Die niedrigere Sexfrequenz erstreckt sich über alle Altersgruppen und gilt für Singles ebenso wie für Paare.

Zum aktuellen Zeitpunkt lässt sich jedoch kaum mit Sicherheit sagen, ob die Tatsache der abnehmenden sexuellen Aktivität mit dem Konsum von Pornografie in Verbindung steht. Ich würde Ihnen hier gern eine exakte Antwort liefern, nur gibt es leider keine Studien, die gut genug wären, um das zu ermöglichen. Die wenigen Studien, die trotz allem existieren, deuten darauf hin, dass Männer in festen Beziehungen, die sich häufig Pornos ansehen, weniger Lust auf ihre Partner haben. Und es hat den Anschein, als käme der erhöhte Pornokonsum vor der verringerten Lust auf Sex.

Vorläufig bleibt uns jedoch nichts anderes übrig, als zu spekulieren. Wie wir allmählich ja wissen, sind wir Menschen Anpassungsmaschinen, die ein Leben lang durch unsere Erfahrungen geformt werden, und heute gibt es viele, die den Großteil ihrer sexuellen Erfahrungen vor einem Bildschirm machen werden. Ein durchschnittlicher dänischer Jugendlicher bekommt im Internet mit einem Mausklick mehr nackte Frauen zu Gesicht als all seine Vorfahren zusammengenommen in der echten Welt. Selbst der mächtigste Kaiser der Vergangenheit mit einem ganzen Harem voller Frauen kann es nicht mit dem 16-jährigen Jakob aus Søllerød und seiner Hochgeschwindigkeitsinternetverbindung aufnehmen.

Es ist nur schwer vorstellbar, dass diese Erfahrungen unsere sexuellen Erwartungen und Gewohnheiten nicht prägen würden. Normale Partner müssen mit künstlichen Gegnern – den Pornodarstellern und -darstellerinnen – konkurrieren, was sie eventuell unter Druck setzt, so auszusehen und sich so zu verhalten, wie der Partner es verlangt. Hinzu kommt, dass sich diese Sache in Zukunft nur in eine Richtung entwickeln wird. Zuerst hatten wir kleine Figuren und Malereien, dann illustrierte Zeitschriften, Videos und nun endloses Streaming im Netz.

Die nächste Stufe dieser Eskalation beinhaltet unter Garantie irgendeine Form von Virtual Reality, vielleicht sogar in Kombination mit Sexrobotern. Diese existieren tatsächlich bereits und sehen genauso aus, wie man es erwarten würde: übernatürlich proportioniert. So gesehen hat sich seit den Venusfigurinen nicht wirklich viel geändert.

Teil III

Chemische Freude

Bisher haben wir gesehen, wie verschiedene Industrien die gleiche Vorgehensweise nutzen, um absurde Mengen Geld zu scheffeln: Zuerst identifiziert man eine Sache, von der wir Menschen von Natur aus angezogen werden. Dann stellt man künstliche Versionen davon her – Superstimuli –, die die natürlichen Varianten um Längen übertreffen. Zu guter Letzt besorgt man sich ein Monokel, klemmt es sich vors Auge und grinst dämonisch.

Okay, Letzteres nicht unbedingt, aber es besteht kein Zweifel, dass es sich dabei um eine extrem effektive Methode handelt, um Geld zu verdienen. Sie funktioniert bei Lebensmitteln (hochverarbeitete Lebensmittel), und sie funktioniert bei Sex (Pornografie). Man kann aber auch superreich werden, indem man die Vorgehensweise noch simpler gestaltet.

Bei der Herstellung von Superstimuli macht man sich die körperlichen Instinkte zunutze, um uns als Kunden anzulocken. Es ist aber sogar möglich, das Belohnungssystem im Gehirn *direkt* zu aktivieren – für gewöhnlich mit ein klein wenig Hilfe aus der Pflanzenwelt.

Ein hervorragendes Beispiel dafür ist Cannabis, das eine Substanz namens $\Delta 9$-Tetrahydrocannabinol, kurz THC, enthält. Wenn THC vom Körper aufgenommen wird, endet ein Teil davon im Gehirn, wo es einen Bereich des Belohnungssystems aktiviert, sodass man ein Gefühl von Euphorie und Wohlbefinden verspürt.

Etwas präziser erklärt, bindet THC an einige Strukturen an der Oberfläche der Hirnzellen, die man Cannabinoid-Rezeptoren nennt. Wie bei dem Beispiel mit künstlichen Süßungsmitteln können Sie sich diesen Vorgang als einen Schlüssel vorstellen, der in ein Schloss passt. Wenn THC (der Schlüssel) an die Rezeptoren (Schloss) bindet, öffnet dies das Schloss und setzt verschiedene Prozesse innerhalb der Hirnzellen in Gang.

Dabei ist es völlig zufällig, dass THC das kann. Wir haben nämlich keine Cannabinoid-Rezeptoren im Gehirn, weil es in unserer Natur läge, Cannabis zu konsumieren. Genauso wenig besitzen wir Geschmacksrezeptoren für Süßes, damit sie für das Wahrnehmen von Aspartam und anderen Süßstoffen genutzt werden. Nein, die Cannabinoid-Rezeptoren in Ihrem Gehirn dienen dazu, Substanzen zu erkennen, die Sie selbst in Ihrem Gehirn produzieren. Sie heißen Endocannabinoide, werden im Normalfall in Verbindung mit Belohnungen freigesetzt – also, wenn Sie ein gutes Gefühl bekommen – und bilden auch einen Teil des Kontrollsystems über Ihre Stimmung, Ihren Appetit und Ihre Erinnerung.

Mit THC erreicht man jedoch einen größeren Effekt als mit den natürlichen Endocannabinoiden, und deshalb erzeugt Cannabis so starke Gefühle. Sie können es als eine Art chemische Abkürzung sehen, mit der man sich selbst superstimulieren kann.

Wie stark das erlebte Gefühl ist, hängt in erster Linie davon ab, wie schnell das THC ins Gehirn gelangt. Isst man Cannabis, dauert das mindestens eine halbe Stunde. Wenn man es hingegen raucht, dauert es nur wenige Sekunden. Deshalb ist das Rauchen die beliebteste Form, um Cannabis zu konsumieren. Darüber hinaus hängt die Stärke des Reizes auch ganz einfach davon ab, wie viel THC man zu sich nimmt. Je mehr THC, desto größer die Wirkung. Raten Sie mal, wie sich der THC-Gehalt von Cannabis in den letzten Jahrzehnten entwickelt hat.

1970 enthielt Cannabis, das man auf der Straße kaufte, im Durchschnitt 0,6 Prozent THC.

Ende der 80er waren es ein bis zwei Prozent.

Im Jahr 2000 lag der Anteil bei acht Prozent.

Und 2017 wies das Cannabis, das man auf dänischen Straßen beschlagnahmte, im Schnitt einen THC-Gehalt von fünfundzwanzig Prozent auf. In Deutschland lag der Wert 2021 mit zwanzig Prozent ein klein wenig niedriger, die Entwicklung ist aber die gleiche.

Diesen Verlauf kennen wir ja bereits in ganz ähnlicher Form. Cannabis-Raucher sind nämlich genauso leichte Opfer für Gewöhnung wie Eisliebhaberinnen und Pornokonsumenten. Mit der Zeit brauchen sie einen immer stärkeren Reiz, um im Gehirn die gleiche Belohnung zu erhalten, und wie wir ebenfalls schon so oft beobachtet haben, endet die Steigerung damit nicht. Es gibt bereits Cannabispflanzen, deren THC-Gehalt man auf bis zu vierunddreißig Prozent herangezüchtet hat. Doch selbst diese Zahlen verblassen im Vergleich zu den THC-Produkten, die man inzwischen in gewissen Teilen der Welt konsumiert.

2014 veränderte sich der Cannabis-Markt nämlich auf bahnbrechende Weise. Der amerikanische Bundesstaat Colorado legalisierte Cannabis, seitdem haben mehrere andere amerikanische Staaten nachgezogen und ebenso Länder wie Kanada, Mexiko, Südafrika, Thailand und inzwischen auch Deutschland. Diese Veränderung hat Cannabis zu einer Verbrauchsware wie Lebensmittel oder Pornofilme gemacht und somit einen Wettbewerb ausgelöst, wer die verlockendsten Cannabisprodukte von allen herstellt.

Die Wahrheit sieht nämlich so aus, dass Kriminelle nicht gerade die tüchtigsten Geschäftsleute sind. Es hemmt den Konsum von diversen Substanzen unweigerlich, wenn es den Verkäufern oft schwerfällt, aus dem Bett zu kommen. Aber wenn ein Stoff wie Cannabis legalisiert wird, steht plötzlich ein Heer aus erfahrenen Geschäftsleuten, Investmenttypen mit riesigen Excel-Tabellen, frisch ausgebildeten Abiturienten mit großen Ambitionen und allen möglichen anderen höchstmotivierten Menschen auf der Matte. Dann wird wie nie zuvor daran gearbeitet, ein absolut unwiderstehliches Produkt zu erfinden.

Im Zusammenhang mit Cannabis bedeutet das unter anderem, dass man begonnen hat, THC zu extrahieren und konzentrierte Öle, Wachse und Kristalle damit zu versetzen, die man wiederum über farbenfrohe E-Zigaretten mit cleveren Namen einnehmen kann. Diese Produkte räumen das herkömmliche Cannabis-Rauchen vollständig aus dem Weg und enthalten nicht selten mehr als *fünfundneunzig Prozent THC*. Also derart riesige Mengen, dass kaum noch Platz für etwas anderes ist.

Die Extraktion eliminiert zum Beispiel den Stoff Cannabidiol (CBD), also den Cannabisstoff, der gelegentlich mit positiven Effekten wie Angst-Reduktion und Linderung von Schmerzen in Verbindung gebracht wird. Gleichzeitig mindert CBD aber die Wirkung von THC. Auf der Jagd nach einem so effektiven Stimulus wie nur möglich muss es also aus dem Weg geschafft werden.

Eine Konsequenz der großen Dosis an THC ist, dass nicht nur die Cannabis-*Erfahrung* stärker ausfällt; das Gleiche gilt für die *Nebenwirkungen*. Zum Beispiel verschlechtert Cannabis das Erinnerungsvermögen und die Samenqualität von Männern. Für so gut wie jede Nebenwirkung gilt: Je mehr THC man einnimmt, desto schlimmer geraten die ungewünschten Nebenwirkungen.

Auch für die mentalen Probleme, die Cannabis bei manchen seiner Konsumenten auslöst, gilt dieses Prinzip. Menschen mit einer genetischen Anfälligkeit für Psychosen riskieren beispielsweise, Wahnvorstellungen, Halluzinationen und Paranoia zu bekommen. Diese Störungen können entweder wieder verschwinden oder sich zu einer psychischen Krankheit wie Schizophrenie entwickeln, bei der einem die Unterscheidung zwischen Realität und Vorstellung schwerfällt. In beiden Fällen zeigt sich das gleiche Bild: Je höher die THC-Werte, desto größer das Risiko für die genannten Probleme.

Letztlich stehen große Mengen THC auch mit einem gesteigerten Risiko für Angstzustände und Depressionen in Verbindung. Eigentlich eine paradoxe Tatsache, da viele Menschen Cannabis nutzen, um damit ebenjenen Leiden zu entgehen. Wieder einmal erweist es sich als schwierig, unseren Körper zu täuschen. Schubst man ihn fest in die eine Richtung, schubst er einen in der gleichen Härte zurück.

Auf kurze Sicht hat Cannabis also eine angst- und depressionslindernde Wirkung. Schließlich beeinflusst der Stoff das Cannabinoidsystem, das in die Regulierung unserer Stimmung involviert ist. Auf lange Sicht gewöhnt sich das Gehirn aber an die Substanz. Es interpretiert den Cannabisverbrauch so, als wäre die Aktivität im Cannabinoidsystem viel zu hoch. Weshalb es genau diese Aktivität herunterfährt. Ein ganz ähnlicher Prozess wie bei einem hohen Salz- oder Zuckerkonsum, der uns diesen Geschmacksrichtungen gegenüber weniger sensibel macht. Daher hat eine andauernde Einnahme von Cannabis die Tendenz, die durch den Konsum ausgelösten positiven Gefühle zu verringern und stattdessen die negativen zu steigern.

Vielleicht lässt sich das anhand eines Beispiels besser verstehen. Stellen Sie sich vor, wir halten auf einer Skala von eins bis zehn fest, wie ängstlich Sie sich jeden Tag fühlen. Ihr Normalzustand liegt, sagen wir, bei sieben – ziemlich ängstlich –, weshalb Sie mit dem Rauchen von Cannabis beginnen, um ruhiger zu werden. Auf unserer Angst-Skala bringt der Konsum Sie auf einen Wert von vier herunter. Wenn Sie jetzt aber einfach weiterrauchen, fängt Ihr Gehirn an, sich anzupassen, was unter anderem dadurch passiert, dass es die Aktivität in den Hirnbereichen, die das Cannabis sonst eigentlich anregt, senkt. Das bedeutet also, dass Cannabis Sie nicht mehr bis auf vier herunterbringt, sondern bestenfalls auf sechs. Gleichzeitig heißt das, dass Sie ohne Cannabis nun unter stärkeren Angstzuständen leiden als vorher. Auf besagter Skala kommen Sie dabei auf acht oder neun. Mit anderen Worten: Wenn Sie Ihren Körper fest in die eine Richtung stoßen, schubst er Sie ebenso fest zurück. Wenn Sie dann wieder ganz auf Cannabis verzichten, geht es Ihnen noch schlechter als zu Beginn.

* * *

Neben einem steil ansteigenden THC-Gehalt arbeiten die Cannabis-Unternehmen auch daran, ihre Produkte auf andere Weise potenter zu machen. Sie forschen an neuen Lösungsmitteln und suchen nach Techniken, die dem THC dabei helfen können, noch schneller vom Körper aufgenommen zu werden. Aber darüber hinaus liefern sie sich auch in all den Bereichen Wettkämpfe, in denen es Unternehmen auch normalerweise tun: Lieferung, Kundenservice, Preise, Verfügbarkeit und so weiter.

Diese Art von Wettbewerb kommt uns als Kunden eigentlich zugute, wenn es unseren Kleiderladen oder das Elektrogeschäft vor Ort dazu antreibt, uns den bestmöglichen Service zu bieten. Aber gerade wenn es um Superstimuli geht, ist es nicht unbedingt von Vorteil für uns, wenn Unternehmen gut organisiert arbeiten. Wir wissen nämlich, dass unser Konsum von »Genussprodukten« davon abhängt, wie leicht sie für uns zu erhalten sind.

Die beste Parallele zu Cannabis bildet hier das Alkoholverbot in den USA zwischen 1920 und 1933. Damals verbot man die Herstellung und den Verkauf von Alkohol nach Kampagnen unter anderem von religiösen Gruppen und Frauen, die hofften, auf diese Weise durch Alkohol ausgelöste häusliche Gewalt zu unterbinden. Wenn Sie schon einmal von der Prohibition gehört haben, wissen Sie bestimmt, dass dieses Unterfangen gern als Beispiel für eine katastrophale Politik genutzt wird. Sie brachte Leute dazu, selbstgebrannten Schnaps zu trinken, der zu Blindheit führen kann, wenn man sich bei der Herstellung nicht streng an die Anleitung hält; außerdem sorgte das Verbot für einen Schwarzmarkt für Alkohol, auf dem Gangster wie Al Capone ein Vermögen verdienten; und obwohl das Verbot anfangs große Unterstützung fand und demokratisch durchgesetzt wurde, war es am Ende geradezu verhasst.

Erstaunlich selten erwähnt wird aber, wenn von der Prohibition in den Vereinigten Staaten die Rede ist, dass sie tatsächlich funktionierte. Wir wissen zwar nicht, wie viel Alkohol genau die Menschen tranken, als es verboten war, aber ohne jeden Zweifel war es weniger als zuvor. Denn während der Prohibition sank sowohl die Anzahl an Patienten mit Leberzirrhosen und Alkoholpsychosen wie auch die Zahl an Anzeigen wegen Trunkenheit und Erregung öffentlichen Ärgernisses. Als Alkohol wieder legal wurde, konnte man feststellen, dass die amerikanische Bevölkerung nur noch halb so viel trank wie vor dem Verbot. Der Konsum erreichte das alte Niveau erst wieder einige Jahrzehnte später, in den 1960ern und 1970ern.

Selbstverständlich heißt das nicht, dass das Alkoholverbot ein uneingeschränkter Erfolg war, jedenfalls nicht, wenn wir es aus einer gesellschaftlichen Perspektive betrachten. Zuletzt waren die Menschen so unzufrieden damit, dass das Verbot auf demokratische Weise zurückgenommen wurde. Wenn man es aber ausschließlich ausgehend von seinem ursprünglichen Zweck bewertet – nämlich den Konsum von Alkohol zu vermindern –, dann funktionierte es tatsächlich. Es wurde lediglich klar, dass der Preis für die gesundheitlichen Vorzüge des Verbots zu hoch war. Auf diesen Konflikt zwischen persönlicher Freiheit und einer besseren Gesundheit werden wir später wieder stoßen.

In jedem Fall illustriert die Erfahrung der Amerikaner mit dem Verbot von Alkohol, dass die Verfügbarkeit von »Genussprodukten« einen Einfluss auf den Konsum hat. Es ist tatsächlich ziemlich clever, sich das zu merken. Wenn Sie zum Beispiel gern ein paar Pfunde loswerden wollen, ist das Beste, was Sie tun können, sämtliche Nahrungsmittel-Superstimuli aus Ihrem Zuhause zu verbannen. Natürlich könnten Sie auch einfach Ihre Willenskraft aktivieren und sich vom Süßigkeiten-Schrank fernhalten, aber, wie wir später noch herausfinden werden, haben die Neurowissenschaften bewiesen, dass das eine unerreichbare Lösung darstellt.

Bis dahin hat der amerikanische Psychologe Jonathan Haidt eine treffende Metapher für unser Problem mit der Willensstärke: Stellen Sie es sich als einen Reiter auf einem Elefanten vor. Unter normalen Voraussetzungen kann der Reiter das große Tier problemlos lenken und es tun lassen, was er möchte. Aber wenn der Elefant etwas anderes *wirklich* will, dann geschieht exakt das. Also ist es wichtig, eine Umgebung zu schaffen, in der sich der Elefant so leicht wie möglich lenken lässt. Das bedeutet, eine Umgebung, in der es so wenige Versuchungen wie nur möglich gibt und stattdessen reichlich Hindernisse zwischen Ihnen und den schlechten Angewohnheiten.

Auf einer gesellschaftlichen Ebene heißt das: Wenn man Superstimuli legalisiert und damit leicht verfügbar macht, erhöht das den Konsum. Eines der häufigsten Argumente für die Legalisierung von Cannabis lautet, dass die Gesetzgebung keine Rolle spiele, weil die Menschen sich ihre Drogen ohnehin besorgten, unabhängig davon, ob sie nun legal seien oder nicht. Es sei also eine Verschwendung von Ressourcen zu versuchen, sie davon abzuhalten.

So ganz passt das allerdings nicht zu den Erfahrungen aus Kanada und den Bundesstaaten der USA, in denen Cannabis inzwischen legal ist. Seit der Legalisierung ist der Verbrauch von Cannabis dort nämlich angestiegen und befindet sich auf dem höchsten Niveau aller Zeiten. Zwar trifft das sowohl auf die Staaten zu, in denen Cannabis legal ist, als auch auf die, in denen das nicht zutrifft. Trotzdem ist der Anstieg dort, wo Cannabis frei erhältlich ist, sehr viel höher. Wir können beispielsweise die Situation in Colorado – dem ersten Bundesstaat, der Cannabis erlaubte – mit ähnlichen Staaten vergleichen, in denen die Droge weiterhin illegal ist. Ein guter Kandidat wäre Minnesota, wo Bevölkerung, Wirtschaft und die Größe des Staats ungefähr mit den Werten Colorados übereinstimmen. Im Jahr 2014 lag der Cannabiskonsum in beiden Staaten auf dem gleichen Niveau, doch seit der Legalisierung im selben Jahr ist Colorado Minnesota weit enteilt. Die Bewohner Colorados nehmen inzwischen vierundzwanzig Prozent mehr Cannabis zu sich. Ähnlich sieht es aus, wenn man ihren Konsum mit dem von anderen Bundesstaaten wie Kansas vergleicht.

Dabei ist anzumerken, dass manche der durchgeführten Untersuchungen dafür in der Kritik stehen, sich auf Fragebögen zu stützen. Man kann sich ja durchaus vorstellen, dass man auch trotz einer anonymen Teilnahme nicht gerade scharf darauf ist, die Wahrheit über seinen Cannabiskonsum zu erzählen, besonders nicht dort, wo die Droge illegal ist.

Aber selbst diese Kritik hält nicht, denn alle anderen Studien weisen in dieselbe Richtung. Zum Beispiel kann man sehen, dass es dort, wo Cannabis legalisiert wurde, zu mehr Fällen von Cannabisvergiftungen bei Kleinkindern und Haustieren kommt. Ebenso werden dort mehr Anzeigen wegen des Führens von Fahrzeugen unter dem Einfluss von Cannabis registriert (was daher auch zu einem Anstieg bei der Zahl von Verkehrsunfällen führt), und in den Notaufnahmen sprechen mehr Urinproben positiv auf THC an.

Wir kommen also nicht umhin festzustellen, dass eine Legalisierung den Konsum steigen lässt. Wenn man ehrlich ist, ergibt das auch rein intuitiv Sinn. Wenn Sie gern weniger Alkohol trinken wollen, hilft es sehr, wenn Sie in Saudi-Arabien und nicht in Dänemark oder Deutschland leben. Und wenn Sie auf Junkfood verzichten wollen, ist es hilfreicher, seinen Wohnsitz in Äthiopien und nicht in den USA zu haben. Auch wenn einige Fürsprecher der Cannabis-Legalisierung es gerne so aussehen lassen möchten, als würde dieser Schritt nur Probleme lösen und Vorteile bieten, so stellt sich in Wirklichkeit die Frage, welchem der zwei grundlegenden Werte man eine größere Bedeutung zugesteht: Freiheit oder Gesundheit.

Wenn Sie sich ein klein wenig Mühe geben, dann können Sie meine Haltung zu diesem Thema gerade so zwischen den Zeilen herauslesen. Da mir aber immer noch niemand angeboten hat, die alleinige Herrschaft über das Parlament in Kopenhagen zu übernehmen, könnte es durchaus passieren, dass wir irgendwann damit beginnen, politische Ideen aus den USA zu importieren. In diesem Fall bleibt zu hoffen, dass die hiesige Cannabis-Industrie mit einer Zwangsjacke geboren wird. Denn wir wissen längst, wie sich diese Industrie entwickeln wird. Sie wird exakt das gleiche Drehbuch befolgen wie einst die Tabakindustrie. Seinerzeit züchtete man dort ebenfalls Tabakpflanzen mit einem immer höheren Nikotingehalt heran, um den Stimulus so stark wie möglich zu machen. Außerdem verwendete man alle nur denkbaren Zusatzstoffe, um die Raucher möglichst süchtig zu machen: Zucker und Menthol für einen guten Geschmack, damit sich der Rauch nicht so unangenehm anfühlt; atemwegserweiternde Substanzen, damit der Tabakrauch leichter in die Lungen vordringt; und Ammoniak, das dem Nikotin dabei hilft, schneller vom Gehirn aufgenommen zu werden.

Längst hat die Tabakindustrie diverse Cannabis-Unternehmen aufgekauft und in sie investiert, was von ihrer Seite jetzt aber keine neue Strategie ist. Der Tabakindustrie gehörten nämlich auch einmal all die schlimmsten amerikanischen Lebensmittelhersteller. Zum Beispiel war Kraft Foods (heute Mondelez International) – denken Sie an Produkte wie Milka, Toblerone und alle möglichen Arten von Keksen – lange Jahre im Besitz des weltgrößten Tabakkonzerns, Philip Morris; und Nabisco, das unter anderem Oreos produziert, war sowohl im Besitz von Philip Morris als auch des zweitgrößten Tabakherstellers der Welt, R. J. Reynolds.

Man ist durchaus versucht zu denken, dass der Kampf gegen das Rauchen in den 1980er-Jahren die Tabakkonzerne dazu veranlasste, sich ein anderes Geschäftsfeld zu suchen, in dem ihre Expertise »von Nutzen« war – und auf mysteriöse Weise schoss die Fettleibigkeits-Epidemie nur kurze Zeit später durch die Decke.

Die Lüge, die eine halbe Million Menschenleben kostete

Vor 5.000 Jahren lebte im heutigen Irak ein Volk, das sich selbst *Saggigga* nannte – »die Schwarzköpfigen«. Ihre Nachfahren nannten sie *Sumerer*, und das ist auch der Name, unter dem wir sie heute kennen. Worin genau die Ursache für die fortschrittlichen Fähigkeiten der Sumerer lag, wissen wir nicht, doch sie gelten als die erste richtige Zivilisation der Welt.

Die Sumerer errichteten Städte mit mehreren Tausend Einwohnern, dominiert von pyramidenähnlichen Tempeln, in denen Priester oder Könige herrschten. Nie zuvor hatte die Welt Größeres gesehen als diese Städte, und da die Sumerer einen Weg finden mussten, sie zu regieren, haben wir ihnen die ersten Bürokratien der Menschheitsgeschichte zu verdanken.

Einen allzu großen Vorwurf können wir ihnen daraus aber nicht machen. Denn gleichzeitig erfanden die Sumerer die erste Schriftsprache der Welt. Dabei ritzt man keilartige Zeichen – daher auch der Name Keilschrift – in eine feuchte Tontafel und lässt sie in der Sonne trocknen. Auf diese Weise wird aus der Tafel ein permanentes und so widerstandsfähiges Dokument, dass noch heute viele Tausend von ihnen existieren. Da es Sprachwissenschaftlern und Sprachwissenschaftlerinnen gelungen ist, diese Sprache zu dekodieren, haben wir einen einzigartigen Einblick in die erste Hochkultur der Welt erhalten.

Zum Beispiel können wir Tausende Jahre alte Briefe, Gebete, Lohnabrechnungen, Geschäftsverträge, Gesetze sowie Rezepte für Speisen und Medikamente lesen. Gerade die medizinischen Tafeln sind für uns von Interesse, da man in ihnen oft auf eine Pflanze stößt, die die Sumerer *hul gil* nannten. Übersetzt entspricht diese Bezeichnung in etwa *Pflanze der Freude*. Ganz so kreativ waren wir Dänen bei der Namensgebung dieser Pflanze nicht; wir nennen sie schlicht *Opiummohn*, in Deutschland kennt man sie als *Schlafmohn*.

Diese Pflanze hat eine Höhe von 30 bis 80 Zentimetern und zeichnet sich durch ihre große und hübsche Blüte aus. Allerdings bauen wir den Schlafmohn nicht aufgrund seiner schönen Blüten an. Auch nicht, um ihn zu essen, was ansonsten den Hauptzweck der meisten angebauten Pflanzen darstellt. Die Samen des Schlafmohns kann man zwar tatsächlich als Zutat beim Brotbacken nutzen. Aber die eigentliche Ursache, weshalb wir den Anbau von Schlafmohn betreiben, findet sich in einem anderen Inhaltsstoff der Pflanze, nämlich *Opium*. Dabei handelt es sich um eine euphorisierende Substanz, die man aus einer Flüssigkeit der Samenkapsel des Schlafmohns gewinnt. Zapft man diese Flüssigkeit, den sogenannten Milchsaft, ab, kann man sie trocknen lassen und erhält dann eine klebrige schwarze Masse. Wenn man diese einnimmt, verspürt man starke Euphorie, gefolgt von Wohlgefühl und Schmerzfreiheit.

Seine Wirkung entfaltet Opium durch einen Mechanismus, der an die Wirkweise von Cannabis erinnert, die wir gerade kennengelernt haben. Die Pflanze enthält nämlich Substanzen, die ebenfalls in der Lage sind, einige Zellrezeptoren in unserem hirneigenen Belohnungssystem zu aktivieren.

Nur sind das diesmal keine *Cannabinoid*rezeptoren, sondern *Opioid*rezeptoren. Wie beim vorherigen Beispiel tragen auch die ihren Namen nicht, weil unser Gehirn eigens dazu geschaffen wäre, auf Opium zu reagieren. Wir verfügen über

Opioidrezeptoren, weil sie von Natur aus von Stoffen aktiviert werden, die unser Gehirn selbst produziert. Möglicherweise haben Sie schon einmal von ihnen gehört. Unter anderem zählen Enkephaline und Endorphine zu diesen Stoffen.

Diese natürliche Paarung der hirneigenen Opioidsubstanzen mit den Opioidrezeptoren trägt unter anderem dazu bei, Schmerzen und unsere Stimmung zu regulieren. Wenn Opium sie also künstlich aktivieren kann, haben wir eine weitere Möglichkeit gefunden, uns selbst zu superstimulieren.

* * *

Wir wissen eigentlich nicht ganz genau, warum Schlafmohn Opium enthält. Es ist nicht lebenswichtig für die Pflanze, und der Stoff wird nur während einer kurzen Periode produziert. Manche sind der Ansicht, Opium könne den Schlafmohn vor Insekten und Schädlingen schützen. Dabei verwundert es allerdings, dass wilder Mohn *kein* Opium produziert. Verdächtigerweise tun das ausschließlich die Pflanzen der Mohnart, die der Mensch anbaut.

Eine andere Option wäre daher, dass wir es beim Schlafmohn in Wahrheit mit einem berechnenden Parasiten zu tun haben – also einem Organismus, der uns zu seinem eigenen Vorteil ausnutzt. Denn indem sie eine euphorisierende Substanz herstellt, kann die Pflanze sicherstellen, dass Menschen sich um sie kümmern und ihr dabei helfen, sich zu verbreiten. Damals waren so gut wie alle Opiumbauern abhängig von ihrer Ernte. Damit meine ich nicht nur wirtschaftlich abhängig, weil die Pflanze ihre Einkommensquelle darstellte, sondern körperlich abhängig, weil sie das Opium während der Ernte einatmeten und den Stoff zudem auch über die Haut aufnahmen. Allerdings waren die Opiumbauern längst nicht die Einzigen, denen es so erging. Einst war die Opiumsucht die nach Alkoholismus weltweit am weitesten verbreitete Form von Abhängigkeit; sowohl die alten Römer als auch Griechen beschrieben sie. In Europa war das Problem allerdings nie so groß wie im Nahen Osten und Asien, wo es vermutlich mehr Opiumsüchtige als Alkoholiker gab.

Wie wir es auch bei anderen abhängigkeitsverursachenden Substanzen beobachten, nahmen in der Vergangenheit viele Menschen Opium ein, um die dadurch ausgelöste intensive Euphorie zu erleben. Man konnte aber auch als Suchtkranker enden, weil Opium zur selben Zeit die beste damals bekannte Form schmerzstillender Arznei darstellte. Chronische Leiden konnten einen damals vor ein tragisches Dilemma stellen: den höllischen Schmerzen zwar zu entrinnen, stattdessen aber neue Qualen durch ein Leben als Suchtkranker zu riskieren.

Jahrhundertelang suchte die Medizin daher nach einer unbedenklichen Form von Opium. Eine, von der man nicht abhängig werden konnte. Der erste wissenschaftliche Vorschlag für eine Lösung kam zu Beginn des 19. Jahrhunderts auf, als es dem deutschen Chemiker Friedrich Sertürner (es ist immer ein deutscher Chemiker) gelang, den wichtigsten aktiven Stoff in Opium zu isolieren. Also den Stoff, der für den größten Teil der euphorisierenden Wirkung verantwortlich ist. Sertürner taufte den neuen Stoff auf den Namen *Morphium*, nach dem griechischen Gott der Träume, Morpheus. Heute nennen wir die Substanz *Morphin*.

Sertürner hatte sich ausgemalt, Opium durch Morphin ersetzen zu können und auf diese Weise auch das Problem der Abhängigkeit zu umgehen; Morphin ist schließlich eine konzentrierte Version von Opium und daher fünf- bis zehnmal so stark. Das bedeutet, dass man für denselben Effekt eine sehr viel geringere Menge des Stoffs braucht, weshalb Sertürner die Hoffnung hegte, das Suchtrisiko vermindere sich dadurch.

Um seine Theorie auf die Probe zu stellen, begann er selbst

mit der Einnahme von Morphin. Heute wissen wir, dass eine erhöhte Potenz das Suchtrisiko steigert, und genau das bekam Sertürner am eigenen Leib zu spüren. Ehe er sichs versah, war er schwer abhängig. Also verwandelte sich sein Jubel über die neue Entdeckung in Sorge, und er sandte eine Warnung in die Welt hinaus: »Ich betrachte es als meine Pflicht, auf die verheerenden Folgen der neuen Substanz aufmerksam zu machen, der ich den Namen Morphium gegeben habe, damit Unheil vermieden werde«, schrieb er.

Wie Sie vermutlich wissen, hörte die Welt nicht besonders genau hin. Im Lauf der folgenden Jahrzehnte intensivierten viele Opiumsüchtige ihren Verbrauch, indem sie zu dem neuen und stärkeren Morphin griffen, was die Notwendigkeit für eine abhängigkeitsfreie Alternative nur noch dringender machte.

Es dauerte nicht lange, bis der nächste Lösungsvorschlag auf dem Tisch lag. Diesmal stammte er von dem Schotten Alexander Wood, der ihn in den 1850er-Jahren unterbreitete. Wood war einer der führenden Köpfe bei der Erfindung von hypodermischen Nadeln – also solchen Nadeln, wie wir sie heute bei der Injektion mit Spritzen verwenden. Dank dieser Erfindung konnte man Medikamente direkt ins Blut verabreichen, was in der Medizin einer Revolution gleichkam. Doch wie immer sind Erfindungen nicht ausschließlich gut oder schlecht. Alexander Wood war nämlich außerdem der Ansicht, seine Nadeln könnten dazu eingesetzt werden, eine Morphinabhängigkeit zu umgehen. Man könne nämlich, so behauptete er, nur dann von Substanzen abhängig werden, wenn man sie durch den Mund aufnehme. Wenn man dagegen Injektionen nutze, sei eine Abhängigkeit ganz und gar unmöglich.

Diese Theorie illustriert sehr deutlich, wie schwer es selbst den klügsten Köpfen fällt, die Zukunft vorherzusehen. Wir könnten dieser Theorie durchaus den Preis für einen der größten Fehlschüsse des Jahrhunderts verleihen. Sie sind wahrscheinlich schon selbst darauf gekommen, dass die Injektionen für die Morphinsüchtigen rein gar nichts Gutes bewirkten. Wenn man einen Stoff direkt in die Blutbahn injiziert, gelangt er nämlich schneller ins Gehirn, als wenn man ihn schluckt oder raucht und er erst danach vom Blut aufgenommen wird. Statt das Problem also zu kurieren, ließen die neuartigen Spritzen die Morphinabhängigen nur noch tiefer in die Sucht abrutschen.

Trotz der vielen Fehlschläge gab man die Hoffnung aber noch nicht gänzlich auf: Gegen Ende des 19. Jahrhunderts kam das deutsche Pharmazieunternehmen Bayer mit einer neuen Morphinvariante um die Ecke, bei der keine Gefahr für eine Abhängigkeit bestand. Die Forscher bei Bayer hatten bei Experimenten mit Morphin und Essigsäure herausgefunden, dass diese Kombination eine neue, verwandte Substanz ergab. Nach einer kurzen Studie kamen sie zu dem Schluss, dass die neue Substanz eine andere chemische Struktur als Morphin aufweise und aus diesem Grund keine Abhängigkeit auslösen könne. Ja, man rechnete tatsächlich damit, den neuen Stoff als Kur gegen Morphinsucht verschreiben zu können und darüber hinaus damit alles von Husten bis zu Schmerzen zu behandeln.

Die Begeisterung war so riesig, dass der Konzern seinem neuen Medikament einen wahrhaft glorreichen Namen geben wollte. Am Ende standen noch zwei Optionen zur Wahl: Ein Name war vom Wort »wunderlich« inspiriert, der andere ging auf den Begriff »heroisch« zurück. Bayer entschied sich für Letzteres und taufte das Produkt auf den Namen …

Heroin.

Auch dieses Mal lief es nicht ganz so wie erwartet. Denn Heroin gelangt noch schneller ins Gehirn als Morphin und wirkt doppelt so stark. Auf eine gewisse Art lässt sich also schon sagen, dass Bayer recht damit behielt, die Morphinabhängigkeit kurieren zu können. Denn sobald die Suchtkranken Heroin einmal probiert hatten, griffen sie nie wieder zu Morphin. Aus ihnen waren nun nämlich Heroinabhängige geworden. Es dauerte nicht lange, bis sich die neuen Probleme offenbarten, und Bayer nahm das Präparat freiwillig wieder vom Markt. Später wurde Heroin per Gesetz verboten, und dieses Fiasko war groß genug, um die Luft aus dem Forschungsballon zu lassen – zumindest für eine Zeit.

Im Lauf des 20. Jahrhunderts setzten Wissenschaftler weltweit zwar die Suche nach besseren morphinähnlichen Präparaten fort, aber inzwischen war bis ins kollektive Bewusstsein vorgedrungen, dass Stoffe wie Heroin, Morphin und Opium stark abhängig machten und daher mit Vorsicht zu behandeln waren – das heißt, nur genau so lange, bis die nächste geniale Lösung auf den Markt kam. In den 1990er-Jahren lancierte der amerikanische Arzneimittelhersteller Purdue Pharma nämlich ein neues schmerzstillendes Medikament namens OxyContin. Die aktive Substanz darin nennt sich Oxycodon und ist, genau wie Morphin und Heroin, ein opiumbasierter Stoff. Das Neuartige an der Pille von Purdue Pharma war jedoch nicht die Substanz selbst, Oxycodon, denn die hatte man bereits 1916 entdeckt. Nein, neu war …

… dass Purdue Pharma herausgefunden hatte, wie man es praktisch komplett verhindern konnte, eine Sucht zu entwickeln. Sein spezielles *Contin-System*, wie der Konzern es nannte, sichere eine langsame und außerdem gering dosierte Aufnahme des Wirkstoffes, sodass man überzeugt war, dies reiche aus, um sicherzustellen, dass eine Abhängigkeit eigentlich unmöglich war. Zwar begannen manche Patienten nur wenig später, die Pillen zu zerkauen, um die Gesamtdosis auf einmal zu bekommen, während andere sie in Wasser auflösten und sich den Stoff direkt ins Blut injizierten. Aber es gab auch Patienten, die abhängig von OxyContin wurden, obwohl sie sich bei der Einnahme an die Packungsbeilage hielten.

Für Purdue Pharma war OxyContin die reinste Goldgrube, und es dauerte nicht lange, bis andere Pharmaunternehmen ebenfalls auf diesen Zug aufsprangen. Sie alle stellten ihre eigenen opiumbasierten Schmerzmittel her, und die Sache hat exakt den gleichen Verlauf genommen wie jedes Mal, wenn wir dieses Experiment durchführten: Die opiumbasierten Medikamente haben eine Epidemie ausgelöst, die besonders in den USA wütet und daher *Opioidkrise* genannt wird. Seit die Pillen von Purdue Pharma erstmals auf den Markt kamen, hat diese Epidemie weit mehr als eine halbe Million Menschen das Leben gekostet.

Ja, das ist kein Tippfehler.

Im Gegensatz zu früher handelt dieser Abschnitt der Geschichte über Opium nicht von Unwissenheit oder Wunschdenken. Denn Purdue Pharma war sich definitiv im Klaren darüber, dass ihr neuartiges Medikament missbraucht werden kann. Das wissen wir, weil das Unternehmen derart oft verklagt wurde, dass seine internen E-Mails und Dokumente inzwischen öffentlich zugänglich sind. Darunter finden sich auch Korrespondenzen, in denen seine eigenen Forscher und Forscherinnen warnen, dass OxyContin abhängig machen kann, und sie das sogar im Labor nachgewiesen haben.

Allerdings verzichtete das Unternehmen darauf, diese Nebensächlichkeit in seinen Werbemaßnahmen zu erwähnen.

* * *

Die Geschichte über Purdue Pharma liefert uns ein gutes Beispiel dafür, welchen Typ Mensch die Superstimuli-Industrien leider oft anziehen.

Besitzer dieses Pharmaunternehmens ist die amerikanische Familie Sackler, die sich dem Schmerzbehandlungssektor zuwandte, nachdem zwei Familienmitgliedern ein unter Ärzten lange Zeit verbreitetes Missverständnis aufgefallen war. Die beiden Sacklers, Richard und Kathe, selbst ausgebildete Mediziner, fanden heraus, dass viele Ärzte fälschlicherweise annahmen, bei Oxycodon handle es sich um einen schwächeren Wirkstoff als Morphin. In Wirklichkeit ist es umgekehrt – Oxycodon ist stärker –, aber die Sacklers hatten auch eine Erklärung für diesen Mythos parat: Viele amerikanische Ärzte verbanden Morphin mit lebensbedrohlichen Operationen und sterbenden Patienten, weshalb sie sehr vorsichtig damit waren, es zu verschreiben. Über Oxycodon hingegen wusste man nicht sonderlich viel.

»Es ist wichtig, dass wir sorgsam darauf achten, diese Überzeugung bei den Ärzten nicht zu ändern«, schrieb einer der Angestellten in einer internen E-Mail. Denn solange dieses Missverständnis florierte, konnte man die Ärzte möglicherweise dazu überreden, die firmeneigenen Pillen zur Behandlung aller möglichen Schmerzformen zu verschreiben, also auch solche, die man normalerweise mit Morphin behandelte.

Wie alle anderen Arzneimittel auch musste OxyContin zunächst von der Arzneimittelbehörde zugelassen werden, um auf dem Markt verkauft werden zu dürfen. Um die Zulassung von OxyContin ranken sich inzwischen einige Mythen, und heute wäre es auf keinen Fall durchgegangen, da die Regeln sehr viel schärfer sind. Der verantwortliche Arzt der Behörde, Curtis Wright, erhielt ein Jahr nach der Zulassung des Medikaments nämlich einen gut bezahlten Job just bei Purdue Pharma, dabei ist das nicht einmal der absurdeste Part dieser Geschichte.

Mit der Zulassung in der Tasche stellte Purdue Pharma ein ganzes Heer an Verkäufern und Verkäuferinnen ein und belohnte die besten unter ihnen mit Autos, exotischen Reisen und vielem mehr. Oft gaben sich diese Verkäufer selbst als Ärzte aus, hoben das geringe Suchtrisiko des Medikaments hervor und konzentrierten sich mit ihren Verkaufsmaßnahmen gezielt auf die ärmsten Teile des Landes. Im Gegenzug verdienten sie sich Zusatzleistungen und erhielten Bonuszahlungen dafür, so viele

Pillen wie möglich zu verkaufen. Außerdem bekamen die Verkäufer eine kleine Starthilfe durch Hunderte von Seminaren über Schmerzbehandlung, die Purdue Pharma für Ärztinnen und Ärzte abhielt, selbstverständlich unter Übernahme sämtlicher Kosten. Eine besonders effektive Methode sei es gewesen, so hielt die Unternehmensführung in internen Mails fest, wenn die Seminare ein gemeinsames Abendessen beinhalteten oder an Wochenenden stattfanden. In beiden Fällen konnte man im Anschluss nämlich beobachten, dass die Ärzte doppelt so viel OxyContin verschrieben.

Um dem Ganzen die Krone aufzusetzen, verteilte Purdue Pharma kostenlose Proben des Medikaments an Patienten. Die gleiche Vorgehensweise also, der sich auch Drogendealer bedienen, wenn sie ihre Ware auf der Straße verkaufen. Sind die Leute erst einmal süchtig nach dem Stoff, kommen sie garantiert zurück, um mehr davon zu besorgen. So macht sich die erste »kostenlose« Runde schnell wieder bezahlt.

Die Verbreitung von OxyContin ging selbstredend nicht ohne laute Kritik vor sich. Es verging nur wenig Zeit, bis die Ärzte und Ärztinnen in den am schwersten betroffenen Teilen der USA die Auswirkungen zu spüren bekamen. Sie berichteten von einer so großen Abhängigkeits- und Kriminalitätswelle, wie sie sie noch nie erlebt hatten. Bald darauf starben die ersten Suchtkranken. Denn Opioide wie Oxycodon, Morphin und Heroin sind nicht allein wegen der abscheulichen Folgen gefährlich, die die Sucht mit sich bringt, sie sind außerdem gefährlich, weil Opioide eine Rolle für die Regulierung unserer Atmung spielen. Nimmt man also eine Überdosis zu sich, hört man auf zu atmen.

Die Ärzte, die auf diese Probleme aufmerksam machten, begegneten keinem besonders wohlgesonnenen Publikum. Denn wie viele andere Firmen hatte Purdue Pharma von der Tabakindustrie gelernt und durch gezieltes Sponsoring dafür gesorgt, dass führende Wissenschaftler Zweifel an den entdeckten Problemen säten. Einer der prominentesten unter ihnen, Russell Portenoy, bezeichnete den Widerstand gegen OxyContin als Hysterie und sprach von einer regelrechten »Opiophobie«. Ein anderer, David Haddox, war noch kreativer. Er räumte zwar ein, dass OxyContin bei manchen Patienten abhängigkeitsähnliche Symptome hervorrief, behauptete aber, dass es sich dabei gar nicht um eine echte Abhängigkeit handle!

Vielmehr seien die Symptome Anzeichen für etwas, das Haddox *Pseudoabhängigkeit* nannte. Ein Syndrom, das einer gewöhnlichen Sucht zum Verwechseln ähnlich sieht. Der Unterschied, so erklärte er, bestehe allerdings darin, dass eine Pseudoabhängigkeit von einer *zu geringen* Menge an Opioiden herrühre. Die betroffenen Patienten sollten also auf keinen Fall mit der Einnahme von OxyContin aufhören. Stattdessen sollten sie ihre Dosen erhöhen, dann würden sich auch die Symptome bessern.

Je weiter die Opioidkrise voranschritt, desto schwieriger wurde es für die Opioid-Befürworter, Ausreden und Ablenkungsmanöver zu erfinden, bis es schließlich ganz unmöglich war. Viele von ihnen sind seitdem zu Kreuze gekrochen. Russell Portenoy beispielsweise ließ verlauten, dass seine Äußerungen nicht der Wahrheit entsprochen und sich auf keinerlei Daten gestützt hätten. Dafür ist es leider jetzt zu spät.

Die Opioidkrise, die mit OxyContin und anderen schmerzstillenden Medikamenten ihren Anfang nahm, ist seitdem immer weiter eskaliert. So konnten es die mexikanischen Drogenkartelle nicht hinnehmen, dass Purdue Pharma und Konsorten das gesamte Geld einstrichen. Sie zogen einen Trumpf aus dem Ärmel: Fentanyl. Auch bei Fentanyl handelt es sich um ein Opioid, genau wie Morphin, Heroin und Oxycodon, das ebenfalls als schmerzlinderndes Medikament zum Einsatz kommt. Allerdings ist Fentanyl eine synthetische Weiterentwicklung, die 25- bis 50-mal stärker als Heroin wirkt. Die Kartelle fanden bald heraus, dass sie ihre »Kunden« umgewöhnen konnten, indem sie ihr illegales Heroin mit ein wenig Fentanyl versetzten.

Fentanyl ist so stark, dass bereits zwei Milligramm davon einen Menschen umbringen können. Ein Kilogramm ist genug, um 500 000 Menschen zu töten. Doch selbst damit ist das Ende der Eskalation noch nicht erreicht. Es gibt Abhängige, die bereits zu einem weiteren synthetischen Opioid übergegangen sind. Carfentanil ist 100-mal stärker als Fentanyl. Das klingt derart extrem, dass schwer zu verstehen ist, weshalb Abhängige nicht schon von Weitem erkennen, dass sie geradewegs auf einen Abgrund zusteuern. Das tun sie aber, weil es wahnsinnig schwierig ist, aus einer Opioidsucht herauszufinden. Zuallererst sind die Entzugserscheinungen radikal. Wer tatsächlich einen Entzug wagt, verfällt in heftiges Schwitzen, leidet unter Muskelschmerzen und Magenkrämpfen sowie unter starkem Erbrechen und Durchfall. Ja, die Entzugserscheinungen können bisweilen so schlimm ausfallen, dass sie zum Tod führen. Abhängige kehren also nicht nur zu ihren Drogen zurück, weil sie süchtig danach sind; sie tun es auch, weil sie alles unternehmen wollen, um diese Abstinenzsymptome zu vermeiden.

Zu unserem Leidwesen entwickeln wir jedoch blitzschnell eine Toleranz gegenüber Opioiden, sodass Abhängige sich auf Dauer genötigt sehen, zu immer höheren Dosen oder stärkeren Substanzen zu greifen, um keine Entzugserscheinungen zu erleben. Dabei riskieren sie aber, Überdosen einzunehmen, und exakt dieses Phänomen hat bereits über eine halbe Million Menschenleben gefordert.

* * *

Die Geschichte über Purdue Pharma nimmt kein glückliches Ende. Zwar hat das Unternehmen einen großen Rechtsstreit verloren und ist zu einer Strafzahlung verurteilt worden, doch die Sackler-Familie ist immer noch milliardenschwer und hat in Verbindung mit der Strafzahlung sichergestellt, dass sie niemals weiter zur Rechenschaft gezogen werden kann.

Trotzdem können wir einen Nutzen aus dieser Geschichte ziehen. Denn zusammen mit dem, was wir über andere Industrien wissen, die abhängigkeitsverursachende Produkte verkaufen, hilft sie uns zu verstehen, wie diese Unternehmen Kritiker auf Distanz halten.

Das Drehbuch ist bei allen das gleiche. Um ja nicht zur Verantwortung gezogen zu werden, leugnet man zu Beginn hartnäckig, dass die eigenen Produkte in irgendeiner Form Abhängigkeiten verursachen können. Selbst als bereits Hunderttausende süchtig nach OxyContin waren, hielt Purdue Pharma daran fest, dass eine Abhängigkeit nur äußerst selten vorkomme. Genau wie die Tabakindustrie einst argumentierte, dass das Rauchen von Zigaretten nicht süchtig mache. Schließlich führten Zigaretten keine Rauschzustände wie Alkohol oder Drogen herbei, sagte man – demnach können sie gar nicht ebenso süchtig machen, nicht wahr? Menschen können problemlos eine Zigarette rauchen und ihren Tag ohne weitere Auswirkungen fortsetzen. Außerdem erleiden Raucher, die damit aufhören, keine lebensbedrohlichen Entzugserscheinungen, wie es bei Alkoholikern oder Heroinsüchtigen der Fall ist. In keiner Weise konnte also davon die Rede sein, dass das Rauchen von Zigaretten abhängig machte.

Bei vielen der Produkte, die in diesem Buch auftauchen, befinden wir uns in genau dieser Phase, der Leugnungsphase. Wie erwähnt, wird aktuell diskutiert, ob Menschen, die mehrere Stunden pro Tag Pornofilme ansehen, »abhängig« oder nur »zwanghaft« seien. Und wenn es um hochverarbeitete Lebensmittel geht, führen wir eine Debatte darüber, ob bei etwas so Fundamentalem wie Essen überhaupt von einer Sucht die Rede sein könne.

In dieser Phase endet die Diskussion oft mit Hinweisen auf die Semantik. *Was meinen wir eigentlich, wenn wir von »Abhängigkeit« reden?* Solche Wortklaubereien können die Debatte eine Zeitlang aufhalten, allerdings nicht auf Dauer. Denn je mehr wir über die zugrundeliegende Biologie erfahren, desto schwieriger wird es mit der Zeit, das Problem zu verkennen, bis das schließlich nicht mehr möglich ist. Während die Wissenschaft den Effekt von Nikotin auf das Gehirn immer besser verstand, musste die Tabakindustrie zum Schluss kapitulieren und eingestehen, dass Tabakprodukte süchtig machen.

Ab diesem Zeitpunkt geht man zu Phase zwei über, die Eingeständnis-Phase (inklusive Modifikationen), in denen das Unternehmen gewisse Dinge einräumt; ja, es gebe manche Konsumenten, die abhängig würden. Aber das Problem daran seien weder das Unternehmen noch dessen Produkte. Das Problem seien die Menschen, die abhängig würden. Sie seien Suchtkranke, die sich ihr Elend selbst zuzuschreiben hätten. Richard Sackler von Purdue Pharma verkündete beispielsweise, dass Suchtkranke in Wahrheit gern süchtig seien und Medikamente missbrauchen *wollten*; worauf der Konzern seine Verkäufer instruierte, bestimmte Phrasen wie »Es ist keine Abhängigkeit, es ist Missbrauch« und »Es geht hier um persönliche Verantwortung« zu wiederholen.

Ein älteres Mitglied der Sackler-Familie, Arthur Sackler, verteidigte sich ganz ähnlich, als er sich in den 1950er-Jahren dem Vorwurf ausgesetzt sah, Menschen süchtig nach dem Beruhigungsmittel Valium zu machen (der Apfel fällt nicht weit vom Stamm). Arthur Sackler behauptete nämlich, dass das Problem weder in dem Medikament noch in seiner fragwürdigen Vermarktung desselben zu finden sei. Viel wahrscheinlicher sei es doch, dass diejenigen, die süchtig nach Valium wurden, das Medikament mit Alkohol oder Kokain gemischt hätten. Die gleiche Strategie können wir bei Coca-Cola beobachten, das früher einen Verein mit dem Namen Global Energy Balance

Network finanzierte. Offiziell bestand der Vereinszweck darin, die Fettleibigkeits-Epidemie zu erforschen, doch zufälligerweise wiesen die Ergebnisse immer darauf hin, dass die Ursache für Adipositas mangelnde Bewegung sei. Also lag es nicht an Coca-Cola, dass die Menschen immer dicker wurden. Manche waren einfach faul, und deshalb entwickelten sie Übergewicht. Heute wissen wir natürlich, dass es sich genau umgekehrt verhält – unsere Gewichtsprobleme sind unserer Ernährung geschuldet, nicht unserer Bewegung.

Allerdings stoßen diese Konzerne auf ein großes Dilemma, wenn sie dem Teil der Konsumenten die Schuld in die Schuhe zu schieben versuchen, der einen Überkonsum aufweist.

Denn typischerweise sind es genau diese Kunden, die für einen großen Teil der Einnahmen des Konzerns sorgen. Die zehn Prozent der Bevölkerung, die am meisten Alkohol trinken, kaufen über die Hälfte des insgesamt verkauften Alkohols. Wenn also alle, die zu viel trinken, auf einmal damit aufhörten, würde das Geschäft in sich zusammenbrechen.

In vergleichbarer Manier sind zehn Prozent der Menschen, die in Kasinos spielen, für ungefähr achtzig Prozent der dortigen Einnahmen verantwortlich, und bei gewissen Handyspielen sorgen zehn Prozent der Kunden sogar für bis zu zwei Drittel des Umsatzes.

Genau dieses Problem – dass die Abhängigen das Geschäft am Laufen halten – wurde Purdue Pharma schließlich zum Verhängnis. Als der öffentliche Druck zu groß wurde, erklärte sich der Konzern dazu bereit, eine Variante von OxyContin zu entwickeln, bei sich der ein Missbrauch schwieriger gestaltete. Es gelang nicht einmal besonders gut, doch allein die kleine Hürde, die das Unternehmen in ihr Produkt integrierte, ließ den Absatz von OxyContin um über fünfundzwanzig Prozent sinken. Das lag eben an den Abhängigen, die einen Großteil des Geschäfts ausmachten.

Die Geheimnisse des Dopamins

In den 1950er-Jahren suchten die kanadischen Forscher Peter Milner und James Olds nach dem Belohnungssystem des Gehirns. Sie wussten, dass es irgendwo dort drinnen eine solche Struktur geben musste. Fragte sich nur, wo.

Um die Stelle zu finden, entwarfen die Forscher einen Versuchsaufbau, der seitdem Tausende von dystopischen Science-Fiction-Erzählungen inspiriert hat. Die Idee bestand darin, das Belohnungssystem zu lokalisieren, indem man diverse Hirnbereiche von Ratten mittels elektrischer Impulse aktivierte. Wenn man es herunterbricht, dann besteht Hirnaktivität nämlich genau daraus: aus elektrischen Impulsen. Wie man von »elektrischen Signalen, die zwischen Gehirnzellen hin- und hergeschickt werden« zu einem »Gefühl, dass etwas schön ist« kommt, ist uns allerdings noch ziemlich schleierhaft. Es bedeutet aber, dass man Gehirnzellen durch einen kleinen Stromschlag direkt aktivieren kann.

Stellen Sie es sich folgendermaßen vor: Es ist eine noch simplere Methode, einen Superstimulus zu erzeugen, als die Einnahme von euphorisierenden Substanzen. Konsumiert man beispielsweise Heroin, muss es zuerst bis ins Gehirn gelangen. Dort bindet es an die Rezeptoren der Hirnzellen im Belohnungssystem, und erst danach können die elektrischen Impulse loslegen. Indem man aber eine Elektrode ins Gehirn implantiert, hat man die Möglichkeit, einen Stromimpuls direkt dorthin zu schicken und somit ohne Verzögerung eine Reaktion auszulösen.

Also setzten die kanadischen Forscher mehreren Ratten an verschiedenen Stellen im Gehirn Elektroden ein. Bei manchen saßen sie vielleicht ganz hinten rechts, bei anderen vorne links, bei manchen an der Oberfläche und bei wieder anderen tief im Hirnzentrum.

Nach den Operationen konstruierten die Forscher ein System, in welchem die Ratten die implantierten Elektroden durch das Betätigen eines kleinen Pedals in ihrem Käfig selbst aktivieren konnten. Ratten sind von Natur aus neugierige Tiere, sodass sie augenblicklich ihre Umgebung erforschen, wenn man sie in einen neuen Käfig setzt. In Olds' und Milners Experiment hatte das zur Folge, dass die Ratten schon bald auf das Pedal drückten und ihre Elektroden aktivierten. Aber in den allermeisten Fällen geschah nicht viel mehr als das. Es gab jedoch auch Ratten, die sich daraufhin von dem Fußtaster fernhielten, weshalb man vermutete, dass sie eine schlechte Erfahrung damit verbanden.

Bei vier der Versuchsratten verging allerdings nur wenig Zeit, bis sie nach ihrem ersten Pedaldruck so gut wie nichts anderes mehr taten. Bei diesen vier Ratten hatten die Forscher die Elektrode also am Belohnungssystem des Gehirns platziert, weshalb die Ratten durch das Betätigen des Pedals bei sich selbst ein gutes Gefühl auslösen konnten. Dies war nicht nur eine kleine Befriedigung, sondern eine, die so groß war, als hätte man den besten Burger der Welt gegessen, einen Orgasmus gehabt und im Lotto gewonnen – und das alles gleichzeitig.

Seit den 1950er-Jahren wurden Experimente dieser Art unzählige Male wiederholt, und dabei ist es nicht unüblich, dass die Versuchsratten so gebannt von der elektrischen Selbststimulation sind, dass sie das Pedal mehrfach pro Sekunde betätigen. Sie werden sogar so süchtig danach, dass sie bereit sind, sich Schmerzen auszusetzen, um Zugang zu dem Pedal zu erhalten. Gleichzeitig verlieren sie das Interesse an allem anderen. Selbst hungernde Ratten ignorieren das Futter, das man ihnen hinstellt, um sich stattdessen selbst zu stimulieren. Hätten die Forscher nicht eingegriffen, wären die Ratten schließlich verhungert.

Diese elektrische Selbststimulation macht deshalb so abhängig, weil es im Grunde keine Verzögerung gibt. Wir haben ja gelernt, je schneller ein Stoff ins Gehirn gelangt, desto stärker macht er abhängig. Deshalb spritzen sich Süchtige ihre Drogen irgendwann oft direkt ins Blut, damit der Stoff nicht erst vom Körper aufgenommen werden muss. Doch selbst Injektionen können es nicht mit elektrischer Selbststimulation aufnehmen. Denn die einzige Verzögerung hierbei besteht darin, dass der Strom durch eine Leitung bis ins Belohnungssystem des Gehirns fließen muss. Der Druck auf das Pedal und die Belohnung im Gehirn passieren also quasi simultan.

Hirnforscher haben diese Erkenntnis auch dadurch belegt, dass sie Varianten dieses Experiments durchführten, bei denen sie eine künstliche Verzögerung zwischen dem Betätigen des Pedals und dem elektrischen Signal einbauten. In diesen Fällen entwickeln die Versuchstiere eine schwächere Abhängigkeit von der Selbststimulation, genau wie erwartet.

* * *

Nicht lange nach den kanadischen Versuchen an Ratten führten amerikanische Forscher aus New Orleans die ersten ähnlich gearteten Experimente an Menschen durch. Unter der Leitung von Robert Heath arbeiteten diese Forscher mit Patienten eines psychiatrischen Krankenhauses. Damals, in den Fünfzigerjahren, gab es nicht die gleichen Regeln oder Überwachungsstrukturen, wie wir sie heute kennen. Im Großen und Ganzen hatten die Wissenschaftler freie Hand.

Anfangs implantierten sie den Patienten und Patientinnen Elektroden in die Gehirne, um deren Hirnaktivität zu messen. Mit der Zeit begannen sie aber auch, diverse Hirnregionen der Patienten direkt zu stimulieren. Ihre Hoffnung war es, die elektrische Stimulation für die Heilung von Erkrankungen wie Depressionen und Schizophrenie nutzen zu können.

Robert Heath und seine Kollegen berichteten, dass sie ihre Patienten alle möglichen Emotionen fühlen lassen konnten, von Furcht bis hin zu Freude, je nachdem, welche Hirnregion sie stimulierten. Mit einem Patienten gingen sie allerdings einen Schritt weiter. Heute kennen wir diesen Patienten nur unter dem Namen *Patient B-19*, wissen aber, dass er ein junger weißer Mann im Alter von 24 Jahren war, dessen turbulente Kindheit ohne enge Freunde und mit einem gewalttätigen Vater verlaufen war. B-19 wechselte insgesamt neunmal die Schule und brach die Highschool schlussendlich ab, ehe er unter anderem süchtig nach Amphetaminen wurde. Eines Tages wurde er wegen des Besitzes von Cannabis verhaftet und landete anschließend in ebenjenem psychiatrischen Krankenhaus, wo die Ärzte bei ihm Depressionen und Epilepsie diagnostizierten. Darüber hinaus war B-19 homosexuell, und genau diese »Krankheit« beschloss man zu behandeln …

Mit dem Einverständnis von B-19 implantierten ihm die amerikanischen Forscher an mehreren Stellen Elektroden im Gehirn. Die Idee bestand darin, diese Elektroden zu aktivieren, während B-19 sich Filme mit heterosexuellem Geschlechtsverkehr ansah, um ihn darauf zu trainieren, diese Praktiken mit Genuss zu verbinden. Außerdem bauten die Ärzte eine Apparatur, mit der B-19 – unter Aufsicht – seine Elektroden über einige Knöpfe selbst aktivieren konnte. Relativ schnell begann er, einen bestimmten Knopf fieberhaft zu betätigen. Es war der Knopf, der mit der Elektrode im Belohnungssystem des Gehirns verbunden war. Robert Heath beschreibt, dass dieser Patient den Knopf im Laufe einer dreistündigen Sitzung mehr als tausendmal drückte, zudem protestierte und bettelte er, sobald die Forscher ihm den Apparat wieder wegnahmen.

In anderen Ländern forschte man auch daran, elektrische Selbststimulation zur Behandlung physischer Erkrankungen zu nutzen. Besonders beliebt war diese Methode als neues Mittel für Patienten, die unter chronischen Schmerzen litten. Dahinter verbarg sich der Gedanke, dass elektrische Stimulationen des Gehirns das Empfinden von Schmerzen unter Umständen unterbrechen könnten. Denn wenn Hirnaktivität gleichbedeutend mit elektrischen Signalen ist, galt es dabei womöglich nur, die richtigen Stellen zu stimulieren, um Schmerzfreiheit zu erlangen. Einige New Yorker Ärzte wagten unter anderem diesen Versuch, als sie eine 48-jährige Frau behandelten, die unter starken Rückenschmerzen litt. Die Ärzte hatten bereits versucht, ihre Schmerzen durch schmerzlindernde Medikamente sowie verschiedene Operationen zu heilen, doch nichts davon half. Letztlich beschlossen sie also, es mit der direkten elektrischen Stimulation ihres Gehirns zu probieren.

Die schmerzgeplagte Frau bekam Elektroden ins Gehirn eingesetzt, und wie bei Patient B-19 baute man ihr einen Apparat, damit sie die Elektroden selbst aktivieren konnte, sobald ihr Rücken zu schmerzen begann. Nach der Operation bemerkte die Frau jedoch, dass eine der Elektroden sie sexuelle Erregtheit spüren ließ, wenn sie sie aktivierte. Wie bei B-19 war diese Elektrode im Belohnungssystem ihres Gehirns platziert. Im Gegensatz zu B-19 hatte die 48-jährige Frau aber nicht nur unter Aufsicht Zugang zu dieser Elektrode. Schließlich hatte man beabsichtigt, dass sie die Elektroden jederzeit aktivieren können sollte, wenn sie Schmerzen spürte, daher stand es ihr frei, wann sie den entsprechenden Knopf drückte. So dauerte es nicht lange, bis die Frau so süchtig nach der Selbststimulation war, dass sie sämtliche sonstigen Aktivitäten in ihrem Alltag aufgab, um den ganzen Tag lang auf den Knopf drücken zu können. Sie wurde vollkommen träge – mit Ausnahme des Knopfdrückens – und vernachlässigte sowohl ihre Familie als auch ihre persönliche Hygiene. Mit der Zeit bildete sich eine offene Wunde an ihrem Finger, weil sie den Knopf so oft betätigte, aber auch das hielt sie nicht davon ab. Im Gegenteil, sie versuchte sogar mehrfach, den Apparat zu verändern, um die Intensität der Stimulation zu erhöhen.

Ausgehend von dieser Beschreibung könnte man möglicherweise denken, dass die 48-jährige Frau sich in einer Art Nirwana der Freude befand. Doch das tat sie nicht. Sie selbst sagte, die Stimulation verursache eine grundsätzliche Angst in ihr, zudem bekam sie häufig Panikattacken und wies Anzeichen für eine Depersonalisationsstörung auf. Im Labor stellten die Ärzte fest, dass die Menge der Stresshormone im Blut der Frau schlagartig anstieg, sobald sie begann, sich selbst zu stimulieren. Außerdem bettelte die Frau ihre Familie regelrecht an, ihr den Elektrodenknopf wegzunehmen und vor ihr zu verstecken. Doch jedes Mal, wenn sie es taten, verging nur wenig Zeit, bis die Frau einen unbändigen Drang verspürte, ihn wieder ausfindig zu machen.

Um die Reaktionen der Frau besser zu verstehen, ist es sinnvoll, sich mit dem amerikanischen Psychologen Kent Berridge vertraut zu machen. Er hat nämlich ausführlich beschrieben, dass die beiden Empfindungen Lust und Freude aus neurologischer Sicht nicht das Gleiche sind. In seiner Muttersprache spricht Berridge von einem Unterschied zwischen *wanting* und *liking*, also zwischen Wollen und Mögen. Beide sind eng miteinander verbunden: Sie haben Lust auf ein Eis (Wollen), und es fühlt sich toll an, es zu essen (Mögen). Aber beide Empfindungen können auch voneinander getrennt werden, sodass man das eine ohne das andere erlebt.

Heroinsüchtige erleben zum Beispiel, wenn sie den Stoff die ersten Male konsumieren, große Freude. Aber ihr Gehirn gewöhnt sich schnell daran, und je länger sie den Konsum fortsetzen, desto geringer fällt die Belohnung aus. Es kommt häufig vor, dass Heroin den Süchtigen am Ende überhaupt keine angenehmen Gefühle mehr bereitet. Aber obwohl die Freude verschwunden ist, verspüren sie immer noch Lust. Eigentlich ist sie sogar immer größer geworden, je weiter die Sucht zugenommen hat. Folglich finden sich Heroinabhängige am Ende in einer Situation wieder, in der sie einen starken Drang, aber keine Freude mehr verspüren.

Die Versuchspersonen und -tiere in den Elektrodenexperimenten endeten in der gleichen Lage, da der Kreislauf, der in ihren Gehirnen stimuliert wurde, mit *wanting* in Verbindung stand, nicht mit *liking*. Von außen betrachtet konnte es also durchaus den Anschein erwecken, als verschaffte die Stimulation den Patienten – und den Laborratten – große Freude. Immerhin drückten sie ja wieder und wieder auf den Knopf. In Wirklichkeit entwickelten sie dabei aber gar keine Freude, sondern verspürten stattdessen lediglich den enormen Drang, auf diesen Knopf zu drücken. Einen weiteren Beleg dafür können wir darin sehen, dass die Frau, die sich selbst stimulierte, nicht nur Stress und eine große Angst davor empfand, den Elektrodenknopf zu betätigen. Sie berichtete auch von dem Gefühl, Lust auf Sex zu haben (Drang), doch die Stimulation führte nie zu Genuss oder Orgasmen.

Was offenbaren unsere Gelüste über uns?

Viele von uns sind es gewohnt, Lust und Freude als gleichbedeutende Begriffe zu verwenden. Bestimmt kennen Sie dämliche Kommentare wie diesen: »Sie geht ja trotzdem immer wieder zu ihm zurück, obwohl er sie schlägt. Das heißt wohl, dass sie ganz gern eine Abreibung verpasst bekommt.«

Das wäre richtig, wenn Lust und Freude bei uns immer übereinstimmen würden. Tun sie aber nicht. Diese Diskrepanz wirft unter anderem in der Philosophie und den Wirtschaftswissenschaften Probleme auf, da viele Theorien dieser Zweige genau darauf aufbauen, dass es sich bei Lust und Freude um ein und dasselbe handelt.

Nehmen Sie zum Beispiel die Wirtschaftstheorie der *offenbarten Präferenzen*. Diese Theorie will erklären, weshalb unsere Handlungen nicht immer mit dem übereinstimmen, was wir sagen. Vielleicht behauptet eine Person, sie engagiere sich sehr für das Tierwohl, kauft aber trotzdem Eier aus Käfighaltung. Damit offenbart die Person, dass ihr Engagement eigentlich nur leeres Gerede ist. Denn ansonsten wäre sie ja dazu bereit, ein paar Euro mehr auszugeben, um ihren Worten auch Taten folgen zu lassen.

In manchen Fällen stimmt diese Theorie, aber sie stößt an ihre Grenzen, wenn man sie auf die Bereiche überträgt, mit denen wir uns in diesem Buch auseinandersetzen.

Offenbaren übergewichtige Menschen durch die Wahl ihrer Nahrung zum Beispiel, dass ihnen ungesundes Essen wichtiger ist als ihre eigene Gesundheit?

Das passt nur schwerlich damit zusammen, dass etwa die Hälfte aller Erwachsenen jedes Jahr versucht, an Gewicht zu verlieren. Ebenso wenig ergibt es einen Sinn, wenn man bedenkt, wie viel Geld Menschen bereitwillig für alle möglichen Abnehmkurse und Schlankmacher ausgeben. Es ist tatsächlich sogar denkbar, dass Übergewichtige aufgrund ihrer Desensibilisierung (und aufgrund der Scham, die sie bisweilen darüber entwickeln,

> das zu essen, wonach sie Verlangen haben,) weniger Freude als andere an ihrem Essen haben.
>
> Sicherlich kennen Sie Situationen aus Ihrem Alltag, in denen Sie mit absoluter Sicherheit wissen, dass es Ihnen besser gehen würde, wenn Sie aufstünden und ihre Arbeit erledigten, statt im Bett liegen zu bleiben. Oder wenn Sie geplant haben, Sport zu treiben, sich aber einfach nicht aufraffen können. In beiden Fällen ist es nicht einmal angenehm, »sich zu entspannen«, und trotzdem fällt es schwer, in Gang zu kommen, selbst wenn man sich immer stärker über diese Antriebslosigkeit ärgert. Wieder liegt das daran, dass Lust und Freude zwei unterschiedliche Dinge sind. Manchmal verspüren wir große Lust auf etwas, das uns keine Freude bereitet, und manchmal haben wir keine Lust auf etwas, das uns sonst in eine gute Stimmung versetzen könnte.

* * *

Wanting – Lust auf etwas zu haben – wird mit einem Molekül in unserem Gehirn assoziiert, von dem Sie mit Sicherheit schon einmal gehört haben: Dopamin. Nur ein sehr geringer Teil Ihrer Hirnzellen schüttet Dopamin aus, ungefähr eine Million von insgesamt sechsundachtzig Milliarden Hirnzellen. Trotzdem ist dieses Molekül unerhört wichtig für Ihr Verhalten.

Die dopaminproduzierenden Hirnzellen befinden sich in einigen kleinen Hirnregionen, die etwa mittig hinter Ihrem Mund liegen. Diese Regionen tragen ziemlich kompliziert klingende Namen, aber geben wir ihnen trotzdem eine Chance.

Für uns sind die dopaminbildenden Zellen in zwei Regionen am wichtigsten. Zum einen ist das die *Area tegmentalis ventralis*, zum anderen der *Nucleus accumbens*. Von hier aus führen kleine Leitungen in andere Hirnbereiche, unter anderem zu den Stirnlappen, also dem Teil des Gehirns, der für komplexere Funktionen wie Planung, Problemlösung und Selbstkontrolle zuständig ist. Außerdem führen sie zum Hippocampus, der unter anderem eine Rolle für unser Gedächtnis spielt, und schließlich zu den Hirnregionen, die unsere Bewegungsabläufe steuern.

Zusammengenommen bezeichnen wir diese Kreisläufe als das Belohnungssystem des Gehirns. Wahrscheinlich kennen Sie Dopamin sogar als eine Umschreibung für Belohnung. So etwas wie »Die sozialen Medien sind billiges Dopamin« oder »Schokolade gibt mir einen echten Dopamin-Kick« haben Sie sicher schon einmal gehört.

Dabei ist es in Wahrheit gar nicht das Dopamin, das Ihnen ein Gefühl von Freude bereitet. Das haben wir stattdessen anderen Stoffen zu verdanken, insbesondere Endocannabinoiden und Opioiden, mit denen wir ja bereits Bekanntschaft gemacht haben. Wir können aber immer noch vom »Belohnungssystem« des Gehirns sprechen. Denn die Endocannabinoid- und Opioid-Gehirnzellen sitzen im selben Bereich wie die dopaminbildenden Gehirnzellen und sind eng mit ihnen verbunden. Was wir uns merken sollten, ist lediglich, dass das Dopamin nicht die eigentliche Belohnung ist.

Dies lässt sich beispielsweise an Experimenten nachweisen, in denen Forscher die Dopaminmenge in den Gehirnen von Tieren senken. Es gibt zum Beispiel eine chemische Methode, mit der man die dopaminproduzierenden Gehirnzellen abtöten kann, sodass sich die Dopaminmenge auf ein Prozent des natürlichen Niveaus verringert.

Wenn man den Dopaminspiegel von Ratten auf diese Weise künstlich senkt, verlieren sie das Verlangen, etwas zu essen. Setzt man eine solche Ratte neben eine Portion Futter, rührt sie sich nicht vom Fleck; auch dann nicht, wenn seit ihrer letzten Mahlzeit viel Zeit vergangen ist. Auf den ersten Blick könnte man nun glauben, dass das Futter dem Tier keine Freude mehr bereitet. Wenn die Forscher der Ratte aber eine Zuckerlösung direkt in den Mund verabreichen, leuchtet ihr kleines Gesicht auf, und sie beginnt, sich den Mund zu schlecken – ein Anzeichen dafür, dass sie Zucker nach wie vor mag. Vieles deutet sogar darauf hin, dass Ratten mit Dopaminmangel eine exakt ebenso große Freude an Zucker haben wie normale Ratten. Sie verspüren lediglich kein Verlangen danach und haben die Fähigkeit verloren, diesem Verlangen nachzugehen.

Insgesamt werden Ratten und andere Tiere mit Dopaminmangel im Gehirn vollständig passiv. Sie führen keine spontanen Bewegungen mehr aus und verlieren die Neugier und Lust darauf, ihre Umgebung zu erkunden. Wenn man sie in einen neuen Käfig setzt, bleiben sie einfach still sitzen und starren einen an.

Das gleiche Phänomen kennen wir auch von Menschen, deren Gehirn in den Regionen beschädigt ist, in denen sich die dopaminbildenden Zellen befinden. Zum Beispiel, wenn die Hirnzellen in den entsprechenden Regionen durch ein Blutgerinnsel getötet werden. In der Folge entwickeln Patienten eine sogenannte Abulie, also einen fehlenden Willensantrieb. Üblicherweise verhalten sie sich dann inaktiv, bleiben den ganzen Tag lang im Bett liegen, antworten auf Fragen nur einsilbig mit »Ja« oder »Nein« und verlieren das Interesse an sämtlichen Dingen, die ihnen zuvor Freude bereitet haben. Wenn man ihnen aber Medikamente verabreicht, die die Dopaminmenge im Gehirn erhöhen, leben sie wieder auf und erhalten Teile ihrer normalen Persönlichkeit zurück.

Ein weiteres Beispiel ist die Parkinson-Krankheit. Dabei sterben einige der dopaminproduzierenden Zellen im Gehirn, zwar nicht im Belohnungssystem, aber in einer benachbarten Hirnregion, die man *Substantia nigra* nennt. Diese heißt so, weil der Bereich aufgrund einer hohen Konzentration des Farbstoffes Neuromelanin, einem Nebenprodukt der Dopaminbildung, sehr viel dunkler als das übrige Gehirn ist.

Die Substantia nigra spielt eine wichtige Rolle für unsere Fähigkeit, unsere Bewegungen zu aktivieren und zu steuern. Wenn diese Hirnzellen also allmählich absterben, führt das bei Erkrankten zu Zittern, verlangsamten Bewegungsabläufen, Muskelversteifungen und Gleichgewichtsproblemen. Um diese Symptome abzumildern, gibt man ihnen daher oft Medikamente, die die Dopaminmenge im Gehirn erhöhen. Das kann insofern helfen, als dass jede einzelne dopaminproduzierende Zelle daraufhin mehr Dopamin ausschüttet, sodass die insgesamt geringere Dopaminmenge aufgewogen wird.

Wenn man Parkinson-Patienten auf diese Weise behandelt, ist die erhöhte Dopaminmenge allerdings nicht allein auf die Substantia nigra beschränkt. Im gesamten Gehirn – inklusive des Belohnungssystems – wird mehr Dopamin ausgeschüttet. Deshalb können Parkinson-Patienten, die diese Behandlung durchlaufen, uns weitere Hinweise darauf liefern, wie Dopamin eigentlich wirkt. Die dopaminsteigernden Medikamente führen bei manchen Patienten nämlich zu verschiedenen Formen von Abhängigkeit und Zwangsstörungen.

Einige dieser Patienten (allerdings nur ein sehr geringer Anteil) entwickeln plötzlich einen unkontrollierbaren Sexualtrieb – sie konsumieren riesige Mengen an Pornos, wollen ständig mit ihrem Partner schlafen, besuchen Prostituierte oder entwickeln Fetische, die sie noch nie zuvor hatten. Andere beginnen, übermäßig zu essen, verspüren einen übertriebenen Drang danach zu shoppen oder entwickeln eine plötzliche Spielsucht.

* * *

Natürlich handelt es sich beim menschlichen Gehirn um ein äußerst komplexes Gebilde. Das Herz zum Beispiel ist eine Pumpe, die das Blut durch den Körper befördert. Die Nieren fungieren als Filter, die Abfallstoffe und überschüssige Flüssigkeit aus dem Blut entfernen. Im Vergleich dazu ist das Gehirn jedoch ein Supercomputer, der über eine Form von Bewusstsein verfügt und in diesem Kapitel sogar so weit geht, sich selbst zu studieren.

Es überrascht daher kaum, dass die Neurowissenschaften das anspruchsvollste Forschungsfeld innerhalb der Biomedizin darstellen. Während Studierende der Ingenieurswissenschaften dafür bekannt sind, ein Tränchen über ihre Prüfung in Thermodynamik zu verdrücken, heulen junge Biomedizinerinnen und -mediziner regelrecht Rotz und Wasser, wenn allein die Hälfte aller Examensfragen aus lateinischen Bezeichnungen für obskure Bereiche des Gehirns besteht. Wenn Sie die ganze Sache mit dem Gehirn also kompliziert finden und die letzten Abschnitte vielleicht noch einmal lesen wollen, ist das kein Grund, sich zu schämen. Sie befinden sich in bester Gesellschaft mit uns anderen.

So, das war eine kurze Verschnaufpause, in der wir tief Luft holen. Wollen wir nun einmal sehen, ob wir das Dopaminsystem nicht ein wenig besser verstehen können. Als Allererstes sollten Sie wissen, dass die dopaminbildenden Hirnzellen Dopamin auf zwei Arten ausschütten. Eine davon können wir als eine konstante Ausschüttung auf niedrigem Niveau beschreiben. Dabei geben die Hirnzellen die ganze Zeit kleine Mengen Dopamin an ihre Umgebung ab. Das setzt die Schwelle fest, die bestimmt, wie leicht es uns fällt, eine Handlung auszuführen: je mehr Dopamin, desto weniger Hemmungen. Stellen Sie es sich so vor, dass verschiedene Bereiche Ihres Gehirns ständig Vorschläge machen. Ein Bereich sagt: »Wir sollten unbedingt ein bisschen Schokolade essen.« Ein anderer findet: »Wir brauchen ein Nickerchen.« Und ein dritter mahnt: »So langsam rückt die Abgabefrist für unser Buch immer näher ... vielleicht sollten wir uns besser an den Schreibtisch setzen.« Alles auf einmal können Sie natürlich nicht machen, weshalb es einen Bereich in Ihrem Gehirn gibt, der für die Entscheidung zwischen diesen verschiedenen Möglichkeiten zuständig ist. Man nennt ihn die *Basalganglien*, und wenn Ihnen eine Analogie hilft, es besser zu verstehen, können Sie sich diese Hirnregion als eine Art Türsteher vorstellen, der bestimmt, welche Handlungsvorschläge Zugang zu den Muskeln bekommen, damit sie tatsächlich in die Tat umgesetzt werden können.

Die verschiedenen Handlungsvorschläge preisen sich nicht zu jeder Zeit gleichermaßen aufdringlich beim Türsteher an, sondern tun das je nach Körperzustand mal mehr und mal weniger stark. Wenn Sie gerade etwas gegessen haben, steht der Schokoladenvorschlag nur still da und flüstert, ohne bemerkt zu werden. Verspüren Sie aber einen Mordshunger, dann brüllt er den Türsteher regelrecht an, was die Wahrscheinlichkeit erhöht, zu den Muskeln durchgelassen zu werden, und weshalb Sie zu essen beginnen (zugegebenermaßen hakt die Analogie hier ein wenig, im echten Leben würde ein Türsteher Sie so wohl nicht in den Club lassen). Neben der variierenden Dringlichkeit der Vorschläge gibt es auch eine etwas allgemeinere Hürde dafür, was nötig ist, damit ein Handlungsvorschlag umgesetzt wird. Genau diese Hürde oder Schwelle wird vom Dopamin festgelegt: Je mehr Dopamin sich in der Hirnregion des Türstehers befindet, desto niedriger ist seine Schwelle, die überschritten werden muss, um Handlungen in die Tat umzusetzen.

Am einfachsten lässt sich dieser Mechanismus begreifen, wenn man sich ansieht, was passiert, sobald man an der Dopaminmenge herumschraubt. Wir haben ja bereits Ratten mit Dopaminmangel kennengelernt, und Sie erinnern sich, dass diese Tiere sich extrem passiv verhielten. Schuld daran ist der niedrige Dopaminspiegel, der die Hürde, um eine Handlung auszuführen, äußerst hoch ansetzt. In unserer Türsteher-Analogie sorgen die niedrigen Dopaminwerte dafür, dass er haushohe

Anforderungen stellt. Selbst wenn manche Bereiche der Rattenhirne schreien »Wir müssen etwas essen!« oder »Beweg dich!«, werden diese Vorschläge nicht durchgelassen. Folglich kommt es dazu, dass die Ratten überhaupt nichts unternehmen.

Der umgekehrte Fall tritt bei Leuten ein, die Kokain oder Amphetamin konsumieren. Beide Stoffe erhöhen kurzzeitig die Dopaminmenge im Gehirn. Also *senken* sie die Schwelle, um Handlungen umzusetzen. In unserer Türsteher-Analogie entspricht das dem Umstand, dass er viel weniger wählerisch ist und alle möglichen Handlungsvorschläge durchlässt. Aus diesem Grund führen Kokain und Amphetamin bei Menschen zum Verlust von Hemmungen: Sie reden mehr als normal (und sprechen aus, was ihnen gerade so einfällt), werden wahnsinnig aktiv und verhalten sich impulsiv (auch gewalttätig, wenn sich dieser Impuls bei ihnen meldet).

Gefangen im eigenen Körper

1982 wurden in Kalifornien sechs Patienten mit äußerst mysteriösen Symptomen ins Krankenhaus gebracht. Sie waren allesamt vollständig gelähmt – sie konnten sich weder bewegen noch sprechen. Allerdings waren sie noch am Leben. Allem Anschein nach hatten die Patienten keinerlei Verbindung zueinander, sodass die Ärzte ziemlich ratlos waren, woher diese Symptome stammen könnten. Hatten sie es etwa mit einer neuen Krankheit zu tun, die sich gerade verbreitete?

Später fand man jedoch heraus, dass die Patienten denselben Drogendealer hatten, und sie hatten alle eine Substanz bei ihm gekauft, die sie für das heroinähnliche MPPP hielten. Nur zeigte sich, dass dem Chemiker, der den Stoff hergestellt hatte, dabei ein Fehler unterlaufen war. Statt MPPP hatte der Dealer seinen Kunden daher

> einen anderen, ähnlichen Stoff verkauft, nämlich MPTP. Diese Substanz ist giftig für die dopaminproduzierenden Zellen des Gehirns. Die Ursache für die Bewegungs- und Sprechunfähigkeit der Patienten war also, dass sämtliche ihrer dopaminbildenden Hirnzellen tot waren – und damit hatten die Patienten die Fähigkeit verloren, Handlungen auszuführen.
>
> In einem Versuch, die Patienten zu heilen, flog man sie an die Universität von Lund in der schwedischen Region Skåne, wo man eine experimentelle Behandlung an ihnen begann. Leider zeigte sie keine Wirkung. Selbst heute hätten wir keine Heilungsmethode, und das unglückliche Ende dieser Geschichte war, dass die Patienten sich nie wieder erholten. Sie verbrachten den Rest ihres Lebens als Gefangene im eigenen Körper.

Die zweite Art, auf die die dopaminproduzierenden Zellen Dopamin ausschütten, nennt sich *phasische Ausschüttung*. Diese Ausschüttungsart wird so bezeichnet, weil die Zellen dabei eine gewisse Menge Dopamin auf einmal abgeben, und die Ausschüttung danach direkt wieder gestoppt wird. Man kann sich das wie einen Spitzenwert oder Peak auf einer Verlaufskurve vorstellen, bei dem das Dopaminniveau anschließend wieder in den Normalbereich zurückfällt. Diese Art der Dopaminausschüttung hat keinen Einfluss darauf, welche Handlung wir schließlich ausführen. Stattdessen geht es bei dieser Ausschüttungsart darum, *neue* Handlungen zu erlernen. Der Peak dient als Signal dafür, dass das, was Sie gerade eben getan haben, etwas Gutes war und es eine gute Idee wäre, diese Handlung noch einmal zu wiederholen.

Am einfachsten lässt sich dieses System begreifen, wenn man es dort in Aktion sieht, wo es am allerwichtigsten ist: bei einem Baby. Stellen Sie sich also vor, Sie sitzen als kleines Kind vor einer Schüssel Babybrei und halten ein Löffelchen in der Hand. Noch beherrschen Sie Ihre Armbewegungen nicht sonderlich gut, weshalb der meiste Brei überall landet, nur nicht in Ihrem Mund. Früher oder später gelingt es Ihnen aber doch, einen Treffer zu landen. Sie bekommen den leckeren Babybrei zu schmecken, und augenblicklich schlägt die Dopaminkurve in Ihrem Gehirn aus, es kommt zu einem Dopamin-Peak.

Denken Sie aber daran: Das Dopamin selbst ist nicht die Belohnung. Sie setzt sich aus anderen Molekülen im Gehirn zusammen. Dopamin sagt Ihnen also nicht, ob etwas gut oder schlecht ist. Stattdessen verraten Ihnen Dopamin-Peaks, ob etwas besser oder schlechter *als erwartet* ist. Und »Babybrei im Mund« fühlt sich besser an als »kein Babybrei im Mund«.

Der Dopamin-Peak sorgt dafür, dass die Hirnaktivität, die kurz vor der Belohnung stattfand, mit einer größeren Wahrscheinlichkeit wiederholt wird. Je öfter Sie also den Mund mit dem Löffel treffen, desto stärker werden die Verbindungen in Ihrem Gehirn, die die korrekte Weise, einen Löffel zum Mund zu führen, koordinieren. Zu guter Letzt ist es ein Kinderspiel für Sie, und dann kommt es zu keinen Dopamin-Peaks mehr. Der Babybrei schmeckt zwar immer noch gut, stellt aber keine unerwartete Belohnung mehr dar. Sie haben gelernt, dass sie sich ganz sicher einstellt, wenn Sie diejenigen Hirnverbindungen aktivieren, die Sie den Löffel zum Mund führen lassen, wenn eine Schüssel Babybrei vor Ihnen steht.

Eines Tages befinden sich dann in der Schüssel statt Babybrei Coco Pops. Die haben Sie noch nie probiert, aber sie schmecken besser als Babybrei. In dem Moment, in dem die Pops auf Ihrer Zunge landen, verspüren Sie eine unerwartet große Belohnung. Es wird also wieder Dopamin ausgeschüttet. Jetzt lernen Sie, auf dem aufzubauen, was Sie bereits wissen. Die neue Lektion lautet, dass es besser ist, Coco Pops in den Mund zu löffeln als Babybrei. Wenn Ihnen in Zukunft wieder einmal

Coco Pops vorgesetzt werden, besteht daher eine größere Wahrscheinlichkeit, dass Sie sie zum Mund führen, damit Sie die Belohnung erneut spüren können.

An einem anderen Tag werden Sie von Ihren Eltern aber gemein hinters Licht geführt, sie legen Ihnen Rosenkohl auf den Teller. Er schmeckt bitter, und weil ein bitterer Geschmack oft mit diversen Giftstoffen in Verbindung steht, neigen wir dazu, bitter schmeckende Lebensmittel nicht besonders zu mögen, gerade als Kinder. Wenn Sie den Rosenkohl dann gutgläubig in den Mund stecken, fällt die Belohnung geringer aus als erwartet. In diesem Fall gibt es keinen Dopamin-Peak. Stattdessen fällt Ihr Dopaminspiegel unter den Normalwert, was wiederum die Wahrscheinlichkeit verringert, dass Sie den Rosenkohl bei der nächsten Gelegenheit in den Mund stecken.

Mit anderen Worten handelt es sich bei den Dopamin-Peaks im Gehirn also um einen Lernmechanismus. Wenn sich etwas besser als erwartet anfühlt, trainieren diese Peaks das Gehirn darauf, die Handlung zu wiederholen, um das gleiche Gefühl noch einmal zu erleben. Wenn sich etwas schlecht anfühlt, sorgt dieser Mechanismus dafür, dass Sie genau das nicht wiederholen. In der Natur ist das ein überaus cleveres System, das uns die Nahrung mit den meisten Kalorien zu uns nehmen und die Sexualpartner aussuchen lässt, die uns dabei helfen können, unsere Gene weiterzugeben …

Doch in der modernen Welt schlagen diese Mechanismen leider fehl und führen dazu, dass wir zu »leeren« Belohnungen wie Junkfood, Pornos oder Zigaretten greifen, weil die auf die hinterlistigste Art und Weise dazu erschaffen wurden, das Belohnungssystem unseres Gehirns unnatürlich stark zu aktivieren.

* * *

Während das Dopamin im Gehirn Ihnen beibringt, gewisse Handlungen mit einem Belohnungsgefühl zu assoziieren, geschieht etwas Interessantes, das wiederum untermauert, was wir inzwischen über Dopamin wissen – dass es also dabei ums Lernen geht. Bevor der Dopamin-Peak nämlich verschwindet, kommt er zuerst immer früher. Bei unserem Coco-Pops-Beispiel tritt er zum ersten Mal auf, wenn Sie die Pops schmecken. Danach jedoch kommt der Peak schon, bevor Sie den Löffel überhaupt zum Mund führen. Vielleicht, wenn Sie »Coco Pops« sagen, während Ihre Eltern die Schüssel füllen, oder wenn Sie selbst den Schrank öffnen und entdecken, wo die Packung steht.

Es kommt immer früher zu diesem Dopamin-Peak, weil Ihr Gehirn sich von der Belohnung aus zeitlich rückwärts orientiert, wenn es etwas lernen soll. Zuerst haben Sie gelernt, dass es Ihnen ein gutes Gefühl gibt, wenn Coco Pops vor Ihnen stehen, und Sie führen sie zum Mund.

Sobald Sie das allerdings kapiert haben, beginnt das Gehirn zu lernen, welche Schritte vor dem Löffelmanöver kommen; was also dazu führt, dass die Coco Pops am Ende vor Ihnen stehen. So haben Sie beispielsweise einen Dopamin-Peak, wenn Sie Ihre Eltern bitten, die Schüssel zu füllen, und sie es tun. Oder wenn Sie eines Tages selbst die Packung im Schrank entdecken und sich eine Schüssel vollmachen. In beiden Fällen tritt die Belohnung erst ein, wenn Sie Ihre Coco Pops auch tatsächlich essen. Ihre Dopamin-Peaks aber kommen, sobald Sie sicher sind, dass eine Belohnung auf dem Weg ist. Auf diese Weise verstärkt Ihr Gehirn permanent den Handlungsablauf, der nötig ist, um ein Gefühl der Befriedigung zu erreichen. Gleichzeitig bedeutet das allerdings auch, dass die ersten Schritte mit dazu beitragen, ein Verlangen zu erzeugen, den Handlungsablauf weiterzuführen. Irgendwann verspüren Sie Lust auf Coco Pops, wenn Sie nur die Schüssel sehen, oder vielleicht sogar schon, wenn Sie am geschlossenen Küchenschrank vorbeigehen.

Sie merken vermutlich, wie diese Mechanismen zwischen Lust und Freude unterscheiden. Denn die Lust entsteht beim ersten Anzeichen dafür, dass es eventuell eine Belohnung geben könnte. Selbst dann, wenn dazu etwas Unangenehmes erforderlich ist, wie eine Rauchwolke in die Lungen einzusaugen oder sich eine Nadel in den Arm zu stecken. Bei Ratten kann man zum Beispiel das Verlangen hervorrufen, einen Stab zu berühren, der Stromstöße verteilt, wenn man das Belohnungssystem anschließend mit Elektrizität stimuliert. Denn auf diese Weise lernen die Ratten, dass die Stromstöße notwendig für die Belohnung sind, und deshalb entwickeln sie ein Verlangen danach, obwohl die Stöße nicht sehr angenehm sind.

In diesen Versuchen sind die Stromstöße nicht stark genug, um bleibende Schäden zu hinterlassen, aber Sie können sich sicher vorstellen, dass dieser Mechanismus Heroinsüchtige an ihrer Droge festhalten lässt, selbst wenn sie das alles kostet, was ihnen lieb und teuer ist.

* * *

Dopamin und seine Rolle für das Lernen machen es daher wichtig, dass Drogenabhängige die Assoziationen bekämpfen, die sie ursprünglich im Zusammenhang mit ihrem Drogenmissbrauch gebildet haben. Denn der Anblick einer Nadel oder bestimmte Orte können den ersten Schritt in einer Handlungsabfolge darstellen, den ihr Gehirn erlernt hat und der vor diesem Hintergrund das Verlangen hervorruft.

Deshalb sehen sich Kokainabhängige, die gern damit aufhören möchten, oft dazu gezwungen, gar nicht mehr auf Partys zu gehen. Denn vielleicht gelingt es ihnen, ihren Drang nach dem Stoff im Alltag zu beherrschen, doch ihr Gehirn hat gelernt, dass Alkohol und laute Musik der Einnahme von Kokain vorangehen. Wenn sie also wie in alten Tagen eine Party besuchen, ist das ein Trigger, der das Verlangen so groß werden lässt, dass sie so gut wie unmöglich widerstehen können. Das gleiche Phänomen kennen Sie ganz bestimmt von Partyrauchern. Im Alltag haben sie oft keine Probleme, auf Zigaretten zu verzichten. Doch sobald sie etwas trinken, meldet sich der Drang, und schon haben sie eine Zigarette in der Hand. Ihre Gehirne verbinden den Alkohol nämlich mit der Belohnung durch das Rauchen, und deshalb meldet sich ihr Verlangen auch erst, wenn sie etwas getrunken haben.

Eine besonders extreme Variante dieses Phänomens hat man in Verbindung mit Soldaten im Krieg beobachtet. Als das amerikanische Heer während des Vietnamkrieges Befragungen durchführte, stellte sich heraus, dass dreiundvierzig Prozent der Befragten während ihres Einsatzes Heroin konsumiert hatten, und die Hälfte von ihnen räumte ein, nun abhängig von Heroin zu sein.

Als die Soldaten aber in die USA zurückkehrten, brach keine nationale Heroinkrise über das Land herein, wie man es durchaus hätte befürchten können. Bei Nachbefragungen fand man schließlich heraus, dass lediglich ein Prozent der Soldaten süchtig nach Heroin geworden waren. Ähnliches ließ sich auch während des Zweiten Weltkriegs beobachten, in dem sowohl die Alliierten als auch die Achsenmächte ihre Truppen mit großen Mengen Amphetaminen versorgten, um sie ausdauernder, aggressiver und aufmerksamer zu machen. Allein im Zeitraum zwischen April und Juli 1940 verteilten die Deutschen zum Beispiel 35 Millionen Metamphetaminpillen an ihre Soldaten. Aber auch damals kam es nach dem Krieg zu keiner großen Drogenkrise.

Zuerst einmal hört sich das alles ziemlich unglaublich an. Denken Sie nur daran, wie die Sache in anderen Situationen ausgegangen ist, in denen eine Vielzahl an Menschen einen süchtig machenden Stoff eingenommen hat. Im Fall von OxyContin – das schwächer als Heroin ist – kam es zum Beispiel zu einer Gesundheitskrise mit Millionen von Abhängigen. Wie konnten die Soldaten das also umgehen?

Eine mögliche Erklärung ist die, dass die Soldaten die Substanzen ausschließlich dazu nutzten, die psychischen Qualen zu lindern, die ein Einsatz im Krieg eben mit sich brachte. Nach Kriegsende hatten sie daher keinen Bedarf mehr an chemischen Hilfsmitteln und konnten ihr Leben ohne sie bewältigen. Heute wissen wir aber, dass viele Soldaten auch nach ihrer Heimkehr noch an psychischen Problemen leiden. Es muss einem auch nicht notwendigerweise schlecht gehen, um drogensüchtig zu werden. Das passiert ebenso vielen Menschen, die sich wohlfühlen und ein angenehmes Leben haben.

Die Erklärung ist also vielmehr in dem zu finden, was wir über Assoziationen gelernt haben. Nach dem Krieg wurden die Soldaten in eine mehrere Tausend Kilometer entfernte und völlig andere Umgebung gebracht, nämlich nach Hause. Hier hatten sie ein anderes soziales Umfeld, und ihr Alltag wurde auf den Kopf gestellt. All die Assoziationen, die die Soldaten zu ihrem Drogenmissbrauch hatten – die Trigger, wenn Sie so wollen –, waren auf einen Schlag verschwunden. Die Soldaten waren quasi Partyraucher, die nie wieder auf irgendeiner Party auftauchten und deshalb auch kein Verlangen nach Zigaretten mehr verspürten.

Sollten sich die Soldaten allerdings plötzlich wieder in einer kriegsähnlichen Situation befinden, ist es gut möglich, dass ihr Verlangen und ihre Sucht zurückkehren. Würde man sie aus dieser Umgebung wieder herausnehmen, könnten sie ihre Abhängigkeit aber vermutlich erneut besiegen.

Nun ist es natürlich nicht gerade zielführend, all seine Freundschaften zu beenden, den Beruf zu wechseln und hinaus aufs Land zu ziehen, nur um das eigene Verlangen nach Pringles loszuwerden, aber dafür reicht auch schon weniger aus. Die Geschichte über die Soldaten des Vietnamkriegs und des Zweiten Weltkriegs unterstreicht aber auf jeden Fall, dass der erste Schritt auf dem Weg zur Kontrolle über die schlechten Angewohnheiten darin besteht, so viele Auslöser (oder Trigger) wie möglich zu beseitigen. Unter anderem deshalb habe ich zuvor betont, wie wichtig es ist, kein ungesundes Essen zu Hause zu haben, wenn man Probleme mit Übergewicht hat. Denn typischerweise sind der Anblick von Süßigkeiten oder der Chipstüte ausreichende Trigger, und der Kampf gewinnt sich leichter, wenn man sie vermeidet.

Über die Vermeidung von solchen Auslösern hinaus kann man auch versuchen, seine Abhängigkeit durch ein »Umschulen« des Gehirns zu bekämpfen, sodass es lernt, die Trigger nicht an die Erwartung einer Belohnung zu knüpfen. Dieses Unterfangen gestaltet sich wesentlich schwieriger, und wir wissen nicht allzu viel darüber, wie man sich dabei am besten verhält. Doch es gibt eine Methode, mit der man bei einigen Alkoholikern Erfolg hatte.

Alkohol beeinflusst das Gehirn auf mehrere Arten, unter anderem führt er dazu, dass Opioide ins Belohnungssystem ausgeschüttet werden. Deshalb ist es möglich, das Arzneimittel Naltrexon zu verwenden, das die Opioidrezeptoren blockiert, um Alkoholkranke bei der Überwindung ihrer Sucht zu unterstützen. Nimmt man Naltrexon ein, kann Alkohol nämlich keine Belohnungen mehr im Gehirn auslösen. Alkoholkranke Menschen können das Medikament morgens einnehmen und so sichergehen, dass sie später nicht mit dem Trinken anfangen. Wenn sie dennoch irgendwann ein Bier trinken, auch wenn sie eigentlich versuchen, es bleiben zu lassen, ist es für sie ein langweiliges Erlebnis.

Bei einer der Behandlungsmethoden von Alkoholismus, der Sinclair-Methode, empfiehlt man den Patienten sogar, während der Einnahme von Naltrexon weiterhin Alkohol zu trinken. Dahinter steht die Idee, dass die Belohnung dann weniger stark ausfällt als erwartet, und das – Sie erinnern sich – lässt den Dopaminspiegel fallen. Auf diese Weise lernt das Gehirn, dass Alkohol eine geringere Belohnung als erwartet bringt, weshalb das Gehirn den Handlungsmustern, die das Bier auf den Tisch bringen sollen, eine niedrigere Priorität einräumt.

Es ist vorstellbar, dass diese Erfahrungen auch bei anderen Formen von Abhängigkeit Anwendung finden könnten. Wenn Ihre Coco Pops auf einmal nach Rosenkohl schmeckten, wird es jedenfalls nicht lange dauern, bis Ihr Verlangen danach abnimmt. Problematisch daran ist nur, dass sich unser Gehirn trotz allem nicht so leicht zum Narren halten lässt. Sicherlich fällt Ihnen irgendeine Methode ein, mit der Sie Ihre Snacks weniger schmackhaft machen können. Wenn Sie insgeheim aber genau wissen, warum sie plötzlich nicht mehr so verlockend sind, besteht keine sonderlich große Chance dafür, dass diese Methode funktioniert. Aktuell wird noch immer an den Gründen dafür geforscht, sodass wir uns eines Tages vielleicht sogar auf diese Weise von Abhängigkeiten befreien können.

Die Spitznamen der Moleküle

Es kommt häufig vor, dass verschiedene Hormone und Moleküle unseres Körpers Spitznamen erhalten. Wir haben zum Beispiel gerade erst festgestellt, dass Dopamin ein *Lernmolekül* ist und kein *Glücksmolekül*, wie viele glauben. In Wirklichkeit lässt sich die Biologie aber nie so einfach in Schubladen stecken.

Dopamin hat zum Beispiel noch viele weitere Rollen als die, mit denen wir hier Bekanntschaft gemacht haben: Im Blut lässt es die Nieren Salz ausschütten, außerdem kann es einige unserer Immunzellen aktivieren. Auch für die Entwicklung unserer Augen spielt es eine wichtige Rolle. Zudem haben wir gelernt, dass Opioide uns Genuss spüren lassen, gleichzeitig werden sie aus irgendeinem Grund aber auch dazu eingesetzt, unsere Atmung zu kontrollieren. Ein drittes Beispiel, dem wir bisher noch nicht begegnet sind, könnte das *Liebeshormon* Oxytocin sein. Es hat durchaus Einfluss auf unsere Bindungsgefühle zu anderen Menschen. Es kann aber auch die Muskeln rund um die Gebärmutter der Frau dazu bringen, sich zusammenzuziehen, weshalb es manchmal als Injektion verabreicht wird, um eine Geburt in Gang zu setzen.

Hätten wir Menschen unsere Körper selbst geplant, hätten wir das Ganze sicher rationaler gestaltet und für jede Funktion ein eigenes Molekül verwendet. Biologische Organismen sind aber Spaghetti-Maschinen, bei denen alles auf die eigenartigsten Weisen wiederverwendet wird. Wenn Sie von komplexen biologischen Phänomenen lesen, ist es wichtig, Folgendes im Gedächtnis zu behalten: Es geht nicht nur darum, mit welchem Molekül Sie es zu tun haben, sondern auch, wo, wann, in welchem Umfang und in welchem Kontext das geschieht.

ed
Teil IV

Die *Matrix*, nur in der Realität

Wenn Sie darüber nachdenken, ist der Mensch schon ein sonderbares Tier. Die meisten anderen Säugetiere haben vier Pfoten, ein Fell und einen Schwanz. Doch hier kommen wir angelaufen, auf zwei Beinen, schwanzlos und nur an wenigen strategischen Stellen behaart.

Gleichzeitig sind wir die einzigen Tiere mit einem Kinn, zählen zu den wenigen Tieren, die am gesamten Körper schwitzen, und haben, diplomatisch ausgedrückt, abartige Essgewohnheiten wie das Trinken der Milch von anderen Tieren und das Verwenden von Feuer, um unsere Nahrung zuzubereiten.

Trotzdem kommen wir nicht umhin festzuhalten, dass unser bemerkenswertester Zug unsere Gehirne und die hohe Intelligenz ist. Ja, tatsächlich ist das menschliche Gehirn die komplexeste Struktur des ganzen Universums. Obwohl wir gerade dabei sind, ein wenig über seine Schwachstellen zu erfahren, ist es schwer, nicht darüber zu staunen, wozu es in der Lage ist. Ich schreibe dieses Kapitel zum Beispiel, während ich zehn Kilometer über dem Atlantik in einer Metallröhre mit Flügeln sitze, und mein Werkzeug ist eine Maschine, die Sand und Elektrizität nutzt, um daraus Berechnungen anzustellen. Im Vergleich dazu besteht die größte Leistung von Schimpansen darin, einen Stock zu nutzen, um damit Insekten zu essen.

Doch so intelligent wir auch sein mögen, kein Mensch ist allein dazu fähig, ein Flugzeug oder einen Computer eigenhändig herzustellen. Die große Stärke des Menschen ist nämlich nicht nur seine schiere Intelligenz, sondern die Kombination aus Intelligenz und starken sozialen Instinkten. Diese Kombination erlaubt uns, gemeinsam an neuen Entdeckungen zu arbeiten und auf unserem gegenseitigen Wissen aufzubauen.

Unser Sozialleben ist dabei lediglich eine weitere Eigenart, durch die wir Menschen uns von Tieren unterscheiden. Viele Tiere leben allein und kommen mit ihren Artgenossen nur zusammen, um sich zu paaren oder ihnen eins auf die Mütze zu geben. Selbst die Tiere, die ihre gegenseitige Gesellschaft gut aushalten, leben oft in kleinen Herden wie in großen Familien.

Sie und ich sind selbstverständlich ebenfalls Mitglieder einiger kleiner »Herden«, wie zum Beispiel unserer Familie oder Freundeskreise. Darüber hinaus zählen wir aber auch zu Riesenherden wie Dänemark, Deutschland, der EU und zu einem immer größeren Grad auch der globalen Gesellschaft. All das ist nur möglich, weil wir Menschen uns gegenseitig nicht nur tolerieren, sondern auch weil das Zusammensein mit anderen und ihre Anerkennung für uns instinktive Bedürfnisse sind.

Wie Sie aber vermutlich ahnen, sind auch diese Bedürfnisse nicht frei von unserem Drang nach Superstimuli. Man kann sogar argumentieren, dass unsere sozialen Bedürfnisse die am meisten ausgenutzten überhaupt sind.

**

Eines der besten Beispiele dafür, wie groß unsere sozialen Bedürfnisse sind, ist die Fiktion. Denken Sie nur daran, wie viele Fernsehserien im Grunde diese Geschichte erzählen: Eine Familie oder eine Gruppe von Freunden lebt ihr Leben – also keine epische Erzählung über eine Reise ans Ende der Welt oder in ein magisches Universum, sondern eine Beschreibung normaler Menschen, die ihren Alltag gemeinsam bestreiten und dabei lustige Dinge erleben. Beispiele dafür wären *Seinfeld, Friends, How I Met Your Mother, Modern Family, The Big Bang Theory, The Office, Full House, New Girl, King of Queens* und viele mehr.

Obwohl diese Serien vorgeben, normale Leben abzubilden, sind sie natürlich nicht besonders realistisch. Üblicherweise sollen die Hauptfiguren durchschnittliche Arbeitnehmer und Arbeitnehmerinnen darstellen, wohnen aber in großen Wohnungen oder Häusern. In ihrem Umfeld sind so gut wie alle Personen entweder attraktiv oder charmant, und im Vergleich zu gewöhnlichen Menschen in der echten Welt erleben sie ungewöhnlich viel.

Man kann also behaupten, dass diese Fernsehserien eine Art übertriebene Darstellung der Realität sind. Beispielsweise werden sämtliche trivialen Momente des alltäglichen Lebens darin ausgeklammert. Es gibt keine langen Autofahrten, keine Abende, an denen nur wenig passiert, keine Wartezeiten oder langweilige Stunden bei der Arbeit. Stattdessen sprüht die Welt der Fernsehserien nur so vor Spannung, die Charaktere sind immer perfekt gekleidet, ihre Probleme sind dramatisch, und ihre Sprüche rasiermesserscharf.

Es ist, als würden die Fernsehserien die Realität als Ausgangspunkt nehmen, sie aber viel intensiver gestalten – und über dieses Vorgehen wissen wir inzwischen ja bestens Bescheid. Diese Fernsehserien sind nämlich nichts anderes als Superstimuli, die weitgehend auf Grundlage derselben Prinzipien erschaffen werden, mit denen wir uns bisher beschäftigt haben.

Ganz rational weiß unser Gehirn sehr wohl, dass das, was wir auf dem Bildschirm sehen, nicht der Realität entspricht. Für unser Unterbewusstsein gilt das aber nicht zwangsläufig. Bestimmt kennen Sie dieses etwas traurige Gefühl, das einen überkommen kann, wenn man eine lange Fernsehserie zu Ende gesehen hat. Es fühlt sich fast so an, als hätte man irgendetwas verloren.

Die Ursache für dieses Gefühl ist, dass wir zu den Charakteren unserer Fernsehserien sogenannte parasoziale Beziehungen entwickeln. Zuerst wurde dieses Phänomen in den 1950er-Jahren von amerikanischen Soziologen beschrieben. Damals schafften sich die Menschen die ersten Fernsehgeräte für zu Hause an. Die Soziologen beobachteten, wie dieser Umstand manche Zuschauer Beziehungen zu den fiktiven Charakteren entwickeln ließ, als handelte es sich bei ihnen um echte Menschen; manche Zuschauer verliebten sich sogar.

Parasoziale Beziehungen sind selbstverständlich fiktiv und finden nur in unseren Gedanken statt. Der Punkt dabei aber ist, dass manche Teile des Gehirns nicht notwendigerweise zwischen Realität und Fiktion unterscheiden können. Deshalb fühlt es sich bisweilen traurig an, eine Serie zu beenden und diese Freundschaft quasi zu »verlieren«.

* * *

Das Eigenartige an parasozialen Beziehungen und fiktiven Welten ist, dass sie bis zu einem gewissen Grad mit unseren echten Freunden und der realen Welt konkurrieren. Netflix allein ist zum Beispiel für vierzehn Prozent des weltweiten Internetverkehrs verantwortlich, wir verbringen also Milliarden von Stunden mit unseren Serienfreunden.

Streaminganbieter wie Netflix wissen außerdem sehr genau, wer ihre Konkurrenten sind. Bei einem Investorentreffen wurde der Gründer von Netflix, Reed Hastings, beispielsweise gefragt, inwiefern die wachsende Konkurrenz durch andere Streamingdienste Netflix Sorgen bereite. Seine Antwort lautete: »Wenn Sie sich auf Netflix eine Serie ansehen und süchtig danach werden, bleiben Sie bis spätabends wach. In Wirklichkeit konkurrieren wir also mit dem Schlaf, und das ist ein sehr großer Zeitpool.«

Wenn man darüber nachdenkt, ist das ehrlicherweise ein

fragwürdiges Verhalten. Stellen Sie sich nur einmal vor, Sie und ich wären Außerirdische aus einer entfernten Galaxie, die die Erde gerade entdeckt hätten. Unsere Zivilisation ist neugierig darauf, diesen neuen Planeten zu verstehen, also schickt man uns hinunter, um die Wesen auf der Erde zu studieren. Wir bekommen den Sonderauftrag, die dominanteste Art der Erde, die Menschen, genauer unter die Lupe zu nehmen und ihr Verhalten zu beschreiben. Aber was berichten wir über ein Wesen, das einen ganzen Sonntag halb liegend vor einem Bildschirm verbringt, ohne sich nennenswert zu bewegen?

Aus dieser Perspektive ist das ja eine recht komische Situation. Die Person starrt auf einen Bildschirm, auf dem eine Gruppe von Menschen eine Familie oder einen Freundeskreis nachahmt. Währenddessen sitzen die eigene Familie und Freunde des Fernsehzuschauers womöglich gleich im Nebenraum oder direkt um die Ecke.

Würden wir ein solches Verhalten bei Labormäusen oder -ratten beobachten, würden wir sie wohl in dieselbe Schublade wie ihre Artgenossen stecken, die sich der elektrischen Selbststimulation hingeben. Denn obwohl auf dem Bildschirm und im Gehirn des Zuschauers etwas geschieht, ist von außen betrachtet nur ein Tier zu sehen, dass sich in völliger Passivität und Bewegungslosigkeit stundenlang stimulieren lässt.

Auf dieses Muster werden wir im aktuellen Teil dieses Buches wieder und wieder stoßen. Bei den Konzernen, die davon leben, unsere sozialen Instinkte zu manipulieren, geht es ausschließlich darum, unsere Aufmerksamkeit aufrechtzuerhalten, damit wir so viel Zeit wie nur irgend möglich mit ihrem Produkt verbringen. Die Konsequenz eines übermäßigen Konsums besteht darin, dass man sehr wahrscheinlich die reale Welt nach und nach vernachlässigt.

* * *

Als europäische Entdeckungsreisende nach Indien kamen, fiel vielen von ihnen etwas Bemerkenswertes auf. Zwischen den indischen Sprachen und dem Altgriechischen und Latein, das man zu Hause in Europa unterrichtete, bestanden auffällige Gemeinsamkeiten. Sogar Ähnlichkeiten mit den Muttersprachen der Reisenden gab es. Der italienische Kaufmann Filippo Sassetti bemerkte beispielsweise, dass die Wörter für »Gott« und »Schlange« im Italienischen und der indischen Sprache Sanskrit besonders nah verwandt waren.

Als die Neuigkeit über die gemeinsamen Züge der Sprachen nach Europa gelangte, begannen Linguisten, sie zu untersuchen, und sie kamen zu dem Schluss, dass es nur eine logische Erklärung geben konnte: Die indischen und die europäischen Sprachen mussten denselben Ursprung haben. Irgendeine Ursprache, aus der sich diese Nachfahren entwickelt hatten.

Heute bezeichnen wir diese Sprachen als *indoeuropäische* oder *indogermanische Sprachen,* denn wir wissen, dass die Linguisten von damals recht hatten. Sprachen wie Dänisch, Deutsch und Latein bis hin zu Hindi, Urdu, Bengali und Sanskrit sind Nachfolger derselben Ursprache, die von einer kleinen Ansammlung von Volksgruppen gesprochen wurde, die große Teile der bekannten Welt auf brutale Art und Weise eroberten.

Wir wissen nicht, wie sich diese Volksgruppen selbst nannten, wir bezeichnen sie aber als Indoeuropäer oder Jamnaja. Ursprünglich hielten sie sich vor rund 5.000 Jahren auf den endlosen Grassteppen im Süden der Ukraine und Russlands auf. Dort führten sie ein Nomadenleben. Die Jamnaja waren die Ersten, die Pferde zähmten, und vom Rücken dieser Tiere aus hielten sie sich Nutztiere wie Kühe, Ziegen und Schafe, von denen sie sich ernährten. Es war ein freies Leben – sehr viel freier als das Bauernleben, das die meisten Menschen im restlichen Europa führten. Gleichzeitig war das Leben der Jamnaja durch unglaublich viel Gewalt geprägt. Diese Steppenvölker waren nämlich außergewöhnlich kriegerisch.

Das wissen wir durch eine ihrer wichtigsten Traditionen – das, was man *Kóryos* nannte. Dabei sammelte man die jungen Männer einer Volksgruppe und markierte ihren Übergang von der Kindheit ins Erwachsenenalter, ein wenig wie die Konfirmation oder Firmung heutzutage. Bei den Kóryos-Ritualen handelte es sich aber um Gottesopfer und schmerzvolle Zeremonien mit dem Zweck, dass die jungen Männer sich eine Zeit lang eine neue Identität zulegten – allerdings keine menschliche.

Die jungen Männer nahmen die Identität von Wölfen an: Sie wurden gewalttätig, impulsiv, verschlagen und brutal. Diese neue Identität erlaubte es der Kóryos-Gruppe, die üblichen Moralvorstellungen ihrer Gesellschaft zu missachten. Es war in Ordnung, zu stehlen, zu plündern und zu morden – jedenfalls, solange sich die jungen Männer nicht gegen ihre eigene Volksgruppe richteten. Nach dem Ritual wurden sie aus dem Territorium ihres Volks fortgeschickt, um sich selbst zu behaupten. Sie jagten wilde Tiere, um zu überleben, und als Teil ihrer neuen Wolfsidentität griffen sie andere Volksgruppen an und plünderten sie – sie stahlen Vieh, töteten die Männer der Orte, versklavten die Kinder und zwangen die Frauen zur Hochzeit oder Schlimmerem.

Wenn die Kóryos-Gruppe Erfolg mit ihren Raubzügen hatte, kehrte sie einige Monate oder Jahre später zu ihrem Volk zurück, und deren Mitglieder wurden als angesehene Bürger wieder in die Gesellschaft integriert. Mit ihren neu erworbenen Nutztieren, Frauen und ihrem Zusammenhalt konnte die Gruppe sich aber auch entschließen, einen eigenen Volksstamm zu gründen. In beiden Fällen erblickte bald darauf eine neue Generation junger Krieger das Tageslicht, und dann konnte das Spiel von vorn beginnen.

Ein Teil dieser Kóryos-Gruppen wurde im Zuge ihrer Angriffsversuche auf andere Stämme zweifelsohne stark dezimiert. Wir wissen aber auch, dass viele als Krieger erfolgreich waren. Unter anderem können wir anhand von archäologischen Funden sehen, dass sie sich innerhalb weniger Jahrhunderte von ihren Heimatgebieten aus bis in die entlegensten Regionen Europas im Westen und Indiens im Osten ausbreiteten.

In beiden Himmelsrichtungen stießen die Jamnaja-Krieger auf Gesellschaften, die selbst ebenfalls nicht ganz friedlich waren. Doch diesen brutalen Reiterkriegern konnten die Bauern nichts entgegensetzen. Wir können das so sicher sagen, weil unsere eigenen Gene es beweisen. Wenn Sie ethnisch gesehen europäisch, iranisch, afghanisch, pakistanisch oder indisch sind, dann zählen diese Krieger nämlich zu Ihren Vorfahren. Außerdem ziehen sich ihre Spuren durch unsere Geschichte. So wurden ihre Götter später sowohl zu den griechischen wie auch zu den römischen und nordischen Göttern, und in ganz Europa werden nach wie vor Sagen über Werwölfe erzählt – über Männer, die sich im Schein des Vollmonds in wolfsähnliche Wesen verwandeln und ihre Umgebung terrorisieren.

Die Traditionen der Jamnaja lassen sich auch bei den Wikingern entdecken, deren eigene Raubzüge eine offensichtliche Verbindung zur Kóryos-Tradition darstellen. Dort kamen besondere Sturmtruppen zum Einsatz, die man Berserker nannte. Diese Krieger trugen Wolfs- oder Bärenfelle und gingen in einem unkontrollierten, tranceartigen Blutrausch auf ihre Feinde los.

* * *

Doch nicht nur Europa und Indien haben eine brutale Vergangenheit. Auch im Rest der Welt haben sich andere Gruppierungen auf ganz ähnliche Weise gegenseitig ausradiert. Während das Jamnaja-Volk sich von den Steppen der Ukraine und Russlands aus verbreitete, tat eine andere Gruppe in Afrika beispielsweise das Gleiche. Es waren die Volksstämme, die wir Bantu nennen und die auf dem Gebiet des heutigen Kamerun lebten. Sie nutzten die gleiche Vorgehensweise wie die Jamnaja, um sich im Lauf der folgenden Jahrtausende über weite Teile Afrikas auszubreiten.

Heutzutage können wir glücklicherweise zum Supermarkt spazieren, ohne dabei von berittenen Männern in Wolfspelzen überfallen zu werden. Doch nach wie vor sehen wir weltweit kóryosähnliche Gruppierungen, die spontan in Form von Banden entstehen. Es ist nämlich nicht so, als hätten diese gewalttätigen Urvölker ein Verhaltensmuster von Grund auf neu erfunden. Nein, es liegt in der menschlichen Natur, dass junge Männer die aggressivsten und impulsivsten Mitglieder der Gesellschaft sind. Manche Psychologen sprechen dabei sogar vom *Young-Male-Syndrom*. Es beschreibt ziemlich treffend, dass junge Männer in sämtlichen Statistiken überrepräsentiert sind, die mit Gewalt und riskantem Verhalten zu tun haben.

Rund um den Globus sind es immer Männer zwischen dem Ende des Teenageralters und Anfang zwanzig, die am ehesten Gefahr laufen, wegen Gewaltverbrechen verurteilt zu werden. Dieselbe Altersgruppe ist im Übrigen auch unter Bandenmitgliedern, Selbstmordattentätern (der durchschnittliche Selbstmordattentäter ist ein 20-jähriger Mann), bei Verkehrsunfällen sowie bei Krankenhausaufenthalten nach Schlägen gegen eine Wand überrepräsentiert.

Verstehen Sie mich nicht falsch, das bedeutet nicht, dass junge Männer eine Horde gewalttätiger Verrückter wären. Trotz allem haben es die meisten von uns geschafft, sich weder einer kriminellen Gang anzuschließen noch eine arme Wand zu malträtieren. Der Punkt ist allerdings, dass junge Männer rein biologisch Impulse in sich tragen (wahrscheinlich aufgrund von

Testosteron), die ein solches Verhalten wahrscheinlicher machen. In grauer Vorzeit schürte man diese Impulse, während wir heute alles unternehmen, um sie in etwas Produktives und Friedliches umzuleiten. Beim Sport zum Beispiel, wo man sich stattdessen rennend um einen Ball streitet und jeder (weitestgehend) gesund und lebendig wieder nach Hause gehen kann. Der englische Schriftsteller George Orwell bezeichnete Sport einmal als »Krieg ohne Schießen«.

Dank des technologischen Fortschritts haben wir indessen einen neuen Weg gefunden, die gewalttätigen Elemente der menschlichen Natur umzulenken: Computerspiele.

Natürlich gibt es Computerspiele über so ziemlich alles zwischen Himmel und Erde. In vielen der beliebtesten Spiele sind Nachklänge der Kóryos-Traditionen aber nicht zu übersehen: Man spielt gemeinsam in einem Team, und das Ziel besteht darin, die Gegner zu töten oder alternativ sie in irgendeinem Wettbewerb zu besiegen.

* * *

Ab und zu stehen Computerspiele in der Kritik, gewalttätiges Verhalten hervorzurufen. Man kann sich ja durchaus vorstellen, dass Leute, die sich daran gewöhnen, auf einem Bildschirm zu plündern und zu töten, auch dazu neigen, sich in der realen Welt ganz ähnlich zu verhalten.

Daher haben Soziologen im Lauf der vergangenen Jahrzehnte erforscht, welchen Einfluss Gewaltspiele auf das Verhalten der Spieler haben. Obwohl man die Sache gründlich untersucht hat, gab es keinerlei Anzeichen für einen Effekt. Die besten Studien zeigen, dass Videospiele mit Gewaltinhalten uns im echten Leben nicht gewalttätiger machen. Zu dieser Erkenntnis kommt man eigentlich auch, wenn man sich in der Gesellschaft umschaut, denn Gewaltspiele sind wie gesagt äußerst beliebt. Wenn sie junge Menschen tatsächlich gewaltbereiter machen würden als früher, müsste sich das deutlich in den Kriminalitätsstatistiken niederschlagen. Dort zeigt sich aber ein gegenteiliges Bild. Heute werden weniger junge Menschen wegen Gewaltverbrechen verurteilt als noch vor zehn oder zwanzig Jahren.

Einen Hinweis auf das Warum kann uns eine interessante Studie aus den Niederlanden geben. Dabei untersuchten die Wissenschaftler, wie sich die Veröffentlichung einer neuen Ausgabe des Videospiels Grand Theft Auto (GTA) auf die Kriminalität im Land auswirkte. Falls Sie die GTA-Spielreihe nicht kennen: Man spielt darin einen Kriminellen, der diverse Missionen bewältigt und dabei andere Spielfiguren verprügelt, beraubt und Morde begeht. Wenn also eine große Anzahl an Personen ein solches Verhalten stundenlang am Bildschirm nachstellt, könnte man durchaus befürchten, dass es sie dazu inspiriert, das Gleiche in der echten Welt zu tun. In ihrer Studie fanden die niederländischen Forscher aber heraus, dass das exakte *Gegenteil* eintraf. Als das neue GTA-Spiel herauskam, sank die Kriminalitätsrate. Zum gleichen Ergebnis kamen auch amerikanische Forscher, die die Auswirkungen von Gewaltfilmen untersuchten. Dabei nutzten sie Einschätzungen zum Gewaltinhalt diverser angekündigter Kinofilme, um herauszufinden, ob derartige Filme zu einer steigenden Kriminalität in der Gesellschaft führen würden. Aber wieder sank die Kriminalitätsrate, als die betreffenden Filme in die Kinos kamen.

Grund dafür ist schlicht und ergreifend, dass wir uns nicht an zwei Orten gleichzeitig aufhalten können. Wenn Sie irgendjemanden in einem Computerspiel verdreschen, können Sie das nicht auch gleichzeitig in der echten Welt tun. Insbesondere junge Männer verbringen einen immer größeren Teil ihrer Freizeit online statt in der Gesellschaft anderer. 2009 trafen sich etwa dreiundsechzig Prozent der 15- bis 19-jährigen dänischen

Teenager wöchentlich mit ihren Freunden. Heute liegt dieser Wert nur noch bei achtunddreißig Prozent. (Junge Frauen verbringen ebenfalls weniger Zeit mit ihren Sozialkontakten, aber der Rückgang ist weniger heftig – von einundsiebzig auf sechzig Prozent). Eine ähnliche Entwicklung ist auch in Deutschland zu beobachten, wo sich 2002 noch zweiundsechzig Prozent der 12- bis 25-Jährigen regelmäßig mit Freunden trafen, 2019 waren es nur noch fünfundfünfzig Prozent. Trotzdem ist es nicht so, als hätten die jungen Männer ihre sozialen Kontakte aufgegeben oder verloren. Ein großer Teil des sozialen Beisammenseins findet heute online und dort insbesondere durch das Computerspielen statt.

Die stetig wachsende Zeit, die Jugendliche allein verbringen, ist dabei selbstverständlich kein rein dänisches Phänomen, sondern ist weltweit zu beobachten. Es trifft auch nicht ausschließlich auf Jugendliche zu, alle Mitglieder unserer Gesellschaft verbringen heute mehr Zeit allein und zu Hause als früher. Studien aus den USA lassen erkennen, dass Menschen vierzig Prozent weniger Zeit mit anderen verbringen als noch vor zehn Jahren. Und das etwa nicht, weil sie zu Hause säßen und die Wand anstarrten, sondern weil unsere soziale Zeit und sozialen Bedürfnisse in immer höherem Grad in andere Unterhaltungsformen umgeleitet werden. Können Ihre echten Freunde zum Beispiel den unterhaltsamsten parasozialen »Freunden« auf YouTube oder Netflix das Wasser reichen? Sind Ihre gemeinsamen Aktivitäten genauso stimulierend wie die Dinge, die in einem Computerspiel vor sich gehen?

All die Zahlen, die wir uns nun angesehen haben, belegen, dass die digitalen Technologien auf dem besten Weg sind, über die Realität zu siegen. Darin lässt sich ebenso eine mögliche Erklärung für einige der anderen sozialen Probleme finden, die uns begegnet sind. Erinnern Sie sich zum Beispiel daran, dass es inzwischen mehr Singles als je zuvor gibt und dass wir viel weniger Sex haben. Eine mögliche Ursache dafür haben wir in Dating-Apps und Pornos ausgemacht. Eine etwas weiter gefasste Erklärung dafür könnte aber sein, dass wir uns generell viel weniger in der Gesellschaft bewegen, und diese Medaille hat zwei Seiten: Wenn wir uns seltener mit anderen Menschen treffen, kommt es seltener zu negativen Interaktionen zwischen uns wie beispielsweise Gewalt. Gleichzeitig nehmen aber auch die positiven Interaktionen in Form von Freundschaften, Beziehungen und Sex ab.

Unser digitales Leben

In einer großangelegten britischen Studie versuchten Forscher herauszustellen, was uns im Alltag Freude bereitet.

Dazu entwarfen sie eine Smartphone-App, die die mehreren Tausend Versuchsteilnehmer zu zufälligen Tageszeiten fragte, was sie gerade täten und wie glücklich sie sich zum betreffenden Zeitpunkt fühlten. Wenig überraschend zeigte sich, dass Menschen sich besonders glücklich fühlen, nachdem sie Sex hatten, sich mit Freunden trafen oder Veranstaltungen wie Sportevents oder Konzerte besuchten.

Am anderen Ende der Zufriedenheitsskala befanden sich Aktivitäten wie: in einer Warteschlange stehen, krank im Bett liegen, Haushaltspflichten erledigen – und: Zeit mit sozialen Medien verbringen. Ausgehend von dieser Studie könnte man also glauben, wir würden uns dieselben Ausreden einfallen lassen, um sozialen Medien aus dem Weg zu gehen, wie wir es auch beim Abwasch tun. Doch man kann nicht gerade behaupten, dass dem so wäre.

Etwas mehr als anderthalb Jahrzehnte sind vergangen, seit Steve Jobs das erste iPhone präsentierte und uns die Möglichkeit eröffnete, dauerhaft online zu sein. Innerhalb dieser kurzen Zeit sind wir an den Punkt gelangt, dass achtzig Prozent der globalen Bevölkerung inzwischen ein Smartphone besitzen. Das sind mehr Menschen als diejenigen, die Zugang zu einer Toilette haben. Wenn Sie sich das aktuelle Straßenbild einmal ansehen, fällt deutlich auf, dass unsere Handys nicht unbenutzt in irgendeiner Ecke liegen. Man weiß nicht genau, wie oft wir sie im Schnitt nutzen, aber die besten Schätzungen deuten darauf hin, dass wir mindestens fünf Stunden am Tag mit ihnen verbringen.

Natürlich variieren diese Zahlen von Land zu Land, aber nicht so sehr, wie man denken könnte. Überraschenderweise findet man die bildschirmeifrigsten Bevölkerungen nicht in Industrieländern wie Dänemark oder Deutschland, sondern in Ländern wie den Philippinen, Brasilien und Südafrika. In erster Linie liegt das wahrscheinlich daran, dass der Altersdurchschnitt in diesen Gesellschaften generell jünger ist als bei uns; für gewöhnlich sind die Geburtenraten in weniger entwickelten Ländern höher, weshalb ein größerer Teil der Gesellschaft aus Kindern und Jugendlichen besteht. Das wiederum wirkt sich auf den Durchschnitt hinsichtlich der Bildschirmzeit aus, weil die jüngeren Generationen im Schnitt am meisten vor dem Bildschirm hängen.

Wenn wir uns die Zahlen für die gesamte Internetnutzung ansehen, liegt der Schnitt bei den 55- bis 64-Jährigen bei ungefähr fünf Stunden täglich. In der Altersgruppe von 44 bis 54 sind es sechs, zwischen 25 und 34 sieben, und acht Stunden bei den 16- bis 24-Jährigen (für Deutschland lassen sich ähnliche Zahlen finden). Dabei ist klar, dass ein Teil der Internetnutzung unter die Computerzeit am Arbeitsplatz fällt. Ungefähr die Hälfte der Bildschirmzeit fällt aber auf dem Handy an, und was könnte dort wohl die beliebteste Aktivität sein?

Soziale Medien natürlich, und das ist alles andere als ein Zufall. Denn die sozialen Medien sind die am besten geölte Superstimuli-Maschine von allen.

* * *

In den 1950er-Jahren führte der Psychologe B. F. Skinner einige bahnbrechende Versuche über das Verhalten von Tieren durch, deren Ziel es war, zu untersuchen, wie das Belohnungssystem des Gehirns funktioniert. Für seine Experimente baute Skinner kleine Käfige, die wir heute als *Skinner-Boxen* kennen. Ihr Aufbau erinnert an die Versuche, bei denen Ratten sich elektrisch selbst stimulierten. In einer Skinner-Box befindet sich ein kleiner Knopf oder ein Hebel, der einen Futterspender auslöst, wenn das Versuchstier ihn betätigt.

Wenn die neugierigen Mäuse und Ratten in eine solche Box gesetzt werden, dauert es meist nicht lange, bis sie den kleinen Knopf zufällig betätigen und eine Futterbelohnung erhalten, woraufhin das Dopaminsystem bekanntermaßen für den Rest sorgt. Nach kurzer Zeit haben die Tiere gelernt, dass sie kleine Snacks bekommen, wenn sie den Knopf in ihrem Käfig drücken, weshalb sie das tun, sobald sie hungrig sind.

Skinner interessierte sich jedoch nicht nur dafür, inwiefern seine Versuchstiere den Zusammenhang zwischen dem Knopf und der Futterbelohnung begriffen. Er wollte ebenso herausfinden, wie Tiere auf verschiedene Belohnungs*muster* reagierten. Daher begann er, sein Experiment zu variieren, sodass nicht mehr jeder Druck auf den Knopf zu einer Futterbelohnung führte. Auch die Größe der Belohnung variierte er, manche Futterstücke waren groß, andere kleiner.

Man könnte denken, dass die Testtiere sich dann am meisten für den kleinen Knopf interessierten, wenn sie mit Sicherheit wussten, dass etwas Positives geschah, sobald sie ihre Pfote darauflegten. Doch zu seiner Überraschung stellte Skinner fest, dass dieser Fall nicht eintrat. Es zeigte sich vielmehr, dass die Tiere bedeutend engagierter waren, wenn Skinner ein abwechselndes und unvorhersagbares Muster anwendete: Manchmal gab es eine Futterbelohnung, manchmal nicht, und ab und zu löste der Druck auf den Knopf einen Jackpot in Form eines großen Futterstücks aus. Diese Unvorhersehbarkeit brachte die Tiere dazu, sich zwanghaft zu verhalten. Sie gaben sämtliche anderen Aktivitäten auf, um stattdessen wieder und wieder auf den kleinen Knopf zu drücken, in der Hoffnung, so die ganz große Belohnung auszulösen. Wenn wir an das Kapitel über Dopamin zurückdenken, verstehen wir ein wenig, warum die Tiere dieses Verhalten zeigten. Wie Sie wissen, wird Dopamin ausgeschüttet und verstärkt die Verhaltensweisen, die wir ausüben, kurz bevor wir eine *unerwartete* Belohnung erhalten. Dieser Mechanismus sorgt dafür, dass wir lernen, wie wir uns die – wie auch immer geartete – Belohnung mit Sicherheit beschaffen können. Bei einem absolut willkürlichen Belohnungssystem ist es jedoch unmöglich vorherzusehen, wann die Belohnung eintritt. Dies hat wiederum zur Folge, dass die Dopaminausschüttung nicht gestoppt wird. Stattdessen wird das Verhalten unmittelbar vor der eventuellen Belohnung – also das Betätigen des Knopfes – einfach immer weiter verstärkt.

Wenn bei Ihnen nun etwas klingelt, dann ist das nicht verwunderlich. Das Wort »Jackpot« habe ich vorhin nicht zufällig benutzt, denn genau dieses Wissen findet in Kasinos Anwendung. Ein einarmiger Bandit ist in Wahrheit nichts anderes als eine Skinner-Box für Menschen. Zwar besteht die Belohnung hier aus Geld und nicht aus Futter, aber im Prinzip geht es immer noch darum, einen Hebel oder einen Knopf zu betätigen. Auch der zu beobachtende Effekt ist der gleiche wie bei den Nagetieren: ein beinahe zombiehafter Zustand, in dem Leute ein und dieselbe Bewegung permanent wiederholen.

In so gut wie jeder anderen Situation würden sich Menschen zu Tode langweilen, wenn sie stundenlang immer wieder an einem Hebel ziehen müssten. Stellen Sie sich nur einmal vor, wir würden eine Spielhalle besuchen und den Menschen vor den Automaten stattdessen einen Job in einer Fabrik anbieten. Dort müssten sie exakt dieselbe Bewegung ausüben wie an dem einarmigen Banditen, einfach wieder und wieder an einem Hebel ziehen. Im Gegenzug würden wir sie dafür bezahlen, sodass sie sicher sein könnten, ökonomisch davon zu profitieren.

In einem Kasino wird man unweigerlich Geld verlieren, wenn man lange genug spielt, denn alle Spiele sind auf den Vorteil des Kasinos ausgelegt. In unserer Fabrik bekämen die Glücksspieler aber eine Belohnung in Form eines festen Gehalts. Trotzdem ahnen Sie sicherlich bereits, dass die allermeisten unser Angebot umgehend ablehnen würden. Es klingt einfach sterbenslangweilig, in irgendeiner Fabrikhalle zu sitzen und an einem Hebel zu ziehen. Daran erkennen Sie, wie stark sich ein unvorhersehbares Belohnungsmuster auf unsere Psyche auswirkt. Leute sind sogar bereit, dafür zu bezahlen.

Genau aus diesem Grund ist die Glücksspielindustrie auch so unglaublich lukrativ. Trotzdem ist sie nur ein kleiner Fisch im Vergleich zu der Industrie, die es *wirklich* verstanden hat, unsere psychologischen Schwachstellen auszubeuten – ich rede von den sozialen Medien.

* * *

Es ist kein Geheimnis, dass die Struktur von sozialen Medien von Skinner und anderen Psychologen inspiriert ist. Facebooks erster Präsident Sean Parker beschreibt die frühen Tage von Social Media folgendermaßen: »Als diese Plattformen erfunden wurden – Facebook als die erste –, galt die Strategie: ›Wie können wir möglichst viel deiner Zeit beanspruchen und dabei deine höchstmögliche Aufmerksamkeit bekommen?‹«

Und er sagt weiter: »Es geht darum, den Nutzern ab und zu kleine Dopamin-Kicks zu verpassen, durch einen Post oder etwas Ähnliches. Das regt einen an, mehr Inhalte beizutragen, wodurch man mehr Likes und Kommentare bekommt ... Es ist eine Schleife der sozialen Bestätigung und genau die Art von

Erfindung, die sich ein Hacker wie ich selbst ausdenken würde, da es eine Schwäche in der menschlichen Psychologie ausnutzt. Uns Erfindern, also mir, Mark [Zuckerberg; Anm.], Kevin Systrom von Instagram und all diesen Leuten war das durchaus bewusst, aber wir haben es trotzdem getan.«

Ursprünglich lernten einige der Schlüsselfiguren der sozialen Medien diese Tricks im Rahmen ihres Studiums kennen. An der Stanford University mitten im Herzen des Silicon Valley wird zum Beispiel ein Kurs mit dem Titel *Persuasive Technology*« angeboten, in dem Skinners Versuche an Ratten und Mäusen natürlich zum Lehrstoff zählen.

Tricks sind ein elementarer Bestandteil der Geschichte darüber, wie die sozialen Medien die reichsten und mächtigsten Unternehmen der Weltgeschichte hervorbrachten, und daran hat sich bis heute nichts geändert. Im Gegenteil, die großen Techkonzerne beschäftigen heute ganze Heere bestehend aus den klügsten Köpfen der Welt, von denen viele noch immer das gleiche Ziel verfolgen, das Parker beschrieben hat: die Nutzer dazu zu bringen, so viel Zeit wie möglich mit einem Medium zu verbringen.

Wie Sie wahrscheinlich wissen, erzielen die sozialen Medien ihre Einnahmen durch Werbung. Je mehr Zeit Sie also auf Facebook, Instagram, LinkedIn und so weiter verbringen, desto mehr Werbung können sie Ihnen zeigen, und desto mehr Geld verdienen sie. Solange Sie online sind, klingelt die Kasse, aber sobald Sie die App schließen, versiegt der Geldstrom. Daraus folgt, dass insbesondere eine Frage viele, viele, viele Milliarden Dollar wert ist: Wie bekommt man Sie dazu, so lange wie nur irgendwie möglich auf Ihren Bildschirm zu schauen?

Die Antwort darauf finden wir in Skinners Forschungsergebnissen. Denn wenn man ein unvorhersehbares Belohnungsmuster nutzen kann, um Menschen freiwillig stundenlang an einem Hebel ziehen zu lassen, dann sollte es ein Leichtes sein,

Sie mit demselben Prinzip dazu zu bringen, die Zeit zu vergessen, wenn Sie am Handy sind.

In diesem Fall besteht die Belohnung jedoch weder aus Geld noch aus Leckerlis, sondern aus etwas anderem, nach dem wir Menschen uns instinktiv sehnen, nämlich sozialer Anerkennung.

* * *

Diese Anerkennung für die Nutzer und Nutzerinnen dosieren die sozialen Medien über die Like-Funktion. Dabei variiert die Anerkennung von Beitrag zu Beitrag, weshalb Sie sich gut vorstellen können, dass eine Skinner-ähnliche Situation entsteht, in der die Unvorhersehbarkeit die Nutzer dazu motiviert, mehr Beiträge und Posts zu verfassen.

Studien belegen beispielsweise, dass unser Verhalten auf Instagram davon beeinflusst ist, welche Resonanz unser letzter hochgeladener Post hatte. Wenn die neuesten Bilder von Usern viele Likes bekommen haben, laden diese Personen im Anschluss öfter Beiträge hoch. Gerüchten zufolge nutzen die Algorithmen der sozialen Medien den Jackpot-ähnlichen Effekt, um sicherzustellen, dass unsere Beiträge am Anfang, wenn wir also gerade ein Konto eingerichtet haben oder wenn wir eine Zeitlang nicht aktiv waren, eine große Reichweite bekommen. Je mehr Nutzer und Nutzerinnen nämlich unsere Beiträge sehen, desto größer unsere Chance auf viele Likes, und das wiederum lässt uns schneller wieder nach einem weiteren Erfolg durch einen neuen Post jagen.

Es fällt schwer, keine Bewunderung dafür zu zeigen, wie clever dieses Design ist. Denn die sozialen Medien bekommen uns nicht nur an den Haken, indem sie die Menge an sozialer Anerkennung dosieren; nein, sie lassen uns auch noch für sie arbeiten. Als User lernen wir schnell, dass nicht jede Art von Content gleich stark belohnt wird, und strengen uns daher an, besonders spannende Inhalte zu produzieren. Zeitungen oder Magazine müssen Menschen für solche Arbeiten bezahlen – Autoren, Redakteure und so weiter. Indem die sozialen Medien ihren Lohn aber in Form von Anerkennung ausschütten, sparen sie ein Vermögen. Ihr Geschäftsmodell würde niemals funktionieren, wenn sie für die Inhalte, die die Userinnen und User zu sehen bekommen, tatsächlich selbst Geld bezahlen müssten.

Die Inhalte an sich üben sogar eine noch größere Anziehungskraft aus als die soziale Anerkennung, denn die soziale Anerkennung geht größtenteils nur an eine kleine Zahl von Nutzern. Die allermeisten Nutzerinnen und Nutzer von sozialen Medien posten nur sehr selten Beiträge, obwohl sie Stunden mit Scrollen zubringen. Als Faustregel gilt, dass zwischen einem und zehn Prozent der Nutzer und Nutzerinnen für den Löwenanteil des online zu sehenden Inhalts verantwortlich sind. Der Rest besteht weitestgehend aus passiven Usern und Userinnen.

Ein soziales Medium besteht grob gesagt also aus zwei Gruppen: einer produzierenden und einer konsumierenden. Die Produzierenden hält man bei der Stange und regt sie zum Produzieren an, indem man sie mit sozialer Anerkennung belohnt. Die Konsumierenden hingegen – die größere Gruppe, die nur selten Beiträge online stellt – muss auf eine andere Weise eingefangen werden.

Das gelingt den sozialen Medien mit einer Strategie, die uns bereits bekannt ist. Erinnern Sie sich an den Buffeteffekt? Also den Mechanismus, der dazu führt, dass wir uns bei einem Buffet übernehmen? Oder an den Coolidge-Effekt? Den Mechanismus, bei dem neue Sexualpartner die sexuelle Begierde neu entfachen?

Für die Inhalte von sozialen Medien gilt ein ganz ähnliches Prinzip. Zuerst sehen Sie ein Katzenvideo. Dann einen politischen Post (dem Sie inhaltlich zustimmen). Danach kommt eventuell irgendeine lustige Anekdote und dann eine aktuelle Nachricht. Jedes Thema für sich würde schnell langweilig werden, wenn der gesamte Inhalt aus ähnlichen Beiträgen bestünde. Indem sie Ihnen aber ein digitales Buffet vorsetzen, schieben die sozialen Medien das Gefühl der Langeweile auf und bringen Sie so dazu, mehr Zeit mit dem jeweiligen Medium zu verbringen. Und genau darum geht es ihnen schließlich.

So hat das Modell der sozialen Medien aber nicht immer ausgesehen. Vielleicht erinnern Sie sich noch daran, dass die sozialen Medien am Anfang ausschließlich Beiträge Ihrer Freunde und von Organisationen angezeigt haben, denen Sie gefolgt sind. Nun hat sich aber herausgestellt, dass Hanne aus dem Gymnasium und Jens von der Arbeit nicht unbedingt die Besten darin sind, Beiträge zu erstellen, die Ihre Aufmerksamkeit erregen. In dem Bestreben, Sie an den Bildschirm zu fesseln, sind die meisten sozialen Medien daher dazu übergegangen, stattdessen ein Buffet mit Inhalten aus den unterschiedlichsten Konten zusammenzustellen. Auf Instagram sehen Sie zum Beispiel nicht mehr nur Bilder von Personen, die Sie kennen, sondern auch massenweise beliebte Bilder von Konten, denen Sie gar nicht folgen. Auf LinkedIn stammen die Beiträge in Ihrem Feed nicht allein von Kontakten aus Ihrem Netzwerk, es sind auch beliebte Posts von Konten dabei, mit denen Sie nicht verbunden sind.

Die sozialen Medien haben also herausgefunden, dass Sie die Inhalte, die Sie am längsten in den Bann ziehen, nicht immer selbst auswählen. Deshalb übernehmen die sozialen Medien diese Entscheidungen für Sie. Um das tun zu können, sammeln sie riesige Datenmengen, während Sie sich durch die Beiträge scrollen.

Dieses Datensammeln lässt manche Leute bisweilen protestieren und nach Einschränkungen rufen, um ihr Privatleben zu schützen. Aber viele zucken bloß mit den Schultern. Denn solange man nichts Illegales tut, ist es doch kein Problem, wenn die Konzerne etwas über einen wissen, oder?

Allerdings tragen die sozialen Medien keine Informationen über Sie zusammen, um herauszufinden, wo Sie wohnen, damit sie die Nachttischlampe Ihrer Uroma klauen können. Sie sammeln diese Daten über Sie, weil es ihnen hilft, sich Ihre Aufmerksamkeit zu sichern. In derselben Sekunde, in der Sie die App öffnen, beginnt die Analyse: Wie lange haben Sie sich Beitrag A angesehen? Wie sieht es mit Beitrag B aus? Haben Sie auf das Bild geklickt oder nicht? Wie lange haben Sie die App genutzt? Was haben Sie als Letztes gesehen, bevor Sie die App geschlossen haben? Und so weiter und so fort.

Mit all diesen Informationen wird ein Algorithmus gefüttert, der durch maschinelles Lernen herausfinden soll, wie genau man Sie länger an den Bildschirm fesseln kann. Wenn Sie einen Beitrag schnell weiterwischen oder die App schließen, lernt der Algorithmus, dass er Ihnen in Zukunft weniger Beiträge dieses Typs zeigen soll. Wenn Sie dagegen bei einem Post innehalten, ihn liken oder sogar an einen Freund oder eine Freundin schicken, weiß der Algorithmus, dass er Ihnen in Zukunft mehr davon zeigen muss. Wenn Sie ein soziales Medium nutzen, trainieren Sie es darin, wie man Ihre ganz individuelle Aufmerksamkeit am allerbesten einfängt.

Diese Informationen können mit den Informationen über die vielen Millionen anderer Nutzer ergänzt werden. Der Algorithmus sucht nämlich nach anderen Personen, die sich auf die gleiche Weise verhalten wie Sie. Deren Verhalten kann wiederum genutzt werden, um Ihre Reaktion auf verschiedene Beiträge vorherzusagen. Wenn sich zum Beispiel zeigt, dass Sie und ich dazu neigen, ähnlich auf verschiedene Inhalte zu reagieren, kann der Algorithmus mein Verhalten nutzen, um darüber zu entscheiden, welche Beiträge Sie zu sehen bekommen. Hat er einmal registriert, dass mich irgendein Hundevideo begeistert hat, wird er es Ihnen ebenfalls zeigen, weil Sie wahrscheinlich auf die gleiche Weise reagieren werden.

Umgekehrt kann es sein, dass ich an einem Post über Astrologie schnell vorbeiscrolle, weshalb der Algorithmus Ihnen nicht anzeigt, dass der Neumond den Beginn einer neuen und introvertierten Phase Ihres Lebens markiert.

* * *

Wenn die sozialen Medien Sie erst einmal zum Scrollen bekommen haben, dann geht es darum, Ihre Aufmerksamkeit ja nicht zu verlieren.

Deshalb sind die verschiedenen sozialen Medien auch auf eine Weise gestaltet, dass Sie so widerstandslos wie möglich scrollen können. Jede noch so winzige Pause bietet nämlich eine Möglichkeit, es sich anders zu überlegen. Wenn irgendetwas Ihren Fluss beim Scrollen stört, fällt Ihnen vielleicht ein, dass Sie eigentlich etwas ganz anderes tun wollten. Für die sozialen Medien geht es also darum, Sie in der Art von Schleife gefangen zu halten, die wir von Glücksspielsüchtigen kennen, die sich an einen Spielautomaten setzen. Der zombieähnliche Zustand, in dem Userinnen und User das Gefühl für Raum und Zeit verlieren.

Eine der Arten, mit denen die sozialen Medien unser Erlebnis so störungsfrei gestalten, ist der Einsatz des sogenannten endless scrolling. Möglicherweise erinnern Sie sich noch, dass man irgendwann einmal das Ende einer Seite erreichen konnte und sich dann manuell auf die nächste klicken oder die Seite neu laden musste. Mit dem endlosen Scrollen wird die Seite aber dauerhaft neu geladen, sodass Sie nie selbst aktiv werden müssen. Stattdessen wird Ihnen ein endloser Feed präsentiert, in dem die Beiträge niemals ausgehen und der Ihren Flow-Zustand nicht unterbricht.

Das endlose Scrollen ist so effektiv, dass Aza Raskin, der dieses Feature seinerzeit erfand, sich öffentlich dafür entschuldigt hat. Unter anderem sagt er: »Ich bereue, dass ich nicht gründlicher darüber nachgedacht habe, wozu dieses Ding benutzt werden würde ... Die Geschichte, die wir uns alle gegenseitig erzählten, dass wir die Welt durch Technologie zu einem besseren Ort machen würden, diese Geschichte ist widerlegt. Ich kann selbst nicht mehr daran glauben.«

Später hat Raskin eine neue Organisation mitbegründet, das Center for Humane Technology. Mit den anderen Gründern versucht er, die Macht von den sozialen Medien zurückzuerobern. Einer der anderen Gründer ist Tristan Harris, den Sie vielleicht aus dem Dokumentarfilm *Das Dilemma mit den sozialen Medien* kennen, in dem eine Gruppe Ingenieure und Jungunternehmer aus dem Silicon Valley in einen Krieg gegen das Monster ziehen, das sie selbst mit erschaffen haben.

Überhaupt ist es ziemlich auffallend, dass Menschen, die die sozialen Medien von innen kennen, diese selbst tendenziell meiden. Ein anderes Beispiel ist der Unternehmer Tim Kendall, einer der Erfinder des werbebasierten Geschäftsmodells von Facebook; also des Geschäftsmodells, das die Schuld daran trägt, dass das größte Ziel von Facebook darin besteht, so viel Aufmerksamkeit wie möglich zu verschlingen, um möglichst viel Werbung schalten zu können. Heute betreibt Tim Kendall die App Moment, die Menschen ausgerechnet dabei helfen soll, ihre Nutzung von sozialen Medien einzuschränken. Die *New York Times* berichtet über Arbeitnehmer im Silicon Valley sogar, dass sie ihren Babysittern strengstens auftragen, die Kinder von Bildschirmen fernzuhalten. Gleiches wissen wir auch von Steve Jobs, der seinen eigenen Kindern verbot, iPads zu benutzen. Nicht gerade das gesündeste Anzeichen, dass die Menschen, die ihre Arbeitszeit darauf verwenden, die digitalen Zeiträuber zu entwickeln und zu betreiben, selber mit Zähnen und

Klauen vermeiden wollen, dass ihre eigenen Kinder diesen Dingen ausgesetzt werden.

Zu ihrer Verteidigung ist natürlich festzuhalten, dass vor zehn bis fünfzehn Jahren wohl nur den allerwenigsten bewusst war, was sie da gerade eigentlich erschufen. Die Erfindung einer kleinen App und psychologische Tricks, die sie an der Universität gelernt haben, um die ersten Nutzer zu gewinnen und sie an sich zu binden, ist eine Sache. Etwas völlig anderes ist es, plötzlich die Macht darüber zu haben, wie Milliarden von Menschen ihre Freizeit verbringen, politische Meinungen bilden und ihr Sozialleben führen. Man muss sich wenigstens darüber freuen, dass manche der Beteiligten nun selbst an vorderster Front dafür kämpfen, die negativen Nebenwirkungen ihrer Produkte einzudämmen.

Ironischerweise bedeutet das aber auch, dass man niemand Besseren als eben diese Insider aus dem Silicon Valley fragen kann, wenn wir nach einem Rat suchen, wie wir unser eigenes Social-Media-Verhalten besser unter Kontrolle bekommen. Tristan Harris hat zum Beispiel einen etwas alternativen Tipp auf Lager, der aber der wohl effektivste ist, den ich bislang kennengelernt habe.

Allerdings müssen wir dafür zuerst ein paar Millionen Jahre in die Vergangenheit reisen.

* * *

Wie jede gute Geschichte beginnt auch diese im Zeitalter der Dinosaurier. Damals lebten die ersten Säugetiere: kleine Eichhörnchen ähnliche Wesen, die in erster Linie nachts aktiv waren. Daraus kann man ihnen nicht unbedingt einen Vorwurf machen, wenn tagsüber überall riesige fleischfressende Echsen herumstapften.

Nachts ist es allerdings nicht sonderlich notwendig, zwischen Farben zu unterscheiden, weshalb diese frühen Säugetiere nur eine schlechte Farbwahrnehmung hatten. Stattdessen nutzen sie ihre Geruchs- und Hörsinne zur Orientierung, um Nahrung zu finden und Fressfeinden aus dem Weg zu gehen.

Obwohl seitdem Millionen von Jahren vergangen sind, lässt sich diese Anlage noch bei vielen heute lebenden Säugetieren erkennen. Die meisten von ihnen haben nämlich eine dichromatische Farbwahrnehmung. Sie sehen die Welt zwar nicht in Schwarz-Weiß, aber sie ist weniger bunt als die, die wir Menschen sehen. Ein Beispiel dafür sind Hirsche und Wildschweine, die aus diesem Grund keinen Unterschied zwischen Grün und Orange erkennen können. Für sie sehen diese Farben gleich aus. Deshalb hat einer ihrer größten Raubtierfeinde – der Tiger – ein orangefarbenes Fell entwickelt. Aus Sicht der Beutetiere ist der Tiger vor einem grünen Hintergrund einfach perfekt getarnt.

Wir Menschen sehen nicht dichromatisch, sondern trichromatisch. Die Vorsilben di- und tri- verweisen dabei auf die Anzahl eines bestimmten Zelltyps auf der Netzhaut des Auges, sogenannte Zapfenzellen. Diese Zellen fangen die Farben ein, und wir Menschen haben also drei Sorten davon. Die erste nimmt bläuliche Farben wahr, die zweite Grüntöne und die dritte Rottöne. Dadurch können wir besser zwischen Farben unterscheiden als die meisten anderen Säugetiere. In unseren Augen sind Grün und Orange folglich nicht dieselbe Farbe.

Unsere gute Farbwahrnehmung teilen wir mit anderen Primaten und haben sie wahrscheinlich aus demselben Grund entwickelt wie unsere Vorliebe für Süßes. Die ersten Primaten ernährten sich von Früchten im Regenwald, und kräftige Farben gaben zu erkennen, dass eine Frucht reif und somit essbar war.

Ein Effekt, der sich von diesem Instinkt ableitet, ist dabei, dass Primaten von kräftigen Farben angezogen werden, und wie bei unseren anderen Instinkten auch ist dieser Umstand nicht an der Superstimuli-Maschine der sozialen Medien vorübergegangen. Die Farben in der digitalen Welt sind sowohl schärfer als auch auffälliger als in der realen Welt (und das wohlgemerkt, obwohl wir schon die echte Welt mit allen erdenklichen Farben aufgehübscht haben, um unsere Sinne zufriedenzustellen).

Besonders deutlich bekommen wir das zu spüren, wenn wir unseren Bildschirm einmal auf Schwarz-Weiß umstellen. Denn mehr ist tatsächlich gar nicht nötig, um unser Handy gähnend langweilig zu machen. Ja, auf Dauer macht es einen fast schon depressiv, auf das Display zu schauen, wenn dort keine Farben zu sehen sind. Für viele ist das vielleicht keine langfristige Lösung, aber ich jedenfalls habe die Erfahrung gemacht, dass ein schwarz-weißes Handy ungemein hilft, sich nicht so leicht ablenken zu lassen, wenn man ein Buch fristgerecht abgeben und seinen Verleger glücklich machen will.

Farbenprächtige Vögel

Wir Menschen können Farben besser wahrnehmen als viele andere Säugetiere, aber im Vergleich zu Vögeln sind wir trotzdem so gut wie farbenblind.

Die meisten Vögel verfügen nämlich über eine tetrachromatische Farbwahrnehmung. Das heißt, sie haben vier Arten von Zapfenzellen und damit eine mehr als wir Menschen und zwei mehr als die meisten Säugetiere. Darüber können Sie ja das nächste Mal nachdenken, wenn die Vögel vor Ihrem Schlafzimmerfenster zwitschern. Vielleicht tratschen sie über die fürchterliche Farbkombination Ihres Outfits, weil Sie die Unterschiede zwischen den Tönen nicht so gut erkennen wie sie. Ebenso wie wir uns darüber wundern, dass für ein Wildschwein Grün und Orange ein und dieselbe Farbe sind.

Vögel sind überhaupt die Farbexperten der Natur schlechthin, und obwohl sich viele von ihnen mit grauen und bräunlichen Nuancen tarnen, finden wir unter unseren gefiederten Freunden die farbenprächtigsten Tiere der Welt. Denken Sie nur an das Rad eines männlichen Pfaus; etwas Bunteres und Strahlenderes werden Sie in der biologischen Welt kaum finden.

Dabei hat der Schwanz beziehungsweise die Schleppe des Pfaus gar keine physische Funktion, sondern dient allein dazu, den Weibchen mit den tollen Farben zu imponieren. Die Nachricht lautet in etwa: »Sieh mal, wie gesund und stark ich bin. Ich bin so überlegen, dass ich dich mit meinen hübschen Farben betören kann, statt mich wie ein Feigling vor Raubtieren zu verstecken.«

Geht alles gut, sind die Weibchen tatsächlich beeindruckt und paaren sich mit dem Männchen. Wenn nicht, erregt der Schwanz womöglich die Aufmerksamkeit eines Tigers, und der Pfau endet stattdessen als hübsch verziertes Abendessen.

* * *

Was als Vanilleeis anfängt, wird am Ende fast immer zu Vanilleeis mit Erdnussbutter, Schokoladensplittern und Karamellsoße, und das Gleiche gilt auch für soziale Medien. Über die ersten Eskalationsstufen haben wir bereits gesprochen: die Like-Funktion, das unendliche Scrollen und den Übergang von Freundegeneriertem Inhalt zu einem digitalen Buffet.

Doch die Entwicklung ist noch immer im Gange, und der neueste Spross am Eskalationsstamm ist das in China entwickelte TikTok.

Seit Ende der 2010er-Jahre hat TikTok die anderen sozialen Medien praktisch weggefegt, denn dort hat man eine noch effektivere Methode entwickelt, um sich die Aufmerksamkeit der Nutzerinnen und Nutzer zu sichern. Ja, TikTok war damit so erfolgreich, dass alle anderen sozialen Medien dieses Design nach und nach in Form von Instagram Reels, Facebook Reels, YouTube Shorts und Snapchat Spotlight kopiert haben.

Der Erfolg von TikTok gründet sich darauf, dass es dem Medium an mehreren Fronten gelungen ist, die Superstimuli-Maschine auf das nächste Level zu heben. Der eigentliche Inhalt der App besteht aus kurzen Videoclips, die unter anderem mit Musik und diversen Effekten unterlegt werden. Dabei sind nie ganze Songs zu hören, sondern nur die allerbesten Abschnitte, die weniger interessanten Parts wurden also entfernt.

Statt ein Video, das Sie sich ansehen wollen, selbst auszuwählen, spielt die App automatisch eines ab, sobald Sie sie öffnen. Damit wird der letzte Rest Widerstand, der durch das Fällen eigener Entscheidungen entsteht, aus dem Weg geräumt. Sie erinnern sich bestimmt daran, dass viele Wahlmöglichkeiten uns Entscheidungen im Allgemeinen erschweren. Unter diesem Problem leiden andere Videodienste wie Netflix und YouTube. Nicht selten verlässt man den Dienst am Ende, ohne einen Film oder ein Video ausgewählt zu haben, weil es so schwerfällt, sich zu entscheiden. Indem TikTok die Videos einfach automatisch abspielt, vermeidet es ein direktes Aussteigen der Nutzer und Nutzerinnen. Natürlich kommt es vor, dass der erste Clip nicht der Hit ist, aber durch einen schnellen Swipe kann der Nutzer leicht zum nächsten Video wechseln. Tatsächlich fordert TikTok seine User zu keinem Zeitpunkt auf, selbst etwas zu unternehmen, um Inhalte angezeigt zu bekommen. Der Algorithmus bestimmt alles und präsentiert es in einem unendlichen Feed.

TikTok ist mit dieser Strategie deshalb so erfolgreich, weil der videobasierte Aufbau der App zur Folge hat, dass Sie immer nur einen Beitrag auf einmal sehen können. Bei traditionellen sozialen Medien zeigt der Bildschirm üblicherweise mehrere Beiträge an, wodurch sich schwerer feststellen lässt, was genau Ihre Aufmerksamkeit fesselt. Ist es die politische Brandrede ganz oben auf der Seite? Die Urlaubsfotos Ihrer Kollegin darunter? Oder vielleicht die Werbeanzeige für eine neue Zahnseide? Solche Unsicherheiten umschifft TikTok geschmeidig, und das macht den dahinterstehenden Algorithmus noch besser darin, Ihre Vorlieben zu dekodieren.

Was wir allgemein durch den Erfolg von TikTok lernen können, ist also Folgendes: Je einfacher die Algorithmen Sie mittels maschinellem Lernen studieren können, umso besser werden sie darin, Ihre Aufmerksamkeit zu binden. Das stellt ein Problem dar, denn diese Apps beabsichtigen nicht, Ihnen Inhalte zu zeigen, die Sie glücklich machen oder Ihre Stimmung heben. Eine der Erkenntnisse, die wir über soziale Medien gewonnen haben, lautet, dass fröhliche Nutzer nicht unbedingt die engagiertesten sind. Ängstliche oder aufgebrachte User können ebenso eine Goldgrube sein. Denn wenn ein Beitrag Sie wütend macht, besteht eine relativ große Chance, dass Sie mit ihm interagieren.

Vielleicht verpassen Sie dem Urheber des Posts einen Rüffel in der Kommentarspalte, oder Sie teilen den Beitrag mit Ihren Freunden, um bestätigt zu bekommen, wie bescheuert die Leute doch sind. Alles, was das soziale Medium dabei registriert, ist jedoch, dass es ihm genau mit diesem Beitrag gelungen ist, Ihre Aufmerksamkeit zu erregen, weshalb es Ihnen in der Folge mehr Beiträge der gleichen Art präsentiert.

Ein kleiner Fisch im großen Teich

Im Sommer 2012 wurde ein beinahe fünfzig Jahre alter olympischer Rekord endlich gebrochen, und vier Jahre später wurde er regelrecht zersprengt.

Verantwortlich dafür war der amerikanische Schwimmer Michael Phelps, der bei den Olympischen Spielen von London zum erfolgreichsten Olympioniken aller Zeiten wurde und der seinen eigenen Rekord vier Jahre danach in Rio de Janeiro noch einmal deutlich ausbaute. Insgesamt hat Michael Phelps achtundzwanzigmal olympisches Edelmetall gewonnen, darunter dreiundzwanzig Goldmedaillen. Das sind zehn Medaillen mehr als die Zweitplatzierte in dieser Liste und mehr als doppelt so viele wie die zweiterfolgreichste Schwimmerin, Jenny Thompson.

Wenn ich es mal auf Nordjütländisch ausdrücken darf, dann ist Michael Phelps ein recht passabler Schwimmer. Wenn es etwas unbescheidener sein darf, dann drängt sich einem die Frage auf, ob er in Wahrheit nicht einfach für diesen Sport geschaffen war. Denn selbst wenn Sie es versuchen würden, wäre es doch außerordentlich schwer, einen schnelleren Schwimmer zu erschaffen als ihn. Michael Phelps verfügt nämlich über eine lange Reihe an körperlichen Eigenschaften, die ihn ungewöhnlich gut im Schwimmen machen.

Erstens wissen wir, dass eine hohe Körpergröße von Vorteil ist, wenn man schnell schwimmen will. Großgewachsene Schwimmer müssen im Grunde genommen eine minimal kürzere Strecke zurücklegen als kleingewachsene, weil die Bahn eine festgelegte Länge hat. Darüber hinaus haben Studien auch belegt, dass großgewachsene Schwimmer bei einem gegebenen Tempo weniger Wasserwiderstand haben und deshalb schneller schwimmen können. Michael Phelps hat eine Körpergröße von 1,93 Metern, womit er fünfundneunzig Prozent aller amerikanischen Männer überragt, bezogen auf die ganze Welt sogar noch mehr. Dabei fängt unsere Checkliste hier eigentlich erst an.

Der nächste Punkt besagt, dass lange Arme günstig für einen Schwimmer sind. Das verkürzt ebenfalls die Distanz für den Athleten, zudem wird mit den Armen ein großer Teil des Wassers bei einem Schwimmzug bewegt. Je länger Ihre Arme also im Verhältnis zu Ihrem Körper sind, desto hilfreicher sind sie, um schneller im Wasser voranzukommen.

Normalerweise wird die Länge der Arme mit der Armspannweite angegeben, dabei misst man den Abstand zwischen den Endpunkten beider Mittelfinger einer Person, die die Arme waagerecht zur Seite ausstreckt. In den meisten Fällen entspricht die so gemessene Spannweite der Körpergröße der Person. Ein Mensch, der 1,70 Meter groß ist, wird in der Regel also eine Armspannweite von etwa 170 Zentimetern haben. Diese Regel trifft auf Michael Phelps allerdings nicht zu. Wie bereits erwähnt, ist er 1,93 Meter groß, seine Arme jedoch sind so lang, dass seine Armspannweite 203 Zentimeter beträgt – was eigentlich einer 10 Zentimeter größeren Person entspricht. Eine perfekte Eigenschaft für schnelles Schwimmen.

Im Gegensatz zu langen Armen sind lange Beine hingegen ein Nachteil im Schwimmsport. Lange Beine vergrößern den Wasserwiderstand, und der zusätzliche Vortrieb durch ihre Länge, kann das nicht ausgleichen. Obwohl Michael Phelps ziemlich großgewachsen ist, trägt er lediglich die Hosenlänge 32, die normalerweise von Männern getragen wird, die 10 Zentimeter kleiner als er sind.

Zu guter Letzt sind große Hände und Füße ebenfalls wichtig für Schwimmerinnen und Schwimmer, weil sie dadurch eine größere Wassermenge bewegen können. Denken Sie nur daran, wie viel schneller man mit Schwimmflossen durch das Wasser gleitet. Bei einer Schuhgröße von 48 kann man durchaus davon sprechen, dass Phelps sozusagen angeborene Schwimmflossen hat. Um noch eins obendrauf zu setzen, ist Michael Phelps hypermobil, kann gewisse Gelenke also überdurchschnittlich weit bewegen, was ihn bei seinen Schwimmzügen noch beweglicher macht und ihm eine größere Reichweite verschafft.

All das macht Phelps' Körperbau so ungewöhnlich, dass man ihm als Kind sagte, er sei möglicherweise vom Marfan-Syndrom, einer genetischen Erkrankung, betroffen, bei der Gelenk-Hypermobilität und ein länglicher Körperbau zu den Symptomen zählen. Doch Phelps ist kerngesund, er wurde lediglich mit einem Körper geboren, der sich zufälligerweise ausgesprochen gut dazu eignet, schnell zu schwimmen.

Natürlich erreicht man das Spitzenniveau in einer weltweit ausgeübten Sportart nicht allein aufgrund seiner körperlichen Voraussetzungen – außerdem sind dazu besondere mentale Eigenschaften nötig. Aber selbst in diesem Punkt stach Michael Phelps heraus. Er selbst gibt an, als Kind hyperaktiv gewesen zu sein, habe dann aber gelernt, seine Energie im Schwimmbecken zu nutzen. Deshalb trainierte er für mehrere Jahre jeden einzelnen Tag, sogar an Weihnachten.

Man darf also getrost davon sprechen, dass Michael Phelps kein Durchschnittsmensch ist. Unter anderen Eliteschwimmern sticht er aber weniger heraus als im Vergleich zur Gesamtbevölkerung. Denn ohne viele dieser Merkmale schafft man es schlicht und ergreifend nicht bis in die Weltspitze.

So sieht es heutzutage in den meisten Sportarten aus. Die Elite repräsentiert keinen breiten Ausschnitt der Gesellschaft. Vielmehr stellen die besten Sportlerinnen und Sportler eine

Gruppe sehr atypischer Menschen dar, deren Eigenschaften es ihnen erlauben, Höchstleistungen zu erbringen.

Ein anderes gutes Beispiel hierfür ist Basketball, wo die Weltspitze – die Profis der amerikanischen Liga NBA – im Durchschnitt zwei Meter groß sind. Daraus ergibt sich, dass weniger als ein Prozent der männlichen Bevölkerung des globalen Westens die Körpergröße eines durchschnittlichen Basketballspielers besitzt. Schaut man sich zusätzlich die Legenden dieser Sportart an, sind die meisten sogar noch größer. (Ja, selbst die wenigen Basketballspieler mit einer einigermaßen normalen Körpergröße haben in der Regel so absurd lange Arme, dass sie sie trotzdem weit über ihren Kopf nach oben strecken können.)

Umgekehrt gibt es auch Sportarten, in denen der Erfolg einen diametral entgegengesetzten Körperbau erfordert. Ein Beispiel dafür ist das Kunstturnen, bei dem man leichter durch die Luft rotiert, wenn man nicht besonders groß ist. Olympische Kunstturnerinnen sind im Schnitt nur 1,55 Meter groß, und die beste Turnerin der Welt, Simone Biles, ist noch kleiner. Mit ihren 1,42 Metern ist sie kleiner als 99,7 Prozent der westlichen Bevölkerung und liegt damit tatsächlich unterhalb der Grenze, ab der man jemanden normalerweise als kleinwüchsig bezeichnen würde.

Jedoch ist die Welt des Sports nicht der einzige Bereich, in dem die Elite dazu neigt, sich gründlich vom Rest abzuheben. Hier ist es lediglich einfacher zu erkennen, weil diese Unterschiede zumeist körperlicher Natur sind. In allen möglichen anderen Disziplinen besteht jedoch die Spitze ebenfalls aus äußerst atypischen Menschen. Der vielleicht klügste Wissenschaftler aller Zeiten, John von Neumann, war zum Beispiel dafür bekannt, als Sechsjähriger achtstellige Zahlen im Kopf miteinander multiplizieren zu können. Im selben Alter hatte er sich zudem sowohl Altgriechisch als auch Latein sowie vier bis fünf andere Sprachen beigebracht.

Ich weiß nicht, wie viele sechsjährige Kinder Sie so kennen, die problemlos vom Altgriechischen ins Lateinische wechseln können, aber ich glaube, ungefähr in diesem Alter lernt man normalerweise das ABC und wie man sich die Schuhe selbst bindet.

* * *

Eine der großen Fragen des Lebens lautet: Ist es besser, ein kleiner Fisch in einem großen Teich zu sein oder ein großer Fisch in einem kleinen Teich?

Anders ausgedrückt: Ist es besser, als mittelmäßiges Talent für einen der großen Clubs aufzulaufen oder der beste Spieler im örtlichen Fußballverein zu sein? Ist es besser, sich auf einer Schule für Hochbegabte im Mittelfeld zu bewegen, oder ist man lieber der Starschüler auf einer gewöhnlichen Gesamtschule? Oder ist es besser, im angesagtesten Nachtclub Kopenhagens links liegen gelassen zu werden oder die bestaussehende Person in der Dorfkneipe zu sein?

Wie Ihre Antwort darauf ausfällt, kommt vermutlich darauf an, von welchem Teich wir sprechen, und natürlich auch darauf, was Sie erreichen möchten. Aus rein psychologischer Sicht ist die Antwort jedoch überraschend simpel: Entscheiden Sie sich für den großen Fisch im kleinen Teich. Dann haben Sie es am besten.

Dieses Phänomen können wir unter anderem in Studien über den Naturwissenschaftsunterricht an Universitäten in der ganzen Welt beobachten. In den meisten Ländern hat man sich nämlich das Ziel gesetzt, mehr junge Menschen zu einem Studium in den naturwissenschaftlichen Fächern zu motivieren – sie sollen also Ingenieure oder Wissenschaftlerinnen werden. Daher versuchen viele Soziologen herauszufinden, was nötig ist, um die jungen Menschen in ebendiese Richtung zu führen, und wie man vorhersagen kann, wer diese Ausbildungen letztendlich auch absolviert. Wenig überraschend hat die Forschung gezeigt, dass eine Begabung in Mathematik hilfreich ist, eine naturwissenschaftliche Ausbildung zu Ende zu bringen. Nehmen wir beispielsweise die amerikanische Universität Hartwick im amerikanischen Bundesstaat New York. Hier machen die mathematisch besten Studierenden den Großteil derer aus, die einen naturwissenschaftlichen Studiengang beenden. Wenn wir die Studierenden nach ihren mathematischen Fähigkeiten in drei Gruppen unterteilen, sieht das folgendermaßen aus:

Spitze: fünfzig Prozent der Naturwissenschaftsabsolventen.

Mittelfeld: siebenundzwanzig Prozent der Naturwissenschaftsabsolventen.

Unteres Ende: achtzehn Prozent der Naturwissenschaftsabsolventen.

Falls diese Zahlen ein wenig unverständlich wirken, besteht die Pointe darin, dass viele Absolventinnen und Absolventen der Naturwissenschaften aus der Gruppe stammen, die am besten in Mathematik ist. Tatsächlich sind diese prozentualen Werte im Großen und Ganzen die gleichen, ganz egal, welche amerikanische Universität Sie sich ansehen. Selbst für Harvard gilt das, die wohl prestigeträchtigste Universität überhaupt.

Hier kommt aber der Haken an der Geschichte: Die Studierenden in Harvard zählen zur absoluten Top-Elite. Das heißt, selbst die schwächsten Studierenden in Harvard sind ungewöhnlich klug. Ja, in Wahrheit sind die schwächsten Harvard-Studierenden immer noch besser als die fähigsten Studierenden in Hartwick. Man kann das nur nicht an ihrer Wahrscheinlichkeit ablesen, mit der sie eine naturwissenschaftliche Ausbildung beenden. Denn die ist sehr viel geringer als bei den besten Hartwick-Studierenden.

Doch wie kann das sein? Lässt die beste Universität der Welt etwa einen Großteil ihrer Studierenden schlecht in Mathematik werden?

Ja, gewissermaßen. Aber eben nur in ihren eigenen Augen. Sehen Sie, die Ursache für diese Verzerrung ist ein psychologisches Phänomen, das treffenderweise auch als *Fischteicheffekt* bezeichnet wird.

Dieser Effekt beschreibt, wie Studierende mit besseren Kommilitonen ihre eigenen Fähigkeiten schlechter einstufen, als sie in Wahrheit sind. Mit einem Beispiel wird dieser Effekt besser verständlich. Stellen Sie sich vor, wir nehmen zwei Schülergruppen, die fachlich auf demselben Niveau sind. Die eine Gruppe schicken wir auf eine Schule für hochbegabte Kinder. Die andere schicken wir auf eine gewöhnliche Gesamtschule, wo das fachliche Niveau bedeutend niedriger ist. Nach einigen Monaten an den beiden Schulen bitten wir unsere Schülerinnen und Schüler, ihre eigenen schulischen Fähigkeiten einzuschätzen.

Wir wissen ja, dass die Schüler sich fachlich auf demselben Niveau befinden, wenn ihr Selbstverständnis also ihre Fähigkeiten widerspiegelt, müssten sie sich alle gleich einschätzen. Stattdessen stufen aber die kleinen Fische im großen Teich – diejenigen auf der Hochbegabtenschule – ihre eigenen Fertigkeiten schlechter ein als die Schülerinnen und Schüler, die sozusagen große Fische im kleinen Teich geworden sind, sprich die Gesamtschule besuchen.

Man spricht davon, dass Schüler mit klugen Klassenkameraden und -kameradinnen ein schlechtes *akademisches Selbstkonzept* entwickeln. Ein kritischer Punkt, denn das akademische Selbstkonzept hat einen Einfluss darauf, welche Ziele man letztendlich erreicht. Glauben Sie an Ihre eigenen Fähigkeiten, sind Sie eher bereit, sich anzustrengen, und geben nicht auf, wenn Sie vor komplizierte Probleme gestellt werden. Selbstvertrauen fördert darüber hinaus den Ehrgeiz, und ohne Ehrgeiz werden Sie sich zunächst einmal natürlich keine hohen Ziele stecken.

Wenn die mathematisch am wenigsten begabten Studierenden der prestigeträchtigsten Universität der Welt sich also für genau diese Hochschule entscheiden, erweisen sie sich selbst in gewisser Weise einen Bärendienst. Zumindest, wenn sie vorhaben, eine wissenschaftliche Ausbildung zu absolvieren, denn unter ihren Kommilitonen werden sich einige der absolut besten Mathematiktalente der Welt befinden. Wir könnten sie die Michael Phelps der Mathematik nennen. Die »schlechtesten« Studierenden in Harvard zählen global gesehen zwar immer noch zu den besten 0,1 Prozent der Welt, aber ihr Selbstbild wird ihnen etwas völlig anderes sagen.

Wir Menschen leiden nämlich unter einer Form von begrenzter Perspektive, wie der Psychologe Daniel Kahneman folgendermaßen beschreibt: »Was man sieht, ist alles, was es gibt.« Wir neigen dazu, unser Weltbild ausgehend von den Informationen zusammenzusetzen, die direkt vor unserer Nase liegen. Möglicherweise kann man die »schlechten« Studierenden in Harvard also verstehen lassen, dass sie aus globaler Perspektive wahnsinnig begabt sind. Aber ihr Instinkt wird ihnen etwas anderes mitteilen.

Aus diesem Grund ist der Fischteicheffekt besonders verbreitet. Die Soziologen haben ihn nicht nur bei amerikanischen Studierenden entdeckt, sondern auch in sämtlichen anderen Ländern, die sie untersuchten. Dieser Effekt tritt in westlichen Ländern wie Dänemark oder Deutschland ebenso auf wie in nicht westlichen Ländern wie Indonesien, Thailand oder Tunesien. Außerdem zeigt sich dieses Phänomen über alle Altersgruppen hinweg, bei Männern wie bei Frauen, und es beschränkt sich auch nicht allein auf das akademische Selbstkonzept.

Im Sport wirkt sich auch die Qualität der Mannschaftskameradinnen und -kameraden auf die Athleten und ihre Selbsteinschätzung aus, und wenn es um das Einkommen geht, belegen Studien, dass unsere Zufriedenheit viel mehr davon abhängt, was die Menschen in unserem Umfeld verdienen, als vom tatsächlichen Betrag auf unserer Lohnabrechnung.

Der Fischteicheffekt taucht in all diesen Bereichen auf, weil er einem der tiefsten Aspekte unserer zwischenmenschlichen Natur entspringt: unserem Bedürfnis und unserem Streben nach sozialem Status.

* * *

Allgemein unterscheiden Soziologen zwischen zwei Arten von Status: dem, der von Dominanz herrührt, und dem, der von Prestige herrührt. In der Tierwelt ist Dominanz am verbreitetsten und basiert auf Gewalt: Tu, was ich sage, sonst mache ich dich fertig.

Diese Form von Status kennen wir auch aus mehreren Bereichen unserer eigenen Gesellschaft. Ein gutes Beispiel dafür sind kriminelle Gruppierungen. Menschen gehorchen der Mafia nicht etwa, weil ihnen so viel daran läge, dem Paten dabei zu helfen, Geld zu scheffeln, sondern weil »es doch sehr bedauerlich wäre, wenn Ihnen etwas zustoßen würde …« Innerhalb einer kriminellen Gruppierung ist die Macht üblicherweise danach verteilt, wie sehr man einer Person zuschreibt, Gewalt gegen andere auszuüben und zu gewinnen, entweder allein oder gemeinsam mit Verbündeten.

Auch in etwas weniger gewaltsamen Gefilden haben wir Menschen dominanzbasierte Hierarchien, die sich nicht auf Gewalt gründen, sondern stattdessen auf andere Arten, Schaden zu verursachen. So übt zum Beispiel Ihr Chef eine gewisse Dominanz über Sie aus. Allerdings nicht, weil diese Person Sie verprügeln kann, sondern weil er oder sie Ihnen eine Kündigung ausstellen und Ihnen so durch den Wegfall Ihres Einkommens Schaden zufügen kann.

Nachdem wir das geklärt haben, ist aber festzuhalten, dass

der dominanzbasierte Status nicht die primäre Statusform unter Menschen darstellt. Reine Dominanz ist das Prinzip, nach dem sich unsere nächsten Verwandten, die Schimpansen, organisieren. Für unsere eigenen Vorfahren änderte sich jedoch alles mit der Erfindung von Waffen.

Es ist nämlich gar nicht so einfach, Dominanz über eine wütende Person auszuüben, wenn diese einen Speer in der Hand hält. Schimpansen würden eine ganze Weile brauchen, um sich mit Bissen und Schlägen gegenseitig umzubringen, ein bewaffneter Mensch kann einen anderen dagegen innerhalb von Sekunden töten. Deshalb ist es schwieriger geworden, ein Rüpel zu sein. Wer weiß – wenn Sie irgendeinen armen Kerl nur lange genug terrorisieren, stattet Ihnen derjenige vielleicht in irgendeiner dunklen Nacht einen Besuch ab, bewaffnet mit einem Messer …

Neben Waffen können wir Menschen auch auf unsere Sprache zurückgreifen, die es uns ermöglicht, Informationen auszutauschen und Pläne zu schmieden. Das bedeutet, mehrere Personen könnten sich zusammentun und gemeinschaftlich einen Rüpel umbringen, wenn das für eine Person allein eine zu große Herausforderung sein sollte.

Der Anthropologe Richard Wrangham beschreibt anhand einer Geschichte, wie solche Dinge bei Jägern und Sammlern ablaufen. Bei einer Gruppe des Yanomami-Volkes in Südamerika hatte ein Mann über längere Zeit Probleme gemacht. Er führte sich arrogant auf und versuchte, die anderen zu dominieren. Eines Tages forderten ihn einige Männer der Volksgruppe bei der Jagd auf, einen Baum zu erklimmen, um Honig zu sammeln. Um nach oben klettern zu können, legte der Drangsalierer seine Waffen ab, woraufhin die anderen Männer sie in aller Seelenruhe aufhoben und ihn damit töteten, sobald er wieder vom Baum hinabgestiegen war.

In weniger schlimmen Fällen kann die Gruppe solche Fieslinge auch durch das Streuen von Gerüchten, eine direkte Konfrontation oder soziale Ächtung zurechtweisen. Zusammengefasst bedeutet es, dass die meisten Jäger und Sammler in sehr egalitären Kulturen leben, in denen man sorgsam darauf achtet, nicht als Rüpel wahrgenommen zu werden. Der Übergang zur Landwirtschaft und die spätere Entwicklung zu unserer komplexen modernen Gesellschaft haben es jedoch wieder einfacher gemacht, Dominanz über andere auszuüben. Dennoch ist Dominanz im Allgemeinen nach wie vor nicht die üblichste Art, mit der man Status erlangt. Stattdessen gewinnt man ihn durch die zweite Form: *Prestige.* Im Gegensatz zu Dominanz sind uns Beispiele für prestigebasierten Status nur von sehr wenigen anderen Tierarten bekannt, und wie es in diesem Buch allmählich zur Gewohnheit geworden ist, gibt es auch hier einen kleinen Vogel, der uns veranschaulichen kann, wie dieses Prinzip funktioniert.

Bei diesem Vogel handelt es sich um den Graudrosselhäherling, der in kleinen Gruppen von bis zu 20 Individuen zusammenlebt. Diese Gruppen teilen sich ein Territorium, das in der Regel aus einem Baum und einigen Sträuchern besteht. Dort haben sie ein gemeinsames Nest, in dem die Jungen der Gruppe ausgebrütet werden, und sie verteidigen ihr Territorium auch gemeinschaftlich gegen Raubtiere und andere Drosselhäherlinge. Diese Lebensweise macht die Graudrosselhäherlinge zu einer ungewöhnlichen Vogelart, dafür erinnern sie aber an uns Menschen.

Sowohl ein Graudrosselhäherling als auch ein Steinzeitmensch hätten ohne ihre Herde schlechte Überlebensaussichten. Streng genommen könnte ein Jäger und Sammler auch allein gut zurechtkommen, falls diese Person besonders fähig ist. Das Problem aber ist, dass ein einzelner Mensch ein leichtes Opfer abgibt. Im Vergleich zu anderen Tieren sind wir körperlich schwach und, auf uns allein gestellt, mit Blick auf andere

Menschen auch verwundbar. Ein einzelner Steinzeitmensch bräuchte schon sehr großes Glück, um nicht ausgeraubt, versklavt oder getötet zu werden. Auf dieselbe Weise kann ein einzelner Graudrosselhäherling es nicht mit einer ganzen Vogelschar aufnehmen. Folglich muss er mit einem schlechten Territorium vorliebnehmen – dem, das sonst keiner haben will. Typischerweise liegt es im Freien, wo weniger Futter zu finden ist und ein größeres Risiko besteht, von Raubtieren gefressen zu werden.

Wie wir Menschen auch scheinen die Graudrosselhäherlinge also ganz instinktiv zu wissen, dass es von Vorteil ist, zu einer Herde zu gehören, was man an einer recht komischen Verhaltensweise dieser Vögel beobachten kann: Die Graudrosselhäherlinge arbeiten nicht nur zusammen, sie konkurrieren darum, so hilfsbereit wie nur irgend möglich zu sein. Das ist in kooperierenden Tierherden natürlich nichts Einzigartiges, allerdings gilt letzten Endes normalerweise auch dort, dass jeder sich selbst der Nächste ist. In einer Löwenherde zum Beispiel frisst das Männchen – das dominanteste Mitglied der Gruppe – zuerst, und es ist nicht unüblich, dass die Weibchen anschließend darum kämpfen, so viel Fleisch wie möglich zu ergattern. Bei den Graudrosselhäherlingen funktioniert das Ganze aber umgekehrt. Diese Tiere geben sich gegenseitig Futter. Tatsächlich gehen die dominantesten Vögel sogar so weit, ihre in der sozialen Rangfolge niedriger gestellten Artgenossen zwangszufüttern. Nicht selten kommt es vor, dass ein bedauernswerter untergeordneter Vogel pappsatt und verzweifelt vor einem dominanten Artgenossen flieht, weil der ihn zu füttern versucht.

Dasselbe Muster ist in Verbindung mit allen möglichen anderen Aufgaben zu beobachten, die der Gruppe nützen. Die Graudrosselhäherlinge liefern sich einen Wettbewerb darin, wer den Wachposten für die Vogelschar übernehmen darf, obwohl die Tiere sich damit Gefahren aussetzen und ihnen weniger Zeit für die Futtersuche bleibt. Ebenso kämpfen sie um die riskanteste Schlafposition – ganz außen auf dem gemeinsamen Schlafast der Gruppe –, obwohl hier die größte Gefahr besteht, gefressen zu werden.

Man könnte vielleicht hoffen, die Erklärung dieser Hilfsbereitschaft läge in reiner Güte, aber so funktioniert die Evolution leider nicht. Graudrosselhäherlinge sind nicht so aggressiv hilfsbereit, weil sie selbstlos handeln, sondern weil es ihre Überlebenschancen verbessert. Indem sie sich nützlich für die Gruppe machen, verringern sie nämlich das Risiko, verstoßen zu werden. Schließlich ist es im Interesse der Gruppe, Mitglieder zu haben, die viel Futter heranschaffen oder die sie gut verteidigen können.

Ein Graudrosselhäherling mit niedrigem Status mag nachts in der Mitte des Schlafasts zwar sicherer sein und braucht sich auch nicht um Futter zu sorgen, doch es lässt sich leicht auf ihn verzichten. Nur wenige würden den kleinen Vogel vermissen, wenn er eines Tages aus der Gruppe verstoßen wird. Dann müsste er sich *in jedem Fall* sowohl um Futter als auch um Sicherheit sorgen. Deshalb wollen Graudrosselhäherlinge ganz instinktiv zu denen gehören, die ihr Leben aufs Spiel setzen, um der Gemeinschaft zu nützen.

Vielleicht kennen Sie gewisse Verhaltensweisen dieser Vögel von uns Menschen. Es ist beispielsweise kein Zufall, dass der Kapitän, der in der Hierarchie eines Schiffs ganz oben steht, als Letzter von Bord geht, falls das Schiff sinkt. Früher war es außerdem Brauch, dass ein König oder General seine Truppen von vorderster Front aus anführte. Heute sind es die Trainer und Starspieler, die öffentlich dafür geradestehen, wenn eine Fußballmannschaft schlechte Leistungen abliefert.

Bei uns Menschen besteht der Wettbewerb um Prestige aber nicht immer darin, dass wir tatsächlich etwas Nützliches für die »Herde« tun. Genauso oft konkurrieren wir miteinander, indem wir zeigen, dass wir imstande sind, etwas zu tun, was der Herde nutzen könnte. Sportlerinnen und Sportler haben zum Beispiel üblicherweise einen hohen sozialen Status. Es mag sonderbar wirken, dass Cristiano Ronaldo einer der am meisten bewunderten Menschen der Welt ist, aber aus einer evolutionären Perspektive heraus ergibt das durchaus Sinn. Athletische Fähigkeiten sind für Jäger und Sammler äußerst hilfreich: Verfügt man beispielsweise über Schnelligkeit und Kraft, kann man ein guter Krieger oder Jäger werden und ist somit auch ein guter Verbündeter für die anderen Mitglieder der Gemeinschaft. Wenn Menschen also athletische Leistungen vollbringen, fällt uns das auf; insbesondere dann, wenn dabei ein Wettbewerbsaspekt enthalten ist, da der oder die Betreffende dann nicht nur seine oder ihre beeindruckenden athletischen Fähigkeiten demonstriert, sondern darüber hinaus auch zeigt, dass er oder sie besser darin ist als alle anderen.

Gleichermaßen können wir beobachten, dass Personen, die über viele Ressourcen verfügen – in der heutigen Gesellschaft in Form von Geld –, einen hohen Status erlangen, denn wieder ist eine solche Person ein guter Verbündeter, genau wie ein Graudrosselhäherling, der viel Futter herbeischafft.

In vielen Fällen ist es für Menschen angenehmer, in prestigebasierte Hierarchien einzutreten als in solche, die sich auf Gewalt und Dominanz gründen. Das ist jedoch nicht gleichbedeutend damit, dass es dabei nicht zu Problemen käme. Denn Hierarchien wird es immer geben. Wir können eben nicht alle athletischer, wohlhabender oder intelligenter als der Durchschnitt sein.

In Verbindung damit treten auch einige unserer weniger schmeichelhaften Wesenszüge zutage, zum Beispiel unsere Tendenz dazu, uns mit anderen zu vergleichen. Nach vielen Millionen Jahren der Evolution mit Prestigestatus verstehen wir ganz instinktiv, dass Prestige nützlich ist. Daher scannen wir unsere sozialen Umgebungen nach Bereichen ab, in denen wir hervorstechen, uns nützlich machen und Anerkennung finden können. Wenn uns das gelingt, fühlt sich das gut an. Im Gegenzug bedeutet das aber auch, dass es sich nicht so prickelnd anfühlt, wenn andere besser sind als wir. Wie beim Graudrosselhäherling, der in der Mitte des Asts sitzt, kann es für uns dann schwieriger werden, Verbündete zu finden, wodurch man letzten Endes leichter auf uns verzichten kann.

In einem kleinen Naturvolk oder einem Dorf ist die Konkurrenz natürlich recht überschaubar. Hier werden wohl die meisten irgendeine nützliche Beschäftigung finden, sich damit hervorheben und Prestige erlangen. In der modernen Welt kann der Prestige-Instinkt aber auch völlig aus der Bahn geraten. Immer öfter zählen wir nämlich zu Gruppen, in denen sich die besten Individuen von Tausenden oder Millionen von Menschen versammeln. Das sind Gruppen, die in extremem Maß nicht-repräsentativ sind, was die Konkurrenz knallhart macht.

Im Sport ging diese Entwicklung mit der Verbreitung des Fernsehens einher. Plötzlich war man nicht mehr darauf angewiesen, die Fußballmannschaften in der Umgebung zu verfolgen, sondern hatte die Möglichkeit, die besten Teams der Welt zu sehen. Das hatte zur Folge, dass sich die Aufmerksamkeit nicht mehr auf viele mittelmäßige Athleten verteilte, sondern sich stattdessen auf wenige Spieler der absoluten Elite konzentrierte.

Das gleiche Phänomen trifft ebenfalls auf Bereiche wie Schauspiel, Musik und Literatur zu. Auch dort richtet sich der Großteil der Aufmerksamkeit auf die Allerbesten, die Konkurrenz ist also enorm – und wir befinden uns in einem riesengroßen Teich.

Hier kommen die sozialen Medien wieder ins Spiel, weil sie viele Teiche vergrößern, die früher einmal klein waren.

Wie wir bereits wissen, bestand der Inhalt sozialer Medien

früher größtenteils aus Beiträgen unserer Familie und Freunde, so wie sich die Leute früher die Spiele ihres örtlichen Fußballvereins ansahen. Doch inzwischen sind die sozialen Medien dazu übergegangen, uns den Inhalt zu präsentieren, der unsere Aufmerksamkeit am besten zu halten vermag. Genau wie in allen anderen Disziplinen gibt es einfach gewisse Menschen, die besser als andere darin sind, Inhalte zu produzieren. Auf bild- und videobasierten Plattformen wie Instagram und TikTok sind das für gewöhnlich überdurchschnittlich gutaussehende Menschen. Auf textbasierten Plattformen wie X (ehemals Twitter) oder LinkedIn sind es in der Regel solche, die viel wissen oder rein karrieremäßig erfolgreich sind.

Weil wir so viele Stunden mit den sozialen Medien verbringen, werden diese Menschen zu einem Teil unserer *Referenzbevölkerung* und verzerren unsere soziale Wirklichkeit insofern, als dass sie nun meilenweit von der Norm entfernt liegt. Schließlich ist das, *was wir sehen, alles, was es gibt*. Die sozialen Medien erwecken also den Anschein, als wären andere Menschen sehr viel hübscher, erfolgreicher, witziger und intelligenter.

* * *

Ungefähr alle vier Jahre führen das dänische Gesundheitsministerium und die Syddansk Universitet in Odense eine Untersuchung zur Gesundheit der dänischen Bevölkerung durch. Der Bericht darüber nennt sich Den Nationale Sundhedsprofil (Das nationale Gesundheitsprofil) und enthält unter anderem einen Abschnitt über mentale Gesundheit, der Auskunft darüber gehen soll, wie es uns in Dänemark geht. In Deutschland werden Daten über die psychische Gesundheit der Bürgerinnen und Bürger zum Beispiel vom Robert Koch-Institut erhoben.

Dem Bericht von 2013 konnte man entnehmen, dass elf Prozent der Däninnen und Dänen eine schlechte mentale Gesundheit aufwiesen. Allein das ist schon eine auffällige Statistik, aber im folgenden Bericht aus dem Jahr 2017 war diese Zahl auf dreizehn Prozent angestiegen. Und im aktuellen Bericht von 2021 liegt sie bei siebzehn Prozent.

Diese alarmierende Entwicklung ist insbesondere bei einer bestimmten Gesellschaftsgruppe zu beobachten, nämlich bei den Jugendlichen. Denn fassen wir nur sie ins Auge, sehen die Zahlen noch schlechter aus. In der jüngsten Altersgruppe, den 16- bis 24-Jährigen, leiden einundzwanzig Prozent der männlichen Jugendlichen unter einer schlechten psychischen Verfassung. Bei den weiblichen Jugendlichen sind es sogar vierunddreißig Prozent. Die Werte für Angststörungen und Depressionen erzählen die gleiche Geschichte – seit 2006 haben sie sich bei Kindern und Jugendlichen *verdreifacht*.

Solche Fakten könnten durchaus als Geschosse in einer politischen Schlammschlacht enden, aber hierfür können wir nicht irgendwelche armen Politikerinnen und Politiker – oder eine Partei – zum Sündenbock erklären. Denn die Wahrheit ist, dass dieses Unwohlergehen von Jugendlichen kein spezifisch dänisches Phänomen ist. In nahezu sämtlichen Teilen der industriell entwickelten Welt lässt sich dieselbe Tendenz erkennen.

In Deutschland ist die Zahl stationärer Behandlungen von 15- bis 24-Jährigen im Zeitraum von 2005 bis 2020 von zwölf auf achtzehn Prozent gestiegen. In Schweden hat sich der Anteil von Kindern und Jugendlichen mit einer schlechten mentalen Gesundheit innerhalb der letzten zehn Jahre verdoppelt. In Frankreich hat sich die Anzahl depressiver Jugendlicher seit 2014 *vervierfacht*, und auch in den USA steht es mit dem psychischen Wohlbefinden der Jugend nicht zum Besten: Zweiundvierzig Prozent der amerikanischen Gymnasiastinnen und Gymnasiasten geben an, sich dauerhaft hoffnungslos und traurig zu fühlen.

Auf den ersten Blick erscheinen diese Zahlen so verrückt, dass es schwerfällt, ihnen nicht mit Skepsis zu begegnen. Könnte es vielleicht daran liegen, dass wir inzwischen mehr Diagnosen stellen als früher? Oder dass Jugendliche heutzutage sehr viel offener über ihre Gefühle sprechen? Denn dann hätte sich reell nichts geändert, abgesehen davon, dass wir – zum Glück – einen schärferen Blick für diejenigen unter uns haben, denen es schlecht geht.

Dass heute mehr Diagnosen als früher gestellt werden, kann aber nicht die ganze Erklärung für die besorgniserregende Entwicklung sein. Denn es gibt nicht nur mehr Jugendliche, die über ihre schlechte psychische Verfassung reden, das Gleiche gilt leider auch für die Anzahl der Jugendlichen, die entsprechend handeln. In den USA hat sich die Anzahl von 10- bis 14-jährigen Mädchen, die aufgrund von Selbstverletzungen ins Krankenhaus eingeliefert werden, seit 2001 verdreifacht, und in den meisten europäischen Ländern sieht die Lage ähnlich aus.

Es besteht also bedauerlicherweise kein Zweifel, dass die jungen Generationen in sämtlichen Industrieländern unter ernsthaften Problemen leiden. Die große Frage ist nur, *warum*?

Die beiden amerikanischen Psychologen Jean Twenge und Jonathan Haidt argumentieren, dass die beobachteten Probleme der Jugendlichen mit ihrer Nutzung von sozialen Medien im Zusammenhang stünden. Um ihre These zu verstehen, hilft es, sich die zeitliche Entwicklung der mentalen Gesundheitskrise genauer anzusehen.

In allen Ländern, in denen derartige Probleme registriert wurden, nimmt die negative Entwicklung in den 2010er-Jahren ihren Anfang, wobei das Jahr 2012 einen guten Ausgangspunkt markiert. Seit damals haben sich im Leben der Jugendlichen natürlich viele Dinge verändert, den größten Umbruch stellt aber ohne jeden Zweifel das Smartphone dar. Dieses Gerät ist für uns alle ein Teil des Alltags geworden, und es ermöglicht uns rund um die Uhr Zugang zu den sozialen Medien. Dieser Umbruch hat unser aller Sozialleben verändert, aber es erscheint unmittelbar logisch, dass die sozialste gesellschaftliche Gruppe – die Jugend – die Auswirkungen davon am stärksten zu spüren bekommt.

Ein Experiment spanischer Wissenschaftler stützt diesen Anfangsverdacht. Es erhielten nämlich nicht alle spanischen Jugendlichen zur selben Zeit Zugang zu den sozialen Medien über ihre Mobiltelefone, zumindest nicht mit derselben Qualität. Bei bild- und videobasierten Medien wie Instagram ist es für das App-Erlebnis von Vorteil, eine stabile Internetverbindung zur Verfügung zu haben. Daher untersuchten die Wissenschaftler, wie sich die psychische Gesundheit bei den Teenagern entwickelte, je weiter das Glasfasernetz in den ländlichen Gebieten ausgebaut wurde.

Das Ergebnis fiel eindeutig aus: Den Jugendlichen – insbesondere jungen Frauen – ging es schlechter, sobald sie einen stabilen Zugang zu den sozialen Medien erhielten. Es lässt sich tatsächlich beobachten, dass der Ausbau des Glasfasernetzes mit einem Anstieg der Zahl von Mädchen einhergeht, die im selben Zeitraum wegen psychischer Erkrankungen wie Angstzuständen, Depressionen und vor allem Selbstverletzungen in Krankenhäusern behandelt wurden.

Amerikanische Forscher haben das gleiche Muster in Verbindung mit der Entwicklung Facebooks zu einem festen Bestandteil des Alltags von Studierenden an amerikanischen Universitäten festgestellt. Anfangs war Facebook nur einigen wenigen Hochschulen vorbehalten, doch allmählich erhielten immer mehr Studierende Zugriff darauf. Die Forscher verfolgten, wie sich die Gesundheit der Studierenden in den Jahren danach veränderte, und konnten wie die spanischen Wissenschaftler eine Verschlechterung der psychischen Verfassung konstatieren.

Zwei Studien reichen selbstverständlich nicht aus, um zu dem Schluss zu kommen, soziale Medien seien die Ursache für die mentalen Probleme, unter denen heute so viele junge Menschen leiden, aber in jedem Fall geben sie zu denken. Weitere Studien – mit anderen Forschungsmethoden – zeichnen tatsächlich das gleiche Bild.

Man hat beispielsweise in einer großen amerikanischen Studie den Effekt untersucht, den ein Verzicht auf Facebook bringt. Für das Experiment bezahlten die Forscher über 2.000 Personen für eine Teilnahme und teilten sie anschließend in zwei Gruppen auf. In der einen Gruppe durften die Personen Facebook ohne Einschränkungen weiternutzen, während die Teilnehmenden der zweiten Gruppe gebeten wurden, einen Monat lang auf die Nutzung des Mediums zu verzichten. Als Resultat stellte man fest, dass diejenigen, die Facebook nicht nutzten, sich insgesamt glücklicher fühlten und zudem weniger von Angstzuständen berichteten sowie seltener depressive Symptome aufwiesen.

Eine dänische Studie hat sich einem ähnlichen Versuchsaufbau gewidmet, allerdings in Bezug auf die Gesamtbildschirmzeit. Auch hier beobachtete man, dass sich die Stimmung derjenigen, die ihre Bildschirmzeit einschränkten, verbesserte. Es gibt auch vergleichbare Studien, in denen die Forschenden keinen Zusammenhang nachweisen konnten, doch indem sie alle bisher durchgeführten Untersuchungen miteinander verglichen, haben der erwähnte Jonathan Haidt und seine Kollegen ein interessantes Muster entdeckt:

In kurzen Phasen hat es üblicherweise keine Auswirkung auf die Stimmung, den Konsum sozialer Medien herunterzufahren, bisweilen verschlechtert sich die Verfassung mancher Leute dadurch sogar. Doch bei längeren Phasen – also Zeiträumen von mehr als einer Woche – fühlen sich die Menschen am Ende glücklicher. Das ähnelt genau dem Muster, das wir von allen möglichen anderen Formen von Abhängigkeit kennen. Einem Alkoholiker, der mit dem Trinken aufhört, geht es am nächsten Tag auch nicht besser. Im Gegenteil leiden Alkoholiker, die auf Alkohol verzichten, zuerst einmal unter Entzugserscheinungen. Doch nach einer gewissen Zeit, wenn die Abhängigkeit nachlässt, bessert sich der Zustand.

* * *

Bei Menschen mit Depressionen und Angstzuständen ist oft ein Phänomen zu beobachten, das in der Psychologie *aufwärts gerichteter sozialer Vergleich* genannt wird. Wie der Name bereits vermuten lässt, bezeichnet er einen sozialen Vergleich mit all jenen, die in einem oder mehreren Parametern »besser« abschneiden als man selbst: also mit hübscheren, reicheren, intelligenteren oder beliebteren Menschen.

Aufgrund unseres Status-Instinkts ist das eine sichere Methode, ein Gefühl der Unterlegenheit heraufzubeschwören, und gerade dieses Gefühl tritt bei Menschen mit Depressionen oder Angststörungen häufig auf. Deshalb verwundert es ebenso wenig, dass soziale Medien dazu beitragen können, ebendiese beiden psychischen Erkrankungen hervorzurufen. Wie wir bereits erfahren haben, verzerren die sozialen Medien das Bild unserer Umwelt insofern, als dass sie aus äußerst atypischen Menschen zu bestehen scheint – aus den hübschesten, erfolgreichsten und beliebtesten Menschen. Deshalb machen es uns die sozialen Medien so leicht wie nie, aufwärts gerichtete soziale Vergleiche anzustellen und uns dadurch minderwertig zu fühlen.

Natürlich kann man sich fragen, wieso wir es nicht einfach bleiben lassen, uns mit anderen zu vergleichen, wenn unsere Laune so sehr darunter leidet. Aber wieder einmal lautet die Antwort, dass uns durch unsere Instinkte die Hände gebunden sind. Wir beschäftigen uns ganz instinktiv mit den Mitgliedern der »Herde«, die den höchsten Status innehaben. Das gilt für alle Primaten. Erinnern Sie sich noch an die Affen-Porno-Studie? Dabei brachten die Forscher die Affen dazu, mit Fruchtsaft zu »bezahlen«, um sich die Hinterteile von Affenweibchen ansehen zu dürfen. Das war jedoch nicht das Einzige, wofür die Affen zu zahlen bereit waren. Die Forscher konnten ihnen auch Fruchtsaft entlocken, wenn die Tiere sich im Gegenzug Bilder der Herdenmitglieder ansehen durften, die in der Hierarchie am höchsten standen.

Wahrscheinlich gibt es mehrere Gründe, warum Personen mit einem hohen Status uns so sehr beschäftigen. Zuallererst haben diese Personen ihren hohen Status nicht einfach so erlangt. In Zeiten, in denen man durch ziemlich triviale Dinge reich und berühmt werden kann, mag das nicht allzu viel heißen, aber in einer Gesellschaft von Jägern und Sammlern wäre die am meisten respektierte und ranghöchste Person zum Beispiel der beste Jäger oder Krieger. Jagen oder kämpfen zu können waren nützliche Eigenschaften, und der gemeine Jäger und Sammler konnte durch das Beobachten dieser Person dazulernen und selbst besser werden.

Ein weiterer Grund, weshalb wir uns für Menschen mit einem hohen Status interessieren, ist der, dass sie über Macht verfügen. Heutzutage ist die individuelle Macht stärker begrenzt als in früheren Zeiten, zumindest in der westlichen Welt, aber stellen Sie sich einmal vor, Sie wären ein Bauer in einer frühen Ackerbaukultur. Der König dieser Kultur hasst die Farbe Grün. Wenn Sie eines Tages also zu ihm gerufen werden, wäre es keine schlechte Idee, eine andere Farbe zu tragen. Ansonsten verlassen Sie den Palast womöglich nie wieder und können so kein Vorfahr für kommende Generationen sein.

* * *

Dass die sozialen Medien darauf ausgelegt sind, uns die Höhepunkte anderer Menschen zu präsentieren, macht das Problem mit ihnen nur schlimmer. Nur wenige Nutzerinnen und Nutzer laden Bilder von ihrem Doppelkinn hoch, während sie sonntags auf dem Sofa herumgammeln. Dagegen gibt es einen steten Strom an Bildern aus der perfekten Perspektive, Updates über Karriereerfolge und Berichte von fantastischen Urlaubsreisen. Wieder einmal sind unsere Gehirne aber nicht dazu geschaffen, mit dieser Selektivität umzugehen. Rein rational begreifen wir sie durchaus, aber unser Unterbewusstsein funktioniert nach wie vor nach dem Prinzip *Was wir sehen, ist alles, was es gibt*.

Dieses Missverständnis spiegelt sich auch in Studien wider, in denen man Leute darum bittet, ihr eigenes Sozialleben mit dem von anderen Menschen ins Verhältnis zu setzen. Wir tendieren dazu zu glauben, andere hätten ein besseres soziales Leben als wir selbst. In der Theorie könnte man die sozialen Medien ganz leicht auf eine Weise gestalten, die uns ein wenig vor solchen unglücklich machenden – und falschen – Vergleichen bewahren würde, das aber wäre schlecht für die Interaktion. Denn unsere Status-Angst ist die perfekte Methode, um dafür zu sorgen, dass wir Inhalte beisteuern.

So ist es zum Beispiel kein Zufall, dass Likes, Follower und so weiter von Anfang an für jedermann sichtbar sind. Denn das erzeugt eine Status-Hierarchie in den sozialen Medien. Wenn man diese Zahlen lediglich als Belohnung in einer Art digitaler Skinner-Box nutzen wollte, könnte man sich schließlich damit begnügen, sie nur den einzelnen Nutzerinnen und Nutzern zu zeigen. Doch diese Zahlen sind eben nicht nur ein Stück Zuckerbrot. Sie sind ebenso auch die Peitsche. Indem man sie öffentlich sichtbar macht, wird eine Form von Status-Hierarchie erschaffen, und in einer solchen wollen wir ganz instinktiv nach oben kommen. Bei der Arbeit streben wir eine Beförderung an, in den sozialen Medien streben wir nach vielen Likes und Followern. Das erreichen wir durch Beiträge und Interaktionen, und schon sind wir wieder bei der smarten Geschäftsidee der sozialen Medien. Die einzige »Bezahlung«, die sie uns geben müssen, ist für sie absolut kostenlos.

Die Schattenseite dieser Strategie besteht jedoch darin, dass die Status-Hierarchie auf beispielsweise Instagram sehr viel sichtbarer wird, als sie es in der realen Welt ist. Früher war man sich vielleicht dessen bewusst, nicht die beliebteste Person in der Klasse zu sein. Manche wurden zu mehr Partys eingeladen und hatten massenweise Freunde an anderen Schulen. Doch trotzdem bestand zu einem gewissen Grad eine selige Unwissenheit, denn denken Sie daran: *Was man sieht, ist alles, was es gibt.* Heute erfahren wir dagegen von allen Aktivitäten, die »uns durch die Lappen gehen«, und gleichzeitig präsentieren die sozialen Medien uns Zahlen, die uns unsere Position im sozialen Gefüge exakt angeben.

Dass junge Menschen die depressivste und ängstlichste Gesellschaftsgruppe geworden sind, ist nicht so erstaunlich. Sie sind es nämlich, die die sozialen Medien am meisten nutzen und zudem von Natur aus die stärkste Unsicherheit im Hinblick auf ihre sozialen Fähigkeiten verspüren. Trotzdem umgeben die Zahlen über den Zusammenhang von sozialen Medien und mentaler Gesundheit noch einige Rätsel. Es sind wie bereits erwähnt sowohl junge Frauen als auch Männer heute depressiver und ängstlicher als früher. Aber bei jungen Frauen ist das Problem wesentlich schlimmer ausgeprägt.

In manchen Ländern – unter anderem Norwegen – hat man bei der mentalen Gesundheit junger Männer tatsächlich überhaupt keine Verschlechterung beobachten können, in Dänemark und den meisten anderen Ländern schon. Dennoch deuten alle Studien darauf hin, dass es für junge Frauen gehörig den Bach runtergegangen ist. Warum nur?

Von Kosmetik zu Atomwaffen

Rauchschwalben sind kleine Vögel, ungefähr so groß wie Spatzen. Sie haben einen metallisch glänzenden blau-schwarzen Rücken und eine orange gefärbte Unterseite.

Wie bei vielen anderen Vogelarten auch ist das Federkleid der Männchen farbenprächtiger als das der Weibchen. Das liegt daran, dass die Weibchen es vorziehen, sich mit den Männchen zu paaren, die das prächtigste Federkleid vorweisen können. Bei den Rauchschwalben achten die Weibchen besonders auf die Brustbefiederung der Männchen. Sie variiert von einem hellen Orange bis hin zu einer intensiven, dunklen, beinahe roten Färbung. Für Rauchschwalbenweibchen sind die Männchen mit den dunkelsten Brustfedern am attraktivsten, folglich zeugen diese Männchen auch die meisten Jungen. Das bedeutet im Umkehrschluss aber nicht, dass die hellbrüstigen Männchen zu einem einsamen Tod verdammt wären. Einige amerikanische Forscher haben nämlich eine Möglichkeit gefunden, sie ein wenig zu unterstützen.

Fängt man Rauchschwalbenmännchen ein und färbt ihre Brustfedern mit billiger Tusche dunkler, erlangen sie bald darauf Casanova-Status: Die Weibchen fliegen auf sie, sodass die mit Tusche bemalten Männchen mehr Nachkommen zeugen, und sogar ihr Testosteronspiegel ansteigt. Vielleicht fällt Ihnen ja etwas Ähnliches aus der Welt der Menschen ein. Wir nutzen nämlich ebenfalls Superstimuli, um uns selbst attraktiver zu machen. Die stärkste Parallele zu den Rauchschwalben findet sich bei Frauen.

Das heißt, wir sind nun bei dem Abschnitt dieses Buches angelangt, in dem ich versuche, mich als Mann über das Aussehen von Frauen und über Unterschiede zwischen den Geschlechtern zu äußern, ohne Gefahr zu laufen, später durch die Straßen getrieben zu werden, wenn dieses Buch veröffentlicht ist. Sie können sich aber entspannt zurücklehnen und sich über meine Versuche amüsieren.

Zuerst ist natürlich erwähnenswert, dass sich das Aussehen von Menschen ungleich schwerer in eine Formel packen lässt, als das bei irgendeinem Vogel möglich ist. Wir Menschen sind kulturelle Wesen, was wir als schön empfinden, ist also nicht allein biologisch begründet. Es besteht auch eine kulturelle Komponente. Wir kennen beispielsweise eine Menge Kulturen, in denen die Schönheitsideale ganz anders aussehen als die im heutigen Dänemark (oder in Europa insgesamt).

In den Mursi- und Surmavölkern Äthiopiens weiten die Frauen ihre Unterlippen mit Lehmplatten, sodass es aussieht, als trügen sie einen Teller darin. Vielleicht bringt diese Idee in Dänemark ja ein paar Royal-Copenhagen-Enthusiasten beziehungsweise in Deutschland einige Fans von Meissener Porzellan in Versuchung, ansonsten fällt mir die Vorstellung schwer, dass sich dieser Trend durchsetzt.

Ein weiteres bekanntes Beispiel ist das Volk der Padaung in Myanmar, bei dem sich die Frauen mehrere Ringe um den Hals legen, die ihre Schlüsselbeine deformieren und ihre Hälse unnatürlich lang wirken lassen, und im alten Japan galt es als besonders schön, sich die Zähne schwarz zu färben.

Es gibt also keinen Zweifel daran, dass unsere Kultur Einfluss darauf hat, was wir als attraktiv empfinden. Ich kann mir jedenfalls nicht vorstellen, dass Sie besonders begeistert wären, wenn Ihr Date mit schwarzen Zähnen aufkreuzt.

Obwohl Geschlechtsideale kulturbasiert sind und sich aus einer langen Geschichte ergeben, bedeutet das jedoch nicht, dass man keine Superstimuli auf sie anwenden könnte. Man kann solche Überreize nämlich auch für etwas Erlerntes erschaffen. Das wissen wir unter anderem durch ein Lernprinzip, das man den *peak shift-Effekt* nennt. Psychologen und Neurowissenschaftler haben bemerkt, dass ein Tier, wenn man ihm ein bestimmtes Muster beibringt, dazu neigen kann, übertriebene Versionen dieses Musters vorzuziehen.

Man kann Ratten zum Beispiel beibringen, zwischen Drei- und Vierecken zu unterscheiden. Man könnte ihnen jeweils ein Bild der beiden Formen zeigen und unter den Abbildungen je einen Knopf anbringen. Wenn die Ratte dann auf den Knopf unter dem Viereck drückt, erhält sie eine Belohnung. Anschließend zeigt man ihr ein neues Viereck und ein neues Dreieck. Bald lernt die Ratte, dass Vierecke zu Belohnungen führen, und sie entscheidet sich immer für das Viereck.

Anschließend kann man die Ratte sogar noch stärker reagieren lassen, indem man ihr übertriebene Vierecke präsentiert, also solche, die sich noch stärker von Dreiecken unterscheiden als diejenigen, die die Ratte bisher in ihrem Training zu sehen bekommen hat. Beispielsweise könnten das Rechtecke sein, die sehr viel länger sind. Es deutet also darauf hin, dass wenn die Ratte die Gleichung »Viereck = gut« gelernt hat, daraus dann schlussfolgert, dass »Superviereck = supergut« gilt.

Warum die Ratten das tun, wissen wir nicht genau. Es hat vermutlich etwas mit der Art zu tun, wie Tiere lernen, Unterschiede in ihrer Umgebung wahrzunehmen. Wenn die Ratten ein Superviereck sehen, können sie sich noch sicherer als bei normalen Vierecken sein, dass es sich tatsächlich um ein Viereck handelt. Wenn sie gleichzeitig wissen, dass ein Viereck zu einer Belohnung führt, wählen sie also das, bei dem sie sich am sichersten sind – also die Supervariante. Was immer auch der

Grund dafür ist, so zeigt der peak shift-Effekt jedenfalls Folgendes: Auch wenn unsere Schönheitsideale erlernt sind, kann man trotzdem spezielle Superstimuli auf sie anwenden. Ja, mit diesem psychologischen Phänomen lässt sich sogar erklären, warum wir in verschiedenen Kulturen oft völlig übertriebene Trends vorfinden können. Was mit einem »Hey, eigentlich sieht so ein Ring um den Hals ganz gut aus« beginnt, wird dann zu einem »Je mehr Ringe, desto schöner!«.

* * *

Obwohl unsere Schönheitsideale zum Teil kulturell bestimmt sind, kommen wir nicht drum herum, dass es auch einen biologischen Aspekt von Schönheit gibt. Angeborene Präferenzen also, die einfach in unserer Natur veranlagt sind.

Das wird in Studien ersichtlich, in denen die Forscher Menschen aus ganz unterschiedlichen Kulturen Bilder von verschiedenen Personen zeigen und sie im Anschluss bitten, die Schönheit der Person auf dem Bild zu beurteilen.

Hierin sind sich Menschen aus vielen Teilen der Erde generell ziemlich einig. Es sind mehr oder weniger dieselben Menschen, die als schön wahrgenommen werden, ganz egal, ob man nun Europäer, Afrikaner oder Asiaten fragt, und unabhängig davon, ob die zu beurteilende Person selbst aus Europa, Afrika oder Asien stammt. Mit anderen Worten sind sich Personen aus äußerst unterschiedlichen Kulturkreisen – zum Beispiel eine Dänin und eine Koreanerin – relativ einig darüber, wie schön eine dänische oder koreanische Person aussieht. Diese Einigkeit beruht natürlich auf unserer gemeinsamen menschlichen Natur. Es gibt schlicht und ergreifend einige grundlegende Merkmale, die wir im Allgemeinen schätzen.

Bei den meisten Tierarten sind es die Männchen, die am stärksten nach ihrem Aussehen beurteilt werden. Aber bei

Menschen sind es eindeutig die Frauen. Auch hier kann die Ursache entweder kulturell oder biologisch bedingt sein, das wissen wir tatsächlich nicht ganz genau. Doch in jedem Fall finden wir die menschliche Variante des Tusche-Tricks der Rauchschwalben bei Frauen – ich spreche von Make-up.

Tatsächlich ist der dahinterliegende Mechanismus erstaunlich ähnlich. Bei den dunklen Brustfedern der Rauchschwalben handelt es sich um einen Sexualdimorphismus oder ein sekundäres Geschlechtsmerkmal. Also um ein Merkmal, in dem sich männliche und weibliche Individuen voneinander unterscheiden (damit sind nicht die Geschlechtsorgane gemeint). Bei anderen Tieren wären das die Mähne eines Löwen oder die prächtigen Schwanzfedern eines Pfauenmännchens. In beiden Fällen werden die Weibchen von diesen sexuell-dimorphen Merkmalen angezogen. Wenn Sie also ein Make-up für Löwen herstellen wollen, dann könnten Sie etwas erfinden, das ihre Mähne größer oder voller erscheinen lässt, und für Pfauen etwas, wodurch die Farben des Schwanzes noch kräftiger wirken.

Zurück zu uns Menschen. Hier entfaltet Make-up seine Wirkung, indem es die sexuell-dimorphen Merkmale im Gesicht verstärkt. Es lässt ein Gesicht femininer wirken. Frauen haben zum Beispiel im Schnitt größere Augen im Verhältnis zum restlichen Gesicht als Männer. Wenn man die Augen also größer aussehen lassen kann, dann führt das dazu, dass auch das Gesicht insgesamt femininer wirkt. Genau diesen Zweck erfüllen Mascara oder künstliche Wimpern.

Ein weiteres Beispiel ist der bei Frauen von Natur aus stärkere Kontrast im Gesicht. Das heißt, die farblichen Unterschiede zwischen verschiedenen Bereichen des Gesichts sind bei Frauen größer als bei Männern. Sie können ein geschlechtsloses Gesicht also maskuliner wirken lassen, indem Sie die Kontraste verringern, und Sie können es femininer wirken lassen, indem Sie die Farbkontraste deutlicher hervorheben.

Wieder ist es exakt das, was Make-up bewirkt. Eyeliner und Lidschatten erhöhen den Kontrast zwischen den Augen und dem restlichen Gesicht. Lippenstift erreicht das Gleiche beim Mund, und Rouge erfüllt diesen Zweck unter anderem an den Wangenpartien.

* * *

Früh an einem Sommermorgen im Jahr 1945 wurde die Dämmerung in der Wüste New Mexicos mit einem Mal zum helllichten Tag. Ein riesiger Feuerball erleuchtete den Himmel und verwandelte den Wüstensand in Glas. Eine Minute später stieg eine pilzförmige Wolke in die Luft, die sich mehr als zwölf Kilometer in die Atmosphäre erstreckte.

Weit davon entfernt und in Sicherheit überwachte eine Gruppe aus Wissenschaftlern und Militärs die Zerstörung in aller Ruhe. Sie müssen eine Mischung aus Stolz, Faszination und absolut existenzieller Angst verspürt haben. Denn alle vor Ort wussten, dass das, was ihnen gerade gelungen war, die Welt für immer verändern würde – ob zum Besseren, durfte man allerdings getrost bezweifeln.

Der leitende Wissenschaftler dieses Projekts, Robert Oppenheimer, beschrieb seine Gefühle, indem er eine Stelle aus einer alten hinduistischen Schrift zitierte: »Jetzt bin ich zum Tod geworden, zum Zerstörer von Welten.« Es war die Geburtsstunde der Atombombe.

Drei Wochen nach dem erfolgreichen ersten Testlauf wurde die neue Waffe zum ersten Mal im Krieg eingesetzt. Der amerikanische Bomber Enola Gay warf die Atombombe Little Boy über der japanischen Stadt Hiroshima ab und tötete sofort mehr als 70 000 Menschen. Später kamen mindestens ebenso viele Menschen aufgrund von Verletzungen und Krebserkrankungen durch die radioaktive Strahlung ums Leben.

Die Amerikaner warfen die Bombe ab, um Japan zur Kapitulation zu zwingen und damit den Zweiten Weltkrieg zu beenden. Man hegte die Hoffnung, dass amerikanische Soldaten auf diese Weise nicht zu Zehn- oder Hunderttausenden sterben mussten, indem man das Land auf die althergebrachte Art einnahm. Als Japan sich dann weigerte, sich zu ergeben, warfen die USA eine weitere Atombombe ab. Diesmal traf es die Stadt Nagasaki. Das reichte aus, um eine Kapitulation zu erzwingen, und der Zweite Weltkrieg war offiziell zu Ende.

Allerdings bedeutete das nicht, dass die Welt in den folgenden Jahren eine Zeit voller Friede, Freude, Eierkuchen erwartete. Denn mit der neuen Bombe hatten die Amerikaner eine bis dahin nie da gewesene Form der Macht gewonnen. Ohne auch nur einen einzigen Soldaten ins Feld schicken zu müssen, konnten sie ihre Feinde nun vollständig auslöschen, und das machte andere Länder nervös.

Vor allem in der Sowjetunion war man nicht gerade begeistert über die neugewonnene Macht der Amerikaner. Zwar hatten die beiden Länder zusammengearbeitet, als sie gemeinsame Feinde in den Nazis und den Japanern gehabt hatten, doch mit dem Sieg über die deutschen und japanischen Truppen wurde deutlich, dass beide Länder nur sehr schwer übereinkommen würden. Auf der einen Seite stand die sozialistische Sowjetunion mit ihrer Planwirtschaft und der eigenmächtigen Kommunistischen Partei, auf der anderen Seite waren die kapitalistischen USA mit Marktwirtschaft und Demokratie. Die Systeme ließen sich unmöglich vereinen, und beide Länder fürchteten, der jeweils andere würde seine Schlechtigkeit im Rest der Welt verbreiten.

In der Sowjetunion unternahm man bereits Versuche, Atomwaffen herzustellen, und als dies den Amerikanern gelang, verlieh das den sowjetischen Bemühungen einen zusätzlichen Motivationsschub. Einige Physiker des amerikanischen Atomwaffenprogramms sympathisierten nämlich mit dem Kommunismus. Also schmuggelten sie Forschungsergebnisse und gaben sie an sowjetische Agenten weiter, was bald darauf zur Folge hatte, dass auch die Sowjetunion in der Lage war, ihren ersten erfolgreichen Atomwaffentest durchzuführen.

Nun ist es wahrlich kein besonders angenehmes Gefühl, zu wissen, dass der eigene Feind einen quasi per Knopfdruck pulverisieren kann. Daher lieferten sich die beiden Supermächte in den folgenden Jahrzehnten einen aufreibenden Kampf darum, wer die Oberhand behielt. Als die Amerikaner eine doppelt so starke Atombombe erfanden, zog die Sowjetunion nach und entwickelte eine viermal so starke Version, woraufhin die Amerikaner eine achtmal effektivere Bombe bauten, und so ging es munter weiter. Zuletzt hatten die Kernwaffen eine Sprengkraft, die annähernd 1.600-mal so stark war wie die beiden Bomben aus Hiroshima und Nagasaki *zusammen*. Würde man eine solche Bombe über dem Reichstag in Berlin abwerfen, hätte allein der Feuerball einen Durchmesser von knapp sieben Kilometern und würde den gesamten Stadtkern dem Erdboden gleichmachen. Außerdem wären weite Teile des brandenburgischen Umlands verwüstet.

Der Streit um die Vormacht erstreckte sich auch auf alle anderen Bereiche des Militärs. Doch dieser Aufrüstungswettlauf versetzte die Weltbevölkerung nicht nur in Schrecken. Er war darüber hinaus unfassbar teuer. Statt Gelder für Bildung, das Gesundheitswesen oder für die Bekämpfung von Armut einzusetzen, steckte man große Teile des nationalen Wohlstands in unbenutzte Bomben, die unter der Erde lagerten, und in kolossale Mengen militärischer Eisenwaren.

Dass das nicht sonderlich smart war, wussten die Führungsriegen beider Länder durchaus. Doch wie sollten sie dieser Aufrüstungsspirale nur entkommen? Falls sich die Amerikaner entschlössen, ihre Militärausgaben zu senken, käme das einem

Freifahrtschein für die Sowjetunion gleich, die Weltordnung zu diktieren. Umgekehrt galt das natürlich ebenso. Es lohnte sich für die eine Supermacht kaum, das Geld einzusparen, wenn sie im Gegenzug dafür von der anderen in die Mangel genommen würde.

Man konnte sich selbstverständlich gut vorstellen, dass sich beide Länder darauf verständigten, gemeinsam abzurüsten, und zum Teil gelang das auch während des Kalten Krieges. Trotzdem war es eine heikle Situation, denn was, wenn entweder die USA oder die Sowjetunion im Geheimen weiter aufrüsteten, während der andere abrüstete? So könnte eine Seite ein paar Jahre später wieder die Übermacht gewinnen. Die Abrüstung erforderte also Vertrauen, und davon gab es nicht viel. Es half auch nicht gerade, dass es in beiden Ländern ständig zu neuen Regierungen kam. Denn wie sollten die Sowjets beispielsweise wissen, ob der nächste amerikanische Präsident es sich nicht einfach anders überlegte und wieder mit dem Aufrüsten begann?

Mangels einer Methode, mit der die Abrüstung hätte koordiniert werden können, blieben die beiden Supermächte in einem militärischen Wettlauf stecken – wir bezeichnen das heute als Wettrüsten. Dieses Phänomen kennen wir nicht nur aus dem Bereich der Kriegsführung, auch in anderen Teilen der Gesellschaft und in der Natur kommt es dazu.

Nehmen wir zum Beispiel unseren alten Freund, den Pfau mit seinen Schwanzfedern. Wie wir wissen, bevorzugen die Weibchen die Pfauenmännchen mit den schönsten Schwanzfedern. Dabei ist natürlich relativ, was als schön gilt. Für die Männchen wäre es praktisch, wenn man sich mit ein paar wenigen hübschen Schwanzfedern begnügen und seine Ressourcen – Kalorien – ansonsten für anderes einsetzen könnte. Aber was, wenn nun ein neues Männchen auftaucht, das doppelt so viele farbenprächtige Schwanzfedern mit sich herumträgt? Dann bekommt am Ende natürlich dieses Tier die Weibchen. In der nächsten Generation gibt es womöglich ein Männchen mit noch mehr Schwanzfedern, und so geht es immer weiter. Selbstverständlich gibt es da eine Grenze – irgendwie muss der Pfau ja auch überleben können. Bei der harten Konkurrenz unter den Vögeln wird aber alles, auf das verzichtet werden kann, eingespart und stattdessen in den Federschmuck investiert. Genau wie die USA und die Sowjetunion enorme Ressourcen in unbenutzte Waffen steckten.

In beiden Situationen kommen die Konkurrenten in Wahrheit nicht vom Fleck. Denn bei Beginn des Kalten Krieges waren die USA und die Sowjetunion, rein militärisch gesehen, ungefähr gleich stark. Nach mehreren Jahrzehnten der massiven Aufrüstung – und Ausgaben in Billionenhöhe – waren sie immer noch mehr oder weniger gleich stark. Auf die gleiche Weise hatten die Pfauenmännchen zu Beginn ihrer Entwicklung bereits hübsche Schwanzfedern. Nach Millionen von Jahren der Evolution hat sich daran nichts geändert. Inzwischen sind die Federn aber so riesig geworden, dass die armen Tiere mit einem übergroßen *Friss mich*-Schild durch die Gegend laufen. Ein Schild, das ihnen zudem die Flucht erschwert und sogar Ressourcen erfordert, die somit an anderen Stellen des Körpers fehlen.

»In unserem Lande«, sagte Alice, noch immer keuchend, »würde man, wenn man so lange und so schnell liefe, wie wir jetzt gelaufen sind, irgendwo anders hinkommen.«

»Das muss ein sehr langsames Land sein«, sagte die Königin, »hier musst du laufen, so schnell du kannst, um nur auf demselben Platz zu bleiben. Wenn du irgendwo anders hinkommen willst, musst du mindestens doppelt so schnell laufen …«

* * *

Wieso Atombomben eine Relevanz für unser Aussehen haben, lässt sich am besten mit einem Ausflug in ein Paralleluniversum verstehen. Stellen Sie sich eine Welt vor, in der Kosmetik einfach nicht existiert. In Wirklichkeit existieren bereits seit Tausenden Jahren Varianten der meisten Kosmetikprodukte. Selbst die alten Sumerer trugen schon vor 5.000 Jahren primitiven Lidschatten und Lippenstift.

Aber in der fiktiven Welt, die wir uns jetzt vorstellen wollen, haben die Menschen es irgendwie geschafft, die Möglichkeit, sich selbst attraktiver zu machen, zu übersehen. Deshalb sieht dort jeder so aus, wie er oder sie nun einmal aussieht. Manche sind schön, andere nicht, und so ist es eben. Wie in unserer Welt bringt es einige Vorzüge mit sich, körperlich attraktiv zu sein. Nicht nur, wenn es darum geht, einen Partner oder eine Partnerin zu finden. Auch in Verbindung mit einem Job ist es hilfreich, denn wir wissen aus Studien, dass hübsche Menschen mehr verdienen und als kompetenter eingeschätzt werden.

In unserem erdachten Universum ist den Menschen dieser Zusammenhang nicht so sehr bewusst, aber eines Tages entdeckt eine junge Frau, nennen wir sie Elizabeth, die Vorteile eines guten Aussehens. Ihr geht auf, dass sie ihre gesellschaftliche Position verbessern kann, indem sie ihr eigenes Aussehen verbessert. Nach einiger Zeit des Grübelns im stillen Kämmerlein erfindet sie das Make-up, wie wir es heute kennen.

Durch das Make-up wird Elizabeth attraktiver als zuvor und attraktiver als andere Frauen. Sie erhält mehr Aufmerksamkeit vom anderen Geschlecht und bekommt sogar eine Gehaltserhöhung. All diese zusätzliche Aufmerksamkeit sorgt allerdings auch dafür, dass Elizabeths neue Erfindung kein Geheimnis bleibt. Es dauert nicht lange, und andere Frauen experimentieren ebenfalls mit ihrem äußeren Erscheinungsbild.

Anfangs sind es nur wenige, die das tun, weshalb sich für Elizabeth nichts ändert. Aber mit der Zeit verwenden immer mehr Frauen Make-up, sodass Elizabeth keinen nennenswerten Vorteil mehr hat. Alle sehen jetzt besser aus, als sie es vorher getan haben. Wenn wir uns nun vorstellen, dass Make-up das Aussehen aller Frauen gleichermaßen verbessert, befinden sie sich alle in der gleichen Position wie zuvor. Die attraktivsten sind wieder die attraktivsten, und die am wenigsten attraktiven wieder die am wenigsten attraktiven. Nur besteht der Unterschied inzwischen darin, dass man Make-up benutzen muss, um überhaupt mithalten zu können. Wenn Elizabeth einen stressigen Tag hat und *kein* Make-up aufträgt, ist sie weniger attraktiv als alle anderen und muss sich Kommentare wie »Du siehst heute aber müde aus« anhören.

Das gefällt Elizabeth überhaupt nicht, sie will wieder die Schönste im ganzen Land sein, also schließt sie sich erneut in ihrem Kämmerlein ein. Klug, wie sie ist, erdenkt sie eine neue Methode, mit der sie ihr Aussehen verbessern kann: plastische Chirurgie. Sie beginnt mit einem simplen kosmetischen Eingriff und injiziert sich eine Flüssigkeit in die Lippen, damit sie fülliger wirken. Für eine kurze Zeit reden alle davon, wie toll Elizabeth mit ihren fülligen Lippen aussieht, doch schon bald haben auch die anderen Frauen diese Behandlungsmethode für sich entdeckt.

Also geht Elizabeth einen Schritt weiter. Vielleicht wendet sie sich vom Gesicht ab und widmet sich nun ihrem Körper, an dem sie ein anderes sexuell-dimorphes Merkmal verstärkt. Zum Beispiel, indem sie ihre Brüste künstlich durch Silikon vergrößert. Aber wieder dauert es nicht lange, bis die anderen Frauen nachziehen, und so geht es immer weiter. Elizabeth rennt und rennt, kommt aber nicht vom Fleck.

Natürlich treibt diese Geschichte die Dinge ein wenig auf die Spitze. Trotzdem gibt es vergleichbare Vorgänge in unserer modernen Gesellschaft. In den sozialen Medien ist es sehr verbreitet, seine eigenen Bilder mit Hilfe von Apps zu retuschieren, die einen besser aussehen lassen. Das beliebteste dieser Programme versucht das nicht einmal zu verbergen und nennt sich sogar

FaceTune. Hier ist alles möglich, vom Glätten der Haut bis zu einer kompletten Umgestaltung des Gesichts. Inzwischen geht das auch in Videos, die ansonsten ein natürlicheres Bild abgaben. Hier ist es nahezu ein Sport geworden, diverse Prominente beim künstlichen Verschlanken ihrer Taille zu entlarven, wenn ihr Videofilter für einen kurzen Moment aussetzt.

In der realen Welt bedeutet dieser Schönheitswettlauf, dass immer mehr Schönheitsoperationen durchgeführt werden. Daten des dänischen Gesundheitsministeriums zeigen, dass 2022 mehr als sechsmal so viele Brustvergrößerungen vorgenommen wurden als noch 2005. (In Deutschland hat sich diese Zahl zwischen 2010 und 2022 mehr als verdoppelt.) Ebenso wurden mehr als zwanzigmal so viele Gesichts- und Halsstraffungen, sechsmal so viele Fettabsaugungen und beinahe zehnmal so viele Augenbrauenliftings durchgeführt.

Aus globaler Perspektive gibt es jedoch viele Länder, in denen das Rennen um Schönheit noch intensiver geführt wird. Ein Beispiel ist Südkorea, wo chirurgische Eingriffe heute so normal sind, dass einunddreißig Prozent aller Frauen mindestens einen solchen haben vornehmen lassen.

* * *

Jetzt sind wir bereit, auf die Frage zu antworten, warum es so vielen jungen Frauen heutzutage schlecht geht. Durch die kulturellen und biologischen Ursachen neigen junge Frauen dazu, sich in besonderem Maße mit ihrer äußeren Erscheinung zu beschäftigen. In einer Welt, die immer stärker von sozialen Medien dominiert wird, kann das zu Unbehagen führen: Alle diese Medien versuchen, unsere Aufmerksamkeit zu binden, um so Geld zu verdienen. Da wir instinktiv davon angezogen werden, schöne Menschen anzusehen, ist es genau das, was wir zu sehen bekommen.

Ob man gut aussieht, ist dabei eine relative Angelegenheit. Wenn Sie sich mit Ihrem Nachbarn vergleichen, ist es vielleicht gar nicht schwer, sich attraktiv zu fühlen, aber in den sozialen Medien ist die ganze Welt Teil der »Konkurrenz«. Das heißt, die »Gewinner« im Algorithmus, die in Ihrem Feed angezeigt werden, sind die schönsten von Tausenden oder sogar Millionen von Menschen. Sie sind in keiner Weise repräsentativ für die Bevölkerung als Ganzes, aber unsere Gehirne funktionieren größtenteils nach dem Prinzip *Was man sieht, ist alles, was es gibt*. Folglich sind es diese ungewöhnlich attraktiven Menschen, mit denen wir uns vergleichen.

Deshalb kann eine Runde durch die sozialen Medien schnell zu einer langen Reihe aus sozialen Niederlagen für all jene werden, die dazu tendieren, sich mit anderen zu vergleichen. Das tun wir Menschen zwar alle, doch junge Menschen, die noch dabei sind, ihren Platz in der Welt zu finden, sind dafür besonders empfänglich. Noch dazu verbringen junge Frauen mehr Zeit in den sozialen Medien als junge Männer, da verwundert es kaum, dass junge Frauen die am stärksten betroffene Gruppe darstellen.

Gleichzeitig geben uns die sozialen Medien schwarz auf weiß zu verstehen, dass unser Äußeres eine immense Rolle für den Erfolg in unserem Leben spielt. Die schönen Menschen, die den Algorithmus dominieren, verdienen haufenweise Geld mit nichts anderem, als gut auszusehen.

So ist es ein Leichtes, sich in ein Wettrüsten hineinziehen zu lassen, bei dem man darum kämpft, auch selbst so ein Leben führen zu können wie jenes, das man auf dem Bildschirm sieht. Doch in diesem Wettlauf rennt jeder, so schnell er oder sie kann, und deshalb kommt trotz großer Anstrengungen nur selten etwas dabei heraus. Abgesehen davon, wird man dadurch immer unsicherer und unzufriedener mit dem eigenen Aussehen.

Körperideale auf Steroiden

Männer sind selbstverständlich ebenso empfänglich für einen Rüstungswettlauf wie Frauen. Der Unterschied liegt lediglich darin, dass wir das Erscheinungsbild von Männern aus der gesellschaftlichen Perspektive heraus mit anderen Parametern beurteilen (hier gilt ebenfalls wieder: aus kulturellen und/oder biologischen Gründen).

Das beste Beispiel für ein solches Wettrüsten in Bezug auf das Äußere von Männern hat daher nichts mit Gesichtszügen zu tun, sondern mit Muskulatur. In Studien empfinden Frauen üblicherweise Männer mit größeren Muskeln als attraktiver, jedenfalls bis zu einem gewissen Grad. Bekanntermaßen lassen sich Muskeln durch Krafttraining vergrößern, und das ist weitgehend eine Win-win-Situation: Man sieht besser aus und wird gesünder. Allerdings gibt es in Form von anabolen Steroiden auch künstliche Abkürzungen, um das Muskelwachstum zu steigern. Diese synthetischen Stoffe ahmen den Effekt des männlichen Geschlechtshormons Testosteron nach.

Testosteron wirkt sich auf unterschiedliche Arten auf den Körper aus, aber einer der Effekte, die besonders sichtbar sind, ist der, dass es das Muskelwachstum anregt. Männer sind unter anderem wegen ihres von Natur aus höheren Testosteronniveaus im Körper muskulöser als Frauen. Steroidkonsumenten reicht es aber nicht, mit natürlichen Testosteronmengen zu experimentieren. Sie nehmen sogenannte suprafysiologische

Dosen ein, also Mengen, die den normalen Testosteronspiegel weit überschreiten, weshalb das Ergebnis aus einer Muskelmasse besteht, die auf einem Niveau liegt, das wir in der Natur niemals beobachten könnten.

Zuallererst ist dies ein Anlass, uns nochmal in Erinnerung zu rufen, dass der Körper dynamisch ist. Denn wenn er große Mengen testosteronähnlicher Stoffe im Blut wahrnimmt, schlussfolgert er, dass die Testosteronproduktion der Hoden viel zu hoch sein muss. Also fährt er die Produktion herunter, damit sie wieder auf das Normalniveau sinkt.

Doch dadurch, dass die testosteronähnlichen Stoffe aus Injektionen stammen, hilft das nichts. Der Testosteronspiegel bleibt weiter unnatürlich hoch, weshalb der Körper wieder und wieder versucht, die Produktion herunterzufahren, um sie zu normalisieren.

Irgendwann wird die körpereigene Testosteronproduktion beinahe ganz eingestellt. Die Hoden, in denen das Testosteron gebildet wird, schrumpfen dann zusammen, und im schlimmsten Fall stirbt das testosteronproduzierende Gewebe sogar ab.

Viele Männer, die mit ihrem Körperbau Geld verdienen, nutzen heutzutage anabole Steroide, das ist ein offenes Geheimnis. Das gilt für Fitness-Influencer auf Instagram und YouTube ebenso wie für Actionhelden in Hollywood. Die alte Riege der Actionschauspieler geht dabei weitestgehend ehrlich mit ihrem Gebrauch von chemischen Hilfsmitteln um. Arnold Schwarzenegger gibt zum Beispiel zu, dass er jahrzehntelang sowohl Testosteron als auch das anabole Steroid Dianabol eingenommen hat, um zu seinem formidablen Körperbau zu kommen.

Der Schwede Dolph Lundgren, den viele von uns als Ivan Drago aus dem Film *Rocky IV* kennen, hat ebenfalls eingeräumt, während des Großteils seiner Karriere Steroide eingenommen zu haben. Sein Gegner in diesem Film, Sylvester Stallone, hat zwar nie öffentlich über Steroide gesprochen, jedoch wurden im

Jahr 2007 an einem australischen Flughafen 48 Ampullen mit Wachstumshormonen bei ihm entdeckt, die genau wie anabole Steroide einen Anstieg der Muskelmasse herbeiführen.

Heute reden Hollywood-Schauspieler weniger offen über die Verwendung von Steroiden, und die meisten schreiben ihre Physis ausschließlich hartem Training und Hühnchen mit Brokkoli und Reis zu. Trotzdem tauchen die Namen bekannter Schauspieler, Musiker und anderer Prominenter gelegentlich in Verfahren auf, in denen sich Ärzte und Pharmazeuten wegen des Verkaufs von Steroiden verantworten müssen. Im Grunde müsste man auch ziemlich naiv sein, um bei den wilden Geschichten aus dem Showbusiness an Natürlichkeit zu glauben, wenn beispielsweise manche Leute innerhalb weniger Monate zehn bis zwanzig Kilogramm an Muskelmasse zunehmen. Oder wenn Schauspieler über 50 Jahre alt sind, aber deutlich mehr Muskeln haben als noch vor 20 Jahren.

Es ist natürlich ungerecht, allen von ihnen Betrug vorzuwerfen, und nur weil man Steroide einnimmt, bedeutet das nicht, dass man um hartes Training oder gesunde Ernährung herumkommt, wenn man einen gestählten Körper haben möchte. Studien zeigen aber, dass Menschen, die Steroide einnehmen und nicht trainieren, mehr Muskelmasse gewinnen als Leute, die ohne den Einsatz von chemischen Hilfsmitteln trainieren. Steroide helfen also nicht nur ein kleines bisschen: Sie sorgen dafür, dass man in einem Maß an Muskelmasse zulegt, das mit natürlichen Testosteronmengen schlicht unmöglich zu erreichen ist.

* * *

Es fällt nicht schwer, nachzuvollziehen, warum eine ganze Menge Schauspieler und Fitness-Influencer zu Steroiden greifen. Große Muskeln sind schließlich das, was die Zuschauer sehen wollen, und da die Schauspielszene global ausgerichtet ist, gibt es eine harte Konkurrenz. Hinter der Bühne stehen ganze Heerscharen talentierter Rivalen bereit, um einen zu ersetzen. Steroide können also das Quäntchen ausmachen, mit dem man seine Konkurrenten auf Distanz halten kann.

Das Problem ist nur, dass Muskeln (so wie Schönheit) ein weiteres relatives Merkmal sind. Ein Amateurbodybuilder aus einem dänischen Fitnessstudio wäre wahnsinnig muskulös, wenn wir mit ihm in die Zeiten von H. C. Andersen reisen würden. Auf einer Bühne mit professionellen Bodybuildern allerdings würde er eher wie eine Bohnenstange wirken. Ja, inzwischen brauchen professionelle Bodybuilder beinahe schon ein wissenschaftliches Studium, um den Überblick über all die verschiedenen Hormonpräparate zu behalten, die sie einnehmen. Die Konkurrenz ist so extrem geworden, dass sich manche – Profis wie Amateure – Öl in die Muskeln spritzen, um sie noch größer wirken zu lassen. Die Latte hängt mittlerweile so hoch, dass selbst ein Arnold Schwarzenegger zu seinen besten Zeiten die aktuelle Ausgabe des prestigeträchtigsten Bodybuilding-Wettbewerbs, Mr. Olympia, niemals gewinnen könnte.

Für normale Menschen ist die Welt der Bodybuilder vielleicht nicht ganz so relevant, aber zusammen mit Fitness-Influencern, Hollywoodschauspielern und anderen Promis, die Steroide nutzen, verschieben Bodybuilder immer weiter die Grenzen dessen, was körperlich erreichbar ist. In der gleichen Weise, wie stark nachbearbeitete Fotos von Instagram-Models bei Frauen die Auffassung davon verschieben, wie der normale weibliche Körper auszusehen hat.

Eine Vorstellung davon, welchen Effekt der Wettlauf um immer größere Muskeln auf männliche Körperideale hat, können wir erlangen, indem wir uns die Entwicklung von Spielfiguren für Jungen über die Zeit ansehen.

In einer amerikanischen Studie haben Forscher diverse Ausgaben von Actionfiguren wie G.I. Joe und Luke Skywalker aus verschiedenen Jahrzehnten aufgestöbert. Die frühesten Exemplare stammen aus den 60er- und 70er-Jahren, in denen die Figuren normalen, untrainierten und schlanken Männern glichen. Im Lauf der folgenden Jahrzehnte wurden sie aber immer muskulöser. So wurde der Brustkorb im Vergleich zur Taille immer breiter, und auch der Armumfang der Spielfiguren nahm zu.

Die jüngsten Figuren in der Studie stammen aus den späten 1990er-Jahren, und die Forscher verglichen deren Körpermaße mit denen von mehreren professionellen Footballspielern, um herauszufinden, wie unnatürlich die Proportionen der Spielfiguren geworden waren. Als sie die Maße der Actionhelden auf die Körpergröße der Footballspieler umrechneten, hatten die Figuren doppelt so große Brustkörbe und zwei- bis dreimal so große Bizepse. Selbst die besten Bodybuilding-Profis in der echten Welt könnten es nur schwerlich mit solchen Werten aufnehmen.

Actionfiguren für Jungen spiegeln die neuen gesellschaftlichen Körperideale in der gleichen Weise wider, wie Barbie-Puppen das bei Mädchen tun. Wäre Barbie ein lebender Mensch, hätte sie ebenfalls völlig unnatürliche Körperproportionen. Ihre Schuhgröße läge in etwa bei 33, ihr BMI bei 16. Ein solcher Wert wäre lebensgefährlich und würde sie in die Kategorie »stark untergewichtig« fallen lassen.

In beiden Fällen ist es interessant zu bemerken, dass diese Körperideale die Übertreibung eines ursprünglich gesunden Aspekts darstellen: Sowohl eine schlanke Figur als auch eine muskulöse Statur sind gut für die Gesundheit. Erst wenn diese Merkmale durch einen Wettlauf ins Extreme getrieben werden, schaden sie der Gesundheit. Ab diesem Punkt verlieren sie auch ihre Attraktivität gegenüber dem anderen Geschlecht. Männer ziehen schlanke Frauen zwar vor, aber nicht, wenn sie einen BMI von 16 haben. Umgekehrt empfinden Frauen muskulöse

Männer als attraktiv, allerdings nicht, wenn sie Bodybuilder-Maße aufweisen. Ironischerweise scheint das körperliche Wettrüsten die Menschen so zu verblenden, dass diejenigen, die es am intensivsten betreiben, bei ihrem Streben danach, aus der Masse herauszustechen, am Ende übers Ziel hinausschießen.

Operative Beinverlängerungen

Ein weiteres männliches Körperideal besteht darin, groß zu sein. Eine gewisse Körpergröße ist ähnlich vorteilhaft für Männer wie eine kräftige Muskulatur, lässt sich im Erwachsenenalter allerdings nicht mehr so einfach ändern. Während der Pubertät wachsen wir nämlich primär dadurch, dass an den Enden der sogenannten Röhrenknochen neues Knochengewebe gebildet wird. Diese Art von Knochen finden wir unter anderem in Armen und Beinen. Nach der Pubertät verknöchern diese Enden der Röhrenknochen dauerhaft, sodass ein Knochenwachstum nicht mehr möglich ist, obwohl wir immer noch Wachstumshormone in unserem Blut haben.

Während des Kalten Kriegs erfand der sowjetische Forscher Gawriil Abramowitsch Ilisarow jedoch eine Methode, die eine Verlängerung der Körpergröße von Menschen trotzdem erlaubte. Diese Operation hat sich seit dieser Zeit kaum verändert und ist ziemlich brutal. Dabei verlängert man entweder den Oberschenkelknochen oder das Schienbein. Zuerst sägt man den Knochen entzwei, sodass es zu einem kompletten Bruch kommt. Anschließend wird eine Metallstange in die beiden Knochenhälften geschraubt, jeweils an den Seiten des Bruchs. Diese Metallstange lässt sich stufenweise verlängern, sodass sie die Knochenhälften immer weiter auseinanderzieht. Währenddessen bildet sich zwischen den Hälften stetig neues Knochengewebe, da der Körper versucht, den Bruch zu flicken. Mit der Zeit kann die Operation die Oberschenkel- oder Schienbeinknochen von Patienten also verlängern, und in der Regel sind die Menschen, die sich dafür unters Messer legen, am Ende 10–15 Zentimeter größer als vor dem Eingriff. Dafür müssen sie allerdings das Laufen wieder neu lernen, riskieren lebenslange Komplikationen, und darüber hinaus ist es natürlich eine äußerst schmerzhafte Prozedur, sich die Knochen durchtrennen und auseinanderziehen zu lassen.

Trotz der Schmerzen und der Risiken deutet jedoch vieles darauf hin, dass beinverlängernde Eingriffe im Kommen sind. Erst kürzlich interviewte der britische Nachrichtensender BBC Kliniken auf der ganzen Welt, die auf solche Operationen spezialisiert sind, und überall berichteten die Ärzte von einer jährlich wachsenden Nachfrage.

* * *

Wie Sie nun vermutlich erkennen, finden wir Rüstungswettläufe an allen möglichen Orten der modernen Welt, und tatsächlich gibt es noch einen wichtigen Wettlauf, dem wir uns bisher nicht zugewandt haben. Nämlich den, auf dem große Teile dieses Buchs basieren.

In den Kapiteln dieses Buchs haben wir immer wieder verschiedene Industrien ins Visier gefasst, die unsere psychologischen Schwächen ausnutzen, um damit Geld zu verdienen. Aber das liegt ja nicht daran, dass alle, die in diesen Industrien tätig sind, irgendwelche bösartigen Soziopathen wären. Nein, viele der Übel und Probleme, die wir kennengelernt haben, stammen vielmehr von überwiegend guten Menschen, die wie so viele andere auch in einem Rüstungswettlauf festhängen.

Nehmen wir zum Beispiel die Situation mit Nahrungsmittel-Superstimuli. Im Supermarkt wählen die Verbraucher ihre Waren in erster Linie danach aus, was ihnen am besten schmeckt. Will man also Geld verdienen und sich gegen seine Konkurrenten durchsetzen, fällt es schwer, der Verlockung zu widerstehen, zusätzlichen Zucker, Fett, Salz, Geschmacksverstärker und dergleichen einzusetzen. Denn was tun Sie, wenn Ihr Konkurrent mit einem neuen Produkt um die Ecke kommt, bei dem er den Salzgehalt erhöht hat?

Mag sein, dass Sie denken »Es ist am Ende doch gesünder für die Kunden, wenn sie nicht zu viel Salz zu sich nehmen«. Doch was, wenn die meisten Kunden einfach die Produkte der Konkurrenz kaufen?

Dann verdienen die Konkurrenten am meisten, und schon beschließt Ihr Unternehmen, die erste Runde mitzugehen und den Salzgehalt seines Produkts zu erhöhen. Wenig später haben sich die Verbraucher allerdings an den hohen Salzgehalt gewöhnt, und sie lassen sich aufs Neue gewinnen, indem man noch mehr Salz hinzusetzt. Zieht Ihr Unternehmen dieses Mal wieder mit, wenn die Konkurrenz den Salzgehalt erhöht? Es könnte schwer werden, das zu unterlassen, denn ohne Einnahmen stirbt die Firma, und dann bliebe nur die ewig eskalierende Konkurrenz übrig. Auf diese Weise erscheint es fast unmöglich, dem Wettrüsten zu entrinnen, sofern man nicht bereit ist, sein Unternehmen den eigenen Prinzipien zu opfern. Selbst wenn der Großteil derer, die in einer solchen Industrie arbeiten, gute Menschen sind, die niemandem etwas Böses wollen, läuft man dennoch leicht Gefahr, in dieser Fallgrube zu enden.

Allerdings gibt es zwei gute Möglichkeiten, ein Wettrüsten zu beenden.

Die erste besteht darin, einen mächtigen Dritten hinzuzuziehen, der imstande ist, Grenzen zu setzen. Nehmen wir das Beispiel von vorhin, den Streit zwischen den USA und der Sowjetunion, von dem der Begriff »Wettrüsten« herrührt. Damals rüstete man militärisch so lange auf, bis man in der Lage war, den ganzen Planeten mehrfach zu vernichten.

In der realen Welt gab es keinen dritten Part, der über ausreichend Macht verfügt hätte, diese beiden Supermächte in irgendwelche Schranken zu weisen. Stellen Sie sich aber einmal vor, wir könnten dennoch jemanden hinzurufen. Vielleicht Gott, vielleicht Aliens oder meinetwegen Odin und Thor. Wer auch immer es ist, er wendet sich jedenfalls an die Führungen der beiden Länder: »Jeder von euch darf exakt fünf Atomwaffen besitzen und nur ein Prozent eures jährlichen BIP für Militärausgaben aufwenden. Haltet ihr euch nicht daran, lassen wir sämtliche Politiker draufgehen und verwandeln euch zu Staub.«

In diesem Fall ist es weitaus einfacher, einen Rüstungswettlauf zu stoppen. Denn keine der Parteien muss sich darum sorgen, von der anderen überrumpelt zu werden. Niemand muss Angst davor haben, der Rivale könnte den Vertrag brechen, denn dann würde die mächtige dritte Partei eingreifen und ihn zurechtweisen.

Im Hinblick auf internationale Angelegenheiten gestaltet sich eine solche Lösung in der Realität als ziemlich schwierig, aber innerhalb eines bestimmten Landes ist es tatsächlich einfach. Denn wir haben in Form des Staates ja tatsächlich eine mächtige Organisation, die sich der Regulierung annehmen kann. In einer idealen Welt kann der Staat viele Rüstungswettläufe beruhigen, indem er Gesetze erlässt, die begrenzen, was erlaubt ist, und an die sich alle Unternehmen einer Industrie zu halten haben.

Bei unserem Salzbeispiel könnten Sie sich vorstellen, dass die Regierung eine Höchstgrenze für den Salzgehalt in der Produktkategorie festlegt, in der Sie tätig sind. Auf diese Weise würde es nie zu einem Wettrüsten kommen. Rein prinzipiell würden die Verbraucher zwar immer noch sehr salzhaltige Produkte vorziehen, aber es gäbe sie einfach nicht.

Natürlich bestünde immer die Gefahr, dass manche die Regeln brächen und ihre illegalen Produkte auf dem Schwarzmarkt feilböten. Beispielsweise wird in unserer Gesellschaft nach wie vor Heroin konsumiert, obwohl es ein illegales Produkt ist. Aber wie wir es bereits am Cannabismarkt gesehen haben, können Gesetze und Verbote wenigstens dazu beitragen, das Wettrüsten abzumildern, sodass die Eskalationen weniger heftig ausfallen. Denn Großkonzerne voller kluger Köpfe sind eben sehr viel besser darin, Superstimuli zu erzeugen, als Kriminelle. Bei manchen Produkten – wie zum Beispiel Nahrungsmitteln mit Salzzusatz – fällt die Vorstellung eines Schwarzmarkts ziemlich schwer.

Wenn es um digitale Superstimuli geht, hat man sich in China für eine Lösung durch Gesetze entschieden. Wenn Sie zum Beispiel die chinesische Version von TikTok (dort heißt sie Douyin) öffnen, bekommen Sie keine albernen Tänze, Klatsch oder Sportclips zu sehen, sondern eher kurze Videos über Wissenschaft, Mathematik und Geschichte. Das aber nicht, weil die Chinesinnen und Chinesen gebildeter wären als wir, sondern weil die chinesische Regierung festlegt, wie Techkonzerne ihre Feeds gestalten müssen. Sie dürfen ihre Superstimuli nicht im gleichen Maße optimieren wie im Westen. Die Gesetzgebung sorgt beispielsweise auch dafür, dass die App die Nutzerinnen und Nutzer regelmäßig fragt, ob sie nicht eine Pause einlegen wollen – was eine schlechte Idee ist, wenn man sie gern vor dem Display halten möchte, um ihnen möglichst viele Werbeanzeigen vorzuspielen. Den Userinnen und Usern allerdings kann das helfen, aus dem Zombiezustand auszubrechen.

In China versucht man also, das Wettrüsten einzudämmen, indem man per Gesetz in die Verhaltensweisen der Verbraucher eingreift. Seit Kurzem besteht eine gesetzliche Verpflichtung dazu, sich mit seinem echten Namen zu registrieren, um Computerspiele zu spielen, und man hat die Spielzeit für Kinder unter 18 Jahren begrenzt. Sie können nun höchstens eine Stunde pro Tag spielen und erhalten nur an Freitagen, Wochenenden und Feiertagen Zugang zu den Spielen. Ebenso steht dort zur Debatte, die gesamte Bildschirmzeit für Kinder unter 18 Jahren auf zwei Stunden täglich zu begrenzen und den Zugang zwischen zweiundzwanzig und sechs Uhr ganz zu sperren.

So vernünftig einige dieser Regeln sein mögen, sind wir uns vermutlich einig, dass diese Art von Kontrolle schnell ein wenig dystopisch anmutet. Es ist jedenfalls sehr viel angenehmer, in einer Gesellschaft zu leben, in der die Menschen selbst entscheiden dürfen, wie sie ihr Leben gestalten wollen.

Andererseits haben wir längst akzeptiert, dass das nicht immer möglich ist. Zum Beispiel haben wir beschlossen, dass manche abhängigkeitsverursachende Produkte – wie Heroin – so schädlich sind, dass es niemandem erlaubt sein sollte, sie zu konsumieren, selbst wenn es die eigene Entscheidung einer Person ist. Andere Sucht hervorrufende Produkte – wie Zigaretten – sind zwar noch erlaubt, werden durch Gesetze und Besteuerung aber direkt durch den Staat bekämpft. Auch die Alkohol- und die Glücksspielindustrie werden bei uns reguliert. Da fällt es nicht schwer, sich vorzustellen, dass in Zukunft der Eingriff in andere Industrien in ganz ähnlicher Weise nötig sein wird. Sollten wir das jedoch tun, besteht das größte Problem darin, dass wir nicht alle gleich sind. Für manche würde es das Leben verbessern, wenn Nahrungsmittel-Superstimuli stärker reguliert würden. Es würde ihnen helfen, wie ihre Vorfahren ein gesundes Gewicht zu halten. Doch für all jene, die ohne Regulierungen gut zurechtkommen, wäre es eine Einschränkung ihrer Freiheiten, ohne dass sie einen Nutzen davon hätten.

Es ist also ein heikler Balanceakt. Sollten wir beispielsweise kein kühles Bier mehr genießen dürfen, weil Alkohol andere süchtig macht und sie ihr Leben zerstören lässt?

Vielleicht ist eine kreative Gesetzgebung vorstellbar, die nur Überkonsum einschränkt oder auf irgendeine Art mehrere Bedürfnisse auf einmal berücksichtigt. Doch das ist schwierig. Worüber aber in jedem Fall kein Zweifel besteht, ist die Feststellung, dass staatlicher Zwang nicht gerade zu Win-win-Situationen führt.

Es gibt jedoch noch eine zweite Möglichkeit, Rüstungswettläufe zu beruhigen: die Grundlage selbst verändern. Alle Rüstungswettläufe, die uns begegnet sind, entstehen aufgrund der Vorlieben der Verbraucher. Sie schaden uns, weil unsere Vorlieben – das, worauf wir Lust haben – nicht notwendigerweise das sind, was uns auf lange Sicht nützt. Was wäre denn nun, wenn wir diese Vorlieben ändern könnten?

Wenn die Verbraucher keine absurden Salzmengen fordern, ist nichts zu gewinnen, wenn man es seinen Produkten zusetzt. Hier kommt also dieses Buch ins Spiel. Selbstverständlich nicht als die endgültige globale Lösung für eine der größten Herausforderungen des kommenden Jahrhunderts, aber zumindest als mein eigener bescheidener Beitrag dazu.

Denn wollen wir unsere Vorlieben ändern, müssen wir zuallererst verstehen, dass man uns manipuliert und wie das geschieht. Denken Sie nur daran, wie Rauchen von etwas völlig Normalem zu einer Angewohnheit geworden ist, die heute ein kleinerer Teil der Bevölkerung als früher hat. Das liegt nicht nur an Gesetzen und Steuerabgaben, sondern zu einem mindestens ebenso hohen Grad an Aufklärungsarbeit. Wir wissen, dass Nikotin abhängigkeitsverursachend ist, und die Tabakkonzerne haben es schwerer, die Menschen hinters Licht zu führen, weil ihre Manipulationsversuche ein ums andere Mal aufgedeckt wurden.

Wissen allein reicht natürlich nicht immer aus, um einer

schlechten Angewohnheit den Garaus zu machen. In manchen Fällen wird man sie dennoch kaum los, obwohl man sich völlig im Klaren darüber ist, in Versuchung geführt zu werden. Erinnern Sie sich zum Beispiel daran, wie verzweifelt manche Silicon-Valley-Insider versuchen, den digitalen Suchtmaschinen aus dem Weg zu gehen, die sie selbst miterschaffen haben. Sie tun das natürlich, weil sie ebenfalls von den Algorithmen an den Bildschirm gefesselt würden, obwohl sie mehr über die dahinterliegenden Prozesse wissen als die meisten anderen.

In den Fällen, in denen Wissen und Willenskraft allein nicht ausreichen, gilt es, Werkzeuge zu finden, die helfen können. Dabei kommt alles in Frage, von simplen Lösungen, wie den Bildschirm auf Schwarz-Weiß zu stellen oder mehr Kartoffeln zu essen, bis hin zu ernsteren Maßnahmen wie der Einnahme von Medikamenten, die auf das Gehirn wirken. In diesem Buch habe ich versucht, die plausibelsten und zuverlässigsten Maßnahmen zusammenzutragen, aber es gibt ohne jeden Zweifel noch viele weitere, die nur darauf warten, entdeckt zu werden.

Ein kleiner Mensch in einer großen Welt

Srinivasa Ramanujan gilt als einer der scharfsinnigsten Mathematiker aller Zeiten.

Er wuchs gegen Ende des 19. Jahrhunderts im Süden Indiens in einer Familie auf, die so arm war, dass sie kein Geld für Schulbücher hatten. Durch Bücher von Freunden der Familie und der Bibliothek gelang es Ramanujan als Kind trotzdem, sich die Mathematik selbst beizubringen. Er löste die Aufgaben in den geliehenen Büchern und erfand anschließend selbst neue.

Für die vielen Stunden im Universum der Mathematik wurde er schließlich als Teenager belohnt, als man ihm aufgrund seiner außergewöhnlichen Fähigkeiten ein Stipendium für die Universität anbot. Ohne diese wirtschaftliche Unterstützung hätte er nie die Chance auf ein Studium erhalten.

Allerdings erforderte die universitäre Ausbildung, dass Ramanujan sich auch anderen Fächern als der Mathematik widmete, zum Beispiel Englisch. Doch bei den Prüfungen fiel er wieder und wieder durch. Nicht etwa, weil er nicht intelligent oder dem Pensum nicht gewachsen gewesen wäre. Nein, er brachte es einfach nicht über sich, etwas anderes als Mathematik zu studieren.

Zuletzt war Ramanujan in so vielen Fächern durchgefallen, dass er von der Universität geworfen wurde, die finanzielle Unterstützung verlor und wieder in der Armut landete, wo er bisweilen am Rande des Hungertods lebte.

Ramanujan wusste, dass er es noch einmal versuchen musste, und es gelang ihm tatsächlich, an einer neuen Universität angenommen zu werden. Doch auch dort vernachlässigte er alle Fächer neben der Mathematik, und schon bald war er in ihnen durchgefallen und wurde erneut hinausgeworfen.

Um zu überleben, musste Ramanujan diversen Nebenbeschäftigungen nachgehen, unter anderem begann er, Studierenden bezahlte Nachhilfe in Mathematik zu geben. Der dürftige Lohn daraus erlaubte es ihm, sich nebenbei weiterhin selbst mit der Mathematik zu beschäftigen.

Um seinen Traum zu verwirklichen, wandte er sich an lokale Mathematikprofessoren und teilte seine Arbeiten mit ihnen. Viele der Professoren waren verblüfft über die Theorien und Berechnungen des jungen Mannes.

Zu guter Letzt hatte Ramanujan das Glück, tatsächlich entdeckt zu werden, als er dem berühmten englischen Mathematiker G. H. Hardy einen Brief schickte. Darin beschrieb er einige seiner Fortschritte und legte zehn Seiten mit Formeln und Berechnungen bei. Hardy sagte später, manche der Formeln seien »beinahe unmöglich zu glauben« gewesen. Er zeigte sie seinem Kollegen John Littlewood, der die Formeln für zweifellos korrekt hielt, denn »niemand besäße die Fantasie, sie sich auszudenken«.

Nach einem kurzen Hin und Her schaffte Hardy es schließlich, Ramanujan an die Universität von Cambridge in England zu lotsen, wo die beiden eine Zusammenarbeit begannen. Leider währte die Partnerschaft nicht lange, denn Ramanujan starb nur wenige Jahre später an einer Infektion. In seiner kurzen Karriere revolutionierte er aber mehrere Teilfelder der Mathematik, und noch heute studieren Mathematiker seine vielen Notizen und Anmerkungen, um Inspiration zu finden und neue Entdeckungen zu machen.

Die Geschichte über Ramanujan erinnert am ehesten an

eine Person, der es mit Mathematik so ergeht wie anderen vielleicht mit Computerspielen, Alkohol oder Glücksspielen. Selbst als sein gesamtes Leben davon abhing, fiel es Ramanujan schwer, sich dazu zu zwingen, sich mit etwas anderem zu beschäftigen. Mit nur ein wenig Einsatz hätte er sein Universitätsstipendium behalten und später eine ganz klassische mathematische Karriere hinlegen können, wie er sie sich erträumt hatte. Obwohl er sich jedoch problemlos tagelang mit der Mathematik beschäftigen konnte, war er schlicht und ergreifend nicht im Stande, in anderen Fächern irgendein Engagement zu zeigen.

Vielleicht ist dieses Beispiel etwas extrem, aber Teile von Ramanujans Geschichte wiederholen sich bei vielen erfolgreichen Menschen. Oft umgibt Leute, die große Leistungen vollbringen, ein Anflug von Besessenheit. Ein Beispiel aus einer anderen Disziplin wären die ungarischen Polgár-Schwestern, die zu den besten Schachspielerinnen gehören, die die Welt je gesehen hat. Ihr Vater László Polgár beschreibt, dass die Schwestern schon als Kinder schachbesessen gewesen seien und eigentlich nichts anderes hätten tun wollen. Eines Nachts fand er eine von ihnen, Zsófia, mit einem Schachbrett im Badezimmer. »Zsófia, lass die Spielfiguren jetzt sein!«, forderte er. »Aber Papa«, antwortete sie, »sie wollen *mich* nicht sein lassen!«

Ich denke mir, dass auch Ihnen dieses Muster von jemandem aus Ihrem eigenen Bekanntenkreis vertraut ist. Alle meiner Bekannten, die in irgendetwas außergewöhnlich gut sind, haben jedenfalls die Gemeinsamkeit, ein besonders starkes natürliches Interesse für die Dinge zu hegen, denen sie sich widmen. Dabei hatten sie dieses Interesse nicht immer von Anfang an. Manche mussten ihre Disziplin erst finden, ehe die Besessenheit sie überkam. Aber besessen sind sie alle.

Dass wir dieses Muster erkennen, ist gar nicht so verwunderlich. Natürlich bedarf es immer noch des Talents, um in einem Feld weit zu kommen. Aber es steht auch fest, dass man viel einfacher gut in etwas wird, wenn man sich problemlos stundenlang damit beschäftigen kann, ohne dass es sich anstrengend anfühlt.

* * *

Wir wissen nicht allzu viel darüber, warum sich manche Aktivitäten für uns anstrengender anfühlen als andere. In einigen Fällen ergibt es in physischer Hinsicht einen Sinn: Wenn Sie rennen, verbrennen Sie mehr Kalorien, als wenn Sie im Bett liegen. Dadurch, dass unser Körper darauf ausgerichtet ist, Energie einzusparen, erscheint es also logisch, dass sich das Im-Bett-Liegen angenehmer anfühlt.

Aber wieso ist es zum Beispiel anstrengender, Mathematikaufgaben zu lösen, als ein Computerspiel zu spielen?

Am Energieverbrauch kann es nicht liegen. Denn unser Gehirn verbrennt zwar etwa zwanzig Prozent unseres gesamten Energieverbrauchs, aber der Verbrauch steigt nicht nennenswert an, wenn wir stark nachdenken oder uns konzentrieren. In Bezug auf geistige Aufgaben ist das Gefühl von Anstrengung ein kleines Rätsel: Kopfrechnen kostet nicht mehr Energie, als Computer zu spielen.

Eine Gruppe amerikanischer Psychologen hat jedoch eine Theorie, die uns vielleicht einen Teil der Erklärung dafür liefert, weshalb manche kognitiven Aufgaben mehr Anstrengung erfordern als andere. Sie glauben, das Gefühl komme daher, dass das Gehirn zu jedem gegebenen Zeitpunkt versucht, uns der am meisten belohnenden Aktivität nachgehen zu lassen. Dabei vergleicht es die Belohnung unserer gegenwärtigen Aktivität mit der potenziellen Belohnung von anderen – alternativen – Aktivitäten, an die es sich erinnern kann. Wenn die Belohnung für das, was wir gerade tun, also geringer ist als bei etwas anderem, das wir tun könnten, müssen wir uns anstrengen, um bei der

Sache zu bleiben. Wenn die Belohnung aber größer ist, dann haben wir keine Probleme mit unserer Konzentration, denn solange wir der am meisten belohnenden Aktivität nachgehen, ist unser Gehirn zufrieden.

Diese Theorie macht Superstimuli zu einem großen Problem. Haben wir uns erst einmal an wahnsinnig stimulierende TikTok-Feeds, Videospiele und Netflix-Serien gewöhnt, werden diese Dinge mit unseren anderen Aktivitäten verglichen. Je besser die Superstimuli, desto schwieriger wird es für andere Aktivitäten, sich einen Platz zu ergattern. Sie erfordern dann noch mehr Willensstärke, weil sie von vornherein weniger Belohnung bieten als die künstlich geschaffenen Alternativen.

Diesen Effekt können wir heute deutlich bei all jenen beobachten, die sich Selbstentwicklungsziele setzen wie: mit der Malerei beginnen, ein Instrument lernen oder mehr Bücher lesen. All das sind Aktivitäten, denen Menschen einmal zum Spaß nachgingen. Hätten Sie vor 200 Jahren gelebt und irgendeine Freizeitbeschäftigung gesucht, dann wären alle diese Aktivitäten weit vorn im Ranking gelandet. Heute sind sie allerdings in die Kategorie hinübergerutscht, in der man seine Willenskraft nutzen muss, um ihnen nachzugehen, weil sie mit Superstimuli konkurrieren müssen.

Eine äußerst extreme Form dieser Entwicklung sehen wir bei Drogensüchtigen. Je stärker ihre Abhängigkeit wird, desto weniger gehen sie alten Interessen nach oder kümmern sich um Freunde und Familie. Im Gegensatz dazu sind Drogenabhängige aber zu fast Unmenschlichem bereit, um sich ihren nächsten Rausch zu sichern. Das ergibt Sinn, sofern das Gehirn die Droge als die mit Abstand am meisten belohnende Aktivität einstuft, die die süchtige Person ausüben kann. Dann werden alle anderen Beschäftigungen zu großen Belastungen, die Jagd nach Stoff allerdings nicht, auch wenn das für Außenstehende anders wirken mag.

Diese Theorie passt zu den Studien, in denen die Forscher untersuchen, wie hoch die Bereitschaft der Testpersonen ist, sich anzustrengen. Normalerweise zeigt diese Art von Studien, dass Leute vorzugsweise Aufgaben erledigen, die nur einen minimalen Einsatz erfordern. Kopfrechnen beispielsweise ist keine sehr beliebte Wahl, wenn es andere Optionen gibt. Es gibt jedoch auch Studien, in denen die Wahlmöglichkeiten nicht aus zwei Aufgaben bestehen, sondern aus einer anstrengenden Aufgabe und *nichts*. In diesem Fall wählen die Personen lieber die Aufgabe, anstatt passiv in der Gegend herumzustarren. Das Problem ist also nicht das Kopfrechnen an sich – es wird erst dann anstrengend und unangenehm, wenn es andere, bessere Alternativen gibt.

(Viele Schriftsteller und Schriftstellerinnen machen sich übrigens ein ähnliches Prinzip zunutze, um Schreibblockaden zu bekämpfen. Der preisgekrönte englische Autor Neil Gaiman zum Beispiel setzt sich jeden Tag einen festen Zeitraum zum Schreiben. Dabei hat er die Regel aufgestellt, dass er nicht schreiben *muss*, wenn er nicht in den Flow kommt. Doch das Einzige, was er stattdessen tun darf, ist nichts. Auf diese Weise gibt es keinen Wettbewerb zwischen dem Schreiben und Zeit am Bildschirm oder anderen Verlockungen. Jedenfalls, solange er genügend Willenskraft besitzt, sich auch tatsächlich an seine eigenen Regeln zu halten.)

* * *

Die große Frage lautet also: Wie viele Menschen dort draußen vergeuden ihr Talent und ihre Träume, weil Superstimuli alles andere als übernatürliche Stimulation unerträglich gemacht haben? Wie viele heutige Ramanujans sind fanatische World-of-Warcraft-Spieler anstatt Mathematik-Nerds geworden?

Und noch wichtiger: Wie schlimm wird es in der Zukunft

werden? Denn das allergrößte Problem besteht darin, dass die Entwicklung noch lange nicht am Ende ist.

Früher einmal war *Pong* das aufregendste Computerspiel. Dabei bewegt man zwei senkrechte Balken nach oben und unten, um einen Ball auf dem Bildschirm hin und her zu schießen. Heute gibt es dagegen Spiele, die aus wahnsinnig detaillierten künstlichen Welten bestehen und in denen die Spieler nahezu unbegrenzte Möglichkeiten haben. In anderen Bereichen haben wir uns von Bildern leicht bekleideter Frauen hin zu Internetstreaming mit endlosen Hardcore-Pornofilmen entwickelt. Von Cannabis mit einem winzigen bisschen THC zu Kristallen, die aus so gut wie nichts anderem mehr bestehen, und schließlich von Vanilleeis zu Vanilleeis mit Karamellsoße, Schokoladensplittern und Keksteig.

Es ist nur schwer vorstellbar, dass die Entwicklung in all diesen Bereichen nicht weiter voranschreitet. Besonders in der digitalen Welt können wir erwarten, dass dort »Volle Fahrt voraus« gilt. In diesem Bereich besteht der Vorteil nämlich darin, dass man sehr leicht damit experimentieren kann, wie die eigenen Superstimuli noch raffinierter ausgearbeitet werden. Lebensmittelproduzenten müssen trotz allem sämtliche neuen Varianten ihrer Produkte herstellen, um zu testen, welche davon am besten funktionieren. Die sozialen Medien können täglich Tausende kleiner Experimente durchführen, weil ihre Produkte aus leicht justierbaren Computercodes bestehen.

Gleichzeitig bekommen die sozialen Medien Unterstützung durch künstliche Intelligenz, sodass keine Menschen die Experimente durchführen müssen. Sie passieren ganz automatisch und gestalten Ihren Feed mit, damit Sie genau das Material zu sehen bekommen, das Sie am besten bei der Stange hält. Es fragt sich nur noch, wie lange es dauert, bis künstliche Intelligenz den Inhalt Ihres Feeds auch produziert. Das heißt, Videoclips, Spiele, Serien und so weiter generiert, die derart realistisch wirken, dass sie unmöglich von der Wirklichkeit zu unterscheiden sind.

Sobald der KI in dieser Hinsicht ernsthaft der Durchbruch gelingt, dann, wage ich zu behaupten, wird sich ein Teil unserer Gesellschaft in die digitale Welt verabschieden. Wie Sie anhand Ihrer eigenen Bildschirmzeit ablesen können, ist das Online-Universum bereits jetzt mehr als ansprechend. Aber trotz allem ist es nach wie vor dadurch begrenzt, dass Menschen hinter den Inhalten stehen. Das kostet sowohl Zeit als auch Geld, und obwohl die Auswahl groß ist, so ist sie weder endlos noch perfekt auf den Einzelnen abgestimmt. Doch das ist nur eine Frage der Zeit. Schon heute ist künstliche Intelligenz in der Lage, realitätsgetreue Bilder zu generieren, und bei Videos wird es nicht mehr allzu lange dauern.

Uns erwartet möglicherweise also eine Zukunft, in der die digitalen Medien dauerhaft von künstlicher Intelligenz produziert und an die Nutzer angepasst werden. Eine Welt, in der die Handlung eines Computerspiels genau zu Ihren eigenen Vorlieben passt oder sogar zu einer verchromten Ausgabe Ihres realen Lebens wird. Eine Welt, in der die Mitwirkenden in Pornofilmen so perfekt aussehen, wie es kein Mensch je könnte, und außerdem exakt auf Sie und Ihre Präferenzen zugeschnitten sind. Eine Welt, in der Sie sich an künstliche »Freunde« wenden können, die sich so verhalten, dass Sie Lust haben, Ihre Zeit mit ihnen zu verbringen.

* * *

Die Zukunft steckt voller Herausforderungen, aber ich hoffe trotzdem, dass Sie jetzt nicht das Gefühl bekommen haben, die technologische Entwicklung wird unser aller Ende sein. Das wäre trotz allem ein wenig zu pessimistisch.

Vor allen Dingen, weil nicht nur die Produzenten von Superstimuli von neuer und besserer Technologie profitieren. Unsere eigene *Verteidigung* wird ebenfalls besser, denken Sie zum Beispiel an das Kapitel über appetithemmende Medikamente. Früher bestanden unsere einzigen Waffen gegen Nahrungsmittel-Superstimuli aus Willensstärke und verschiedenen Verhaltenstricks, nur funktionierte das nicht für jeden. Inzwischen haben wir jedoch neue Medikamententypen, die selbst den am schwersten Betroffenen eine Chance ermöglichen, in den gesunden Gewichtsbereich zu gelangen.

Tatsächlich forscht man derzeit intensiv an diversen Darmhormonmedikamenten, um zu prüfen, ob sie Menschen auch dabei helfen können, andere schlechte Angewohnheiten loszuwerden. In Studien mit Nagetieren mindern einige der Präparate die Lust auf alles, von Heroin bis Alkohol, und gleichzeitig machen anekdotische Erzählungen über Patienten die Runde, die mit der Einnahme appetithemmender Medikamente beginnen und daraufhin nicht nur die Lust auf Junkfood verlieren, sondern auch auf beispielsweise Alkohol, impulsives Shopping oder Glücksspiel.

Es ist trotzdem wohl ziemlich naiv zu glauben, ein einzelnes Medikament würde sämtliche unserer Probleme lösen, die wir im Zusammenhang mit Superstimuli erleben. Aber wir müssen darauf vertrauen, dass der medizinische Fortschritt uns auch in Zukunft nützen wird.

(Ja, natürlich wäre es besser, wenn wir ganz ohne Medikamente zurechtkämen. Aber hier haben wir es paradoxerweise mit einem weiteren Wettlauf zu tun – zwischen denen, die sich in Selbstdisziplin üben, und den Superstimuli-Produzenten.)

Der technologische Fortschritt bringt also nicht nur Schlechtes mit sich. Stattdessen wäre es korrekter zu sagen, dass er die *Unterschiede* zwischen uns vergrößert. Die Spanne zwischen der Spitze und dem unteren Ende wird größer. Sehen wir uns beispielsweise noch einmal die Hadza an, die im Großen und

Ganzen ein Leben ohne moderne Technologien führen: Sie sind schlanker als der durchschnittliche Europäer, außerdem muskulöser und insgesamt in vielen Bereichen gesünder. Wichtig ist hierbei aber die Betonung auf *durchschnittlich*. Denn in der modernen Welt gibt es eine ganze Menge von Leuten, die stärker sind als der allerstärkste Hadza. Genauso gibt es eine Menge von Leuten, die schneller und länger laufen können, Leute mit mehr Muskelmasse und Leute, die gesünder sind, ganz egal, welchen Parameter wir uns ansehen: Stoffwechsel, Abwesenheit von Krankheiten, Lebensdauer oder irgendetwas ganz anderes.

Grund dafür ist die moderne Technologie, die es uns ermöglicht, unsere Physis und Gesundheit auf Weisen zu optimieren, von denen traditionelle Völker nur träumen können. So gesehen könnte man sich unsere Technologie als etwas vorstellen, das das Gaspedal durchdrückt, unabhängig davon, in welche Richtung man sich gerade bewegt.

Wenn Sie einfach Ihren Instinkten folgen, wartet ein ganzes Heer aus Lebensmittelkonzernen nur darauf, Profit aus den Schwachstellen Ihres Gehirns zu schlagen und Sie dazu zu bringen, gegen Ihre eigenen Interessen zu handeln. Das kann Sie derart übergewichtig und schwach machen, dass Sie das vor nur ein paar Jahrhunderten nicht überlebt hätten. Auf der anderen Seite verfügen wir inzwischen über ein so großes biologisches und medizinisches Wissen, dass wir zu körperlichen Leistungen imstande sind, die für unsere Vorfahren völlig undenkbar gewesen wären.

Mit anderen Worten laufen die konträren Prozesse der Selbstzerstörung und Selbstentwicklung in der modernen Welt sehr viel schneller ab. Ein weiteres Beispiel dafür ist der digitale Fortschritt, der sowohl dazu genutzt werden kann, sich stundenlang bedeutungslose Videos anzusehen, als auch dazu, sich spielend leicht Zugriff auf Wissen aus der ganzen Welt zu verschaffen. Selbst vom Schreibtisch in einem verschlafenen dänischen Dörfchen aus gibt es dank der modernen Technologien so gut wie keine menschliche Disziplin, die sich außer Reichweite befände. Das bedeutet, heutzutage gibt es Menschen, die unwissender, isolierter und inaktiver sind als in früheren Zeiten und die Gefahr laufen, in Zukunft von der realen Ausgabe der *Matrix* verschluckt zu werden. Aber es bedeutet gleichzeitig auch, dass es Menschen gibt, die mehr wissen und mehr erreichen als jemals zuvor in der Geschichte. Inwieweit der technologische Fortschritt als schlecht zu bewerten ist, hängt also von der Perspektive ab.

Ja, sogar Superstimuli sind nicht notwendigerweise schlecht. Man kann sich durchaus Situationen vorstellen, in denen wir unser inzwischen gesammeltes Wissen über Superstimuli für etwas Nützliches einsetzen können. Was wäre zum Beispiel, wenn wir Lehrmethoden oder -technologien entwickeln könnten, bei denen die Schülerinnen und Schüler vom Unterricht genauso gefesselt würden wie bei TikTok?

Oder was, wenn wir unser Wissen über Appetit dazu nutzen würden, verarbeitete Lebensmittel zu erfinden, die natürliche Lebensmittel tatsächlich übertreffen und nahrhafter sind?

Was darüber entscheidet, ob Superstimuli sich nun positiv oder negativ auswirken, sind die Handlungen, die sie uns ausführen lassen. Wenn sie uns ins Verderben führen, müssen wir uns gegen sie wehren. Aber wenn wir clever sind, lernen wir, sie zu unserem eigenen Vorteil zu nutzen.

Vielleicht haben Sie ja bemerkt, dass einige der Prinzipien, die wir gerade kennengelernt haben, dazu beitragen konnten, dass Sie bis zum Ende dieses Buches durchgehalten haben.

Quellen

Ein kleiner Vogel und ein großes Ei

Tinbergen N. *The study of instinct.* Oxford: Clarendon Press 1951 (1989).

Moreno J, Morales J, Lobato E, Merino S, Tomás G, Martínez-de la Puente J. *More colourful eggs induce a higher relative paternal investment in the pied flycatcher Ficedula hypoleuca: a cross-fostering experiment.* Journal of Avian Biology (2006) 37(6), S. 555–560.

Moreno J, Lobato E, Merino S, Martínez-de la Puente J. *Blue-Green Eggs in Pied Flycatchers: An Experimental Demonstration that a Supernormal Stimulus Elicits Improved Nestling Condition.* Ethology (2008) 114(11), S. 1078–1083.

Lorenz K. *Taxis and instinctive behaviour pattern in egg-rolling by the Greylag goose (1938).* Studies in Animal and Human Behaviour, Vol. I, Harvard University Press 1970, S. 316–350.

Sonne, Palmen und ein kurzes Leben

Matthiessen J, Rasmussen L, Andersen L, Astrup A, Helge J, Kjaer M et al. *Kost og fysisk aktivitet - fælles aktører i sygdomsforebyggelsen.* Ministeriet for Fødevarer, Landbrug og Fiskeri (2003).

Roser M, Ritchie H. *Obesity.* OurWorldInData.org (2017), https://ourworldindata.org/obesity

UNICEF, WHO, World Bank Group. *Prevalence of underweight, weight for age (% of children under 5) - Country Ranking.* Indexmundi.com (2019), indexmundi.com/facts/indicators/SH.STA.MALN.ZS/ranking

Klimentidis YC, Beasley TM, Lin HY, Murati G, Glass GE, Guyton M et al. *Canaries in the coal mine: a cross-species analysis of the plurality of obesity epidemics.* Proceedings Biological Sciences (2011) 278(1712), S. 1626–1632.

Martin CB, Herrick KA, Sarafrazi N, Ogden CL. *Attempts to Lose Weight Among Adults in the United States, 2013–2016.* NCHS Data Brief (2018) 313, S. 1–8.

Rosendahl Jensen HA, Davidsen M, Rossen Møller S, Ibáñez Román JE, Kragelund K, Illemann Christensen A, Ekholm O. *Danskernes Sundhed - Den Nationale Sundhedsprofil 2022.* Sundhedsstyrelsen (2022), www.sst.dk/-/media/Udgivelser/2022/Sundhedsprofil/Sundhedsprofilen.ashx?sc_lang=da&hash=5C9A9A81483F6C987D5651976B72ECB2

Schienkiewitz A, Brettschneider AK, Damerow S, Schaffrath Rosario A. *Übergewicht und Adipositas im Kindes- und Jugendalter in Deutschland – Querschnittergebnisse aus KiGGS Welle 2 und Trends.* Journal of Health Monitoring (2018) 3(1).

Adult Obesity Facts. Centers for Disease Control and Prevention (2022), www.cdc.gov/obesity/data/adult.html

Körpermaße der Bevölkerung nach Altersgruppen. Statistisches Bundesamt (2021), www.destatis.de/DE/Themen/Gesellschaft-Umwelt/Gesundheit/Gesundheitszustand-Relevantes-Verhalten/Tabellen/koerpermasse-insgesamt.html

Pontzer H, Raichlen DA, Wood BM, Mabulla AZ, Racette SB, Marlowe FW. *Hunter-gatherer energetics and human obesity.* PLoS ONE (2012) 7(7):e40503

Dugas LR, Harders R, Merrill S, Ebersole K, Shoham DA, Rush EC et al. *Energy expenditure in adults living in developing compared with industrialized countries: a meta-analysis of doubly labeled water studies.* The American Journal of Clinical Nutrition (2011) 93(2), S. 427–441.

Reynolds G. *Exercise vs. Diet? What Children of the Amazon Can Teach Us About Weight Gain.* The New York Times (2021).

Urlacher SS, Snodgrass JJ, Dugas LR, Sugiyama LS, Liebert MA, Joyce CJ et al. *Constraint and trade-offs regulate energy expenditure during childhood.* Science Advances (2019) 5(12):eaax1065.

Pontzer H, Raichlen DA, Gordon AD, Schroepfer-Walker KK, Hare B, O'Neill MC et al. *Primate energy expenditure and life history*. Proceedings of the National Academy of Sciences of the USA (2014) 111(4), S. 1433–1437.

Bribiescas RG. *Testosterone levels among Aché hunter-gatherer men*, Human Nature (1996) 7(2), S. 163–188.

Careau V, Halsey LG, Pontzer H, Ainslie PN, Andersen LF, Anderson LJ et al. *Energy compensation and adiposity in humans*. Current Biology (2021) 31(20), S. 4659–4666.e2.

Donnelly JE, Honas JJ, Smith BK, Mayo MS, Gibson CA, Sullivan DK et al. *Aerobic exercise alone results in clinically significant weight loss for men and women: midwest exercise trial 2*. Obesity (Silver Spring) (2013) 21(3), S. E219–228.

Melanson EL, Keadle SK, Donnelly JE, Braun B, King NA. *Resistance to exercise-induced weight loss: compensatory behavioral adaptations*. Medicine & Science in Sports & Exercise (2013) 45(8), S. 1600–1609.

Westerterp KR, Speakman JR. *Physical activity energy expenditure has not declined since the 1980s and matches energy expenditures of wild mammals*. International Journal of Obesity (2008) 32(8), S. 1256–1263.

Lalanza JF, Snoeren EMS. *The cafeteria diet: A standardized protocol and its effects on behavior*. Neuroscience & Biobehavioral Reviews (2021) 122, S. 92–119.

Swinburn B, Sacks G, Ravussin E. *Increased food energy supply is more than sufficient to explain the US epidemic of obesity.*

The American Journal of Clinical Nutrition (2009) 90(6), S. 1453–1456.

Stunkard AJ, Sørensen TIA, Hanis C, Teasdale TW, Chakraborty R, Schull WJ et al. *An Adoption Study of Human Obesity.* New England Journal of Medicine (1986) 314(4), S. 193–198.

Stunkard AJ, Harris JR, Pedersen NL, McClearn GE. *The Body-Mass Index of Twins Who Have Been Reared Apart.* New England Journal of Medicine (1990) 322(21), S. 1483–1487.

Yengo L, Sidorenko J, Kemper KE, Zheng Z, Wood AR, Weedon MN et al. *Meta-analysis of genome-wide association studies for height and body mass index in ~700000 individuals of European ancestry.* Human Molecular Genetics (2018) 27(20), S. 3641–3649.

Frayling TM, Timpson NJ, Weedon MN, Zeggini E, Freathy RM, Lindgren CM et al. *A Common Variant in the FTO Gene Is Associated with Body Mass Index and Predisposes to Childhood and Adult Obesity.* Science (2007) 316(5826), S. 889–894.

Sandholt CH, Hansen T, Pedersen O. *Beyond the fourth wave of genome-wide obesity association studies.* Nutrition & Diabetes (2012) 2(7):e37.

Speakman JR, Rance KA, Johnstone AM. *Polymorphisms of the FTO Gene Are Associated With Variation in Energy Intake, but not Energy Expenditure.* Obesity (2008) 16(8), S. 1961–1965.

Wardle J, Carnell S, Haworth CMA, Farooqi IS, O'Rahilly S, Plomin R. *Obesity Associated Genetic Variation in FTO Is As-*

sociated with Diminished Satiety. The Journal of Clinical Endocrinology & Metabolism (2008) 93(9), S. 3640–3643.

Cecil JE, Tavendale R, Watt P, Hetherington MM, Palmer CNA. An Obesity-Associated FTO Gene Variant and Increased Energy Intake in Children. New England Journal of Medicine (2008) 359(24), S. 2558–2566.

Locke AE, Kahali B, Berndt SI, Justice AE, Pers TH, Day FR et al. Genetic studies of body mass index yield new insights for obesity biology. Nature (2015) 518(7538), S. 197–206.

Johnson F, Wardle J. Variety, Palatability, and Obesity. Advances in Nutrition (2014) 5(6), S. 851–859.

Schachter S. Obesity and Eating. Science (1968) 161(3843), S. 751–756.

Rodin J. Effects of obesity and set point on taste responsiveness and ingestion in humans. Journal of Comparative and Physiological Psychology (1975) 89(9), S. 1003–1009.

Price JM, Grinker J. Effects of degree of obesity, food deprivation, and palatability on eating behavior of humans. Journal of Comparative and Physiological Psychology (1973) 85(2), S. 265–271.

Jokela M, Hintsanen M, Hakulinen C, Batty GD, Nabi H, Singh-Manoux A et al. Association of personality with the development and persistence of obesity: a meta-analysis based on individual-participant data. Obesity Reviews (2013) 14(4), S. 315–323.

Hall KD, Ayuketah A, Brychta R, Cai H, Cassimatis T, Chen KY et al. *Ultra-Processed Diets Cause Excess Calorie Intake and Weight Gain: An Inpatient Randomized Controlled Trial of Ad Libitum Food Intake.* Cell Metabolism (2019) 30(1), S. 67–77.e3.

Pontzer H, Wood BM, Raichlen DA. *Hunter-gatherers as models in public health.* Obesity Reviews (2018) 19(S1), S. 24–35.

Gurven M, Kaplan H. *Longevity Among Hunter-Gatherers: A Cross-Cultural Examination.* Population and Development Review (2007) 33(2), S. 321–365.

Das weiße Gold

Avena NM, Rada P, Hoebel BG. *Evidence for sugar addiction: behavioral and neurochemical effects of intermittent, excessive sugar intake.* Neuroscience and Biobehavioral Reviews (2008) 32(1), S. 20–39.

Yu Y, Fu J, Xu Y, Zhang J, Ren F, Zhao H et al. *Genome re-sequencing reveals the evolutionary history of peach fruit edibility.* Nature Communications (2018) 9(1):5404.

Zheng Y, Crawford GW, Chen X. *Archaeological evidence for peach (Prunus persica) cultivation and domestication in China.* PLoS ONE (2014) 9(9):e106595.

Quilot B, Kervella J, Génard M. *Shape, mass and dry matter content of peaches of varieties with different domestication levels.* Scientia Horticulturae (2004) 99(3), S. 387–393.

Pérez-Escobar O et al. *Genome Sequencing of up to 6,000-Year-Old Citrullus Seeds Reveals Use of a Bitter-Fleshed Species Prior to Watermelon Domestication.* Molecular Biology and Evolution (2022) 39(8):msac168.

Value of Agricultural Production. Food and Agriculture Organization of the United Nations, https://data.apps.fao.org/catalog/dataset/value-of-agricultural-production-global-national-annual-faostat/resource/ef955865-75d1-4912-bec0-79263eea9c1b

Headey DD, Alderman HH. *The Relative Caloric Prices of Healthy and Unhealthy Foods Differ Systematically across Income Levels and Continents.* Journal of Nutrition (2019) 149(11), S. 2020–2033.

Caballero B. *The Global Epidemic of Obesity: An Overview.* Epidemiologic Reviews (2007) 29(1), S. 1–5.

Matthiessen J, Hess Ygil K, Christensen T, Biltoft-Jensen A. *Nye maksimumgrænser for søde sager, snacks, søde drikke og alkoholiske drikke.* DTU Fødevareinstituttet (2021) 2, www.food.dtu.dk/-/media/institutter/foedevareinstituttet/publikationer/pub-2021/e-artikel-nye-maksimumgraenser-for-soede-sager-snacks-soede-drikke-og-alkoholiske-drikke.pdf?la=da&hash=9BD10C3FE725CBBF72291377C7C1E10AA53F5F86

Biltoft-Jensen A, Jegsmark Gibbons S, Kørup K, Sidenuius Bestle SM, Christensen BJ, Trolle E, Dahl Lassen A, Mathiessen J. *Danskerne er verdensmestre i slikindkøb.* DTU Fødevareinstituttet (2021) 1, www.food.dtu.dk/-/media/institutter/foedevareinstituttet/publikationer/pub-2021/e-artikeldanskere-er-verdensmestre-i-slikindkoeb.pdf?la=da&hash=073B93DF05267E678BE826F2FA9F4568464E2915

Versorgungsbilanz: Weniger Zucker verbraucht. Presseinformation Bundesanstalt für Landwirtschaft und Ernährung (2024), www.ble.de/SharedDocs/Pressemitteilungen/DE/2024/240207_Zucker.html

Kalorienreduzierte Erfrischungsgetränke weiterhin im Trend. Presseinformation Wirtschaftsvereinigung Alkoholfreie Getränke (2023), www.wafg.de/fileadmin/presse/wafg-pm_kalorienreduzierte_erfrischungsgetraenke_weiterhin_im_trend.pdf

Aeberli I, Gerber PA, Hochuli M, Kohler S, Haile SR, Gouni-Berthold I et al. *Low to moderate sugar-sweetened beverage consumption impairs glucose and lipid metabolism and promotes inflammation in healthy young men: a randomized controlled trial.* The American Journal of Clinical Nutrition (2011) 94(2), S. 479–485.

Higgins KA, Mattes RD. *A randomized controlled trial contrasting the effects of 4 low-calorie sweeteners and sucrose on body weight in adults with overweight or obesity.* The American Journal of Clinical Nutrition (2019) 109(5), S. 1288–1301.

DellaValle DM, Roe LS, Rolls BJ. *Does the consumption of caloric and non-caloric beverages with a meal affect energy intake?* Appetite (2005) 44(2), S. 187–193.

McGlynn ND, Khan TA, Wang L, Zhang R, Chiavaroli L, Au-Yeung F et al. *Association of Low- and No-Calorie Sweetened Beverages as a Replacement for Sugar-Sweetened Beverages*

With Body Weight and Cardiometabolic Risk: A Systematic Review and Meta-analysis. JAMA Network Open (2022) 5(3):e222092-e.

Ebbeling CB, Feldman HA, Steltz SK, Quinn NL, Robinson LM, Ludwig DS. *Effects of Sugar-Sweetened, Artificially Sweetened, and Unsweetened Beverages on Cardiometabolic Risk Factors, Body Composition, and Sweet Taste Preference: A Randomized Controlled Trial.* Journal of the American Heart Association (2020) 9(15):e015668.

Aspartame hazard and risk assessment results released. World Health Organization (2023), www.who.int/news/item/14-07-2023-aspartame-hazard-and-risk-assessment-results-released

Kaelberer MM, Buchanan KL, Klein ME, Barth BB, Montoya MM, Shen X et al. *A gut-brain neural circuit for nutrient sensory transduction.* Science (2018) 361(6408):eaat5236.

Buchanan KL, Rupprecht LE, Kaelberer MM, Sahasrabudhe A, Klein ME, Villalobos JA et al. *The preference for sugar over sweetener depends on a gut sensor cell.* Nature Neuroscience (2022) 25(2), S. 191–200.

Sullivan H, Jones S. *Subway bread is not bread, Irish court rules.* The Guardian (01–10–2020), www.theguardian.com/world/2020/oct/01/irish-court-rules-subway-bread-is-not-bread

Kaninchenhunger

U. S. Army Air Force. *Jungle, Desert, and Arctic Emergencies Booklet.* Laupus Library History Collections: Flight Control Command Safety Education Division of the United States Army Air Forces (1947).

DiFeliceantonio AG, Coppin G, Rigoux L, Edwin Thanarajah S, Dagher A, Tittgemeyer M et al. *Supra-Additive Effects of Combining Fat and Carbohydrate on Food Reward.* Cell Metabolism (2018) 28(1), S. 33–44.e3.

Big Mac; Ingredients, allergy and nutritional information. McDonald's (2023), www.mcdonalds.com/dk/da-dk/product/big-mac.html

Roberts SB, Das SK, Suen VMM, Pihlajamäki J, Kuriyan R, Steiner-Asiedu M et al. *Measured energy content of frequently purchased restaurant meals: multi-country cross sectional study.* BMJ (2018) 363:k4864.

Drewnowski A, Schwartz M. *Invisible fats: Sensory assessment of sugar/fat mixtures.* Appetite (1990) 14(3), S. 203–217.

Rehkamp S. *A Look at Calorie Sources in the American Diet.* Economic Research Service U.S. Department of Agriculture (2016), www.ers.usda.gov/amber-waves/2016/december/a-look-at-calorie-sources-in-the-american-diet

Lankinen MA, Fauland A, Shimizu BI, Ågren J, Wheelock CE, Laakso M et al. *Inflammatory response to dietary linoleic acid depends on FADS1 genotype.* The American Journal of Clinical Nutrition (2019) 109(1), S. 165–175.

Kim SY, Yi DY. *Components of human breast milk: from macronutrient to microbiome and microRNA.* Clinical and Experimental Pediatrics (2020) 63(8), S. 301–309.

Was Fallschirmspringen und Salz gemeinsam haben

Campbell NR, Correa-Rotter R, Cappuccio FP, Webster J, Lackland DT, Neal B et al. *Proposed nomenclature for salt intake and for reductions in dietary salt.* The Journal of Clinical Hypertension (2015) 17(4), S. 247–251.

Trolle E, Riis NL, Fagt S, Dahl Lassen A. *Udviklingen i danskernes indtag af saltholdige fødevarer.* DTU Fødevareinstitutet (2020) 1, www.food.dtu.dk/-/media/institutter/foedevareinstituttet/publikationer/pub-2020/e-artikel-udviklingen-i-danskernes-indtag-af-saltholdige-foedevarer.pdf?la=da&hash=8DDBDF4FE9E90A3164C82A17AAA676DF563149FD

Salzkonsum in Deutschland: Ergebnisse der DEGS-Studie. Bundesministerium für Ernährung und Landwirtschaft (2021), www.bmel.de/DE/themen/ernaehrung/gesunde-ernaehrung/degs-salzstudie.html

Hunter RW, Dhaun N, Bailey MA. *The impact of excessive salt intake on human health.* Nature Reviews Nephrology (2022) 18(5), S. 321–335.

Sharif K, Amital H, Shoenfeld Y. *The role of dietary sodium in autoimmune diseases: The salty truth*. Autoimmunity Reviews (2018) 17(11), S. 1069–1073.

Filippini T, Malavolti M, Whelton PK, Vinceti M. *Sodium Intake and Risk of Hypertension: A Systematic Review and Dose-Response Meta-analysis of Observational Cohort Studies*. Current Hypertension Reports (2022) 24(5), S. 133–144.

Denton D, Weisinger R, Mundy NI, Wickings EJ, Dixson A, Moisson P et al. *The effect of increased salt intake on blood pressure of chimpanzees*. Nature Medicine (1995) 1(10), S. 1009–1016.

Kronborg CN, Hallas J, Jacobsen IA. *Prevalence, awareness, and control of arterial hypertension in Denmark*. Journal of the American Society of Hypertension (2009) 3(1), S. 19–24.e2.

Sharif K, Amital H, Shoenfeld Y. *The role of dietary sodium in autoimmune diseases: The salty truth*. Autoimmunity Reviews (2018) 17(11), S. 1069–1073.

O'Keefe JH, Cordain L, Harris WH, Moe RM, Vogel R. *Optimal low-density lipoprotein is 50 to 70 mg/dl: Lower is better and physiologically normal*. Journal of the American College of Cardiology (2004) 43(11), S. 2142–2146.

Roe LS, Meengs JS, Birch LL, Rolls BJ. *Serving a variety of vegetables and fruit as a snack increased intake in preschool children*. The American Journal of Clinical Nutrition (2013) 98(3), S. 693–699.

Bertino M, Beauchamp GK, Engelman K. *Long-term reduction in dietary sodium alters the taste of salt*. The American Journal of Clinical Nutrition (1982) 36(6), S. 1134–1144.

Wise PM, Nattress L, Flammer LJ, Beauchamp GK. *Reduced dietary intake of simple sugars alters perceived sweet taste intensity but not perceived pleasantness*. The American Journal of Clinical Nutrition (2016) 103(1), S. 50–60.

Embling R, Pink AE, Gatzemeier J, Price M, D Lee M, Wilkinson LL. *Effect of food variety on intake of a meal: a systematic review and meta-analysis*. The American Journal of Clinical Nutrition. (2021) 113(3), S. 716–741.

Bird N. *Men, Woman, and work*. Cambridge Anthropology (1982) 7(1), S. 89–93.

Ravn K. *Titaniumdioxid: Alt du skal vide om stoffet*. Forbrugerrådet Tænk (04-05-2022), https://taenk.dk/kemi/foedevarer-og-koekken/titaniumdioxid-alt-du-skal-vide

Forsyth JE, Weaver KL, Maher K, Islam MS, Raqib R, Rahman M et al. *Sources of Blood Lead Exposure in Rural Bangladesh*. Environmental Science & Technology (2019) 53(19), S. 11429–11436.

Willette DA, Simmonds SE, Cheng SH, Esteves S, Kane TL, Nuetzel H, Pilaud N, Rachmawati R, Barber PH. *Using DNA barcoding to track seafood mislabeling in Los Angeles restaurants*. Conservation Biology (2017) 31, S. 1076–1085.

Cawthorn DM, Baillie C, Mariani S. *Generic names and mislabeling conceal high species diversity in global fisheries markets.* Conservation Letters (2018) 11(5): e12573.

Ho J et al. *MinION sequencing of seafood in Singapore reveals creatively labelled flatfishes, confused roe, pig DNA in squid balls, and phantom crustaceans.* Food Control (2020) 112:107144

Gesundheitstipps aus dem Amazonas

Roth GA, Abate D, Abate KH, Abay SM, Abbafati C, Abbasi N et al. *Global, regional, and national age-sex-specific mortality for 282 causes of death in 195 countries and territories, 1980–2017: a systematic analysis for the Global Burden of Disease Study 2017.* The Lancet (2018) 392(10159), S. 1736–1788.

Kaplan H, Thompson RC, Trumble BC, Wann LS, Allam AH, Beheim B et al. *Coronary atherosclerosis in indigenous South American Tsimane: a cross-sectional cohort study.* The Lancet (2017) 389(10080), S. 1730–1739.

Lemogoum D, Ngatchou W, Janssen C, Leeman M, Van Bortel L, Boutouyrie P et al. *Effects of Hunter-Gatherer Subsistence Mode on Arterial Distensibility in Cameroonian Pygmies.* Hypertension (2012) 60(1), S. 123–128.

Raichlen DA, Pontzer H, Harris JA, Mabulla AZ, Marlowe FW, Snodgrass JJ et al. *Physical activity patterns and biomarkers of cardiovascular disease risk in hunter-gatherers.* American Journal of Human Biology (2017) 29(2):e22919.

Kraft TS, Stieglitz J, Trumble BC, Martin M, Kaplan H, Gurven M. *Nutrition transition in 2 lowland Bolivian subsistence populations.* The American Journal of Clinical Nutrition (2018) 108(6), S. 1183–1195.

Mensink RP. *Effects of saturated fatty acids on serum lipids and lipoproteins: a systematic review and regression analysis.* Geneva: World Health Organization (2016).

Pedersen AN et al. *Danskernes Kostvaner 2011–2013.* DTU Fødevareinstituttet (2015), www.food.dtu.dk/-/media/institutter/foedevareinstituttet/publikationer/pub-2015/rapport_danskernes-kostvaner-2011-2013.pdf?la=da&hash=96450113D67CC9AD2C339E57A361492D003ECE1E

King DE, Mainous AG, Lambourne CA. *Trends in Dietary Fiber Intake in the United States, 1999–2008.* Journal of the Academy of Nutrition and Dietetics (2012) 112(5), S. 642–648.

Reynolds A, Mann J, Cummings J, Winter N, Mete E, Te Morenga L. *Carbohydrate quality and human health: a series of systematic reviews and meta-analyses.* Lancet (2019) 393(10170), S. 434–445.

Jovanovski E, Yashpal S, Komishon A, Zurbau A, Blanco Mejia S, Ho HVT et al. *Effect of psyllium Plantago ovata fiber on LDL cholesterol and alternative lipid targets, non-HDL cholesterol and apolipoprotein B: a systematic review and meta-analysis of randomized controlled trials.* The American Journal of Clinical Nutrition (2018) 108(5), S. 922–932.

Cicero AFG, Fogacci F, Veronesi M, Strocchi E, Grandi E, Rizzoli E et al. *A Randomized Placebo-Controlled Clinical Trial to Evaluate the Medium-Term Effects of Oat Fibers on Human Health: The Beta-Glucan Effects on Lipid Profile, Glycemia and inTestinal Health (BELT) Study.* Nutrients (2020) 12(3):686.

Arranz-Otaegui A, Gonzalez Carretero L, Ramsey MN, Fuller DQ, Richter T. *Archaeobotanical evidence reveals the origins of bread 14,400 years ago in northeastern Jordan.* Proceedings of the National Academy of Sciences (2018) 115(31), S. 7925–7930.

Piperno DR, Weiss E, Holst I, Nadel D. *Processing of wild cereal grains in the Upper Palaeolithic revealed by starch grain analysis.* Nature (2004) 430(7000), S. 670–673.

Henry AG, Brooks AS, Piperno DR. *Microfossils in calculus demonstrate consumption of plants and cooked foods in Neanderthal diets (Shanidar III, Iraq; Spy I and II, Belgium).* Proceedings of the National Academy of Sciences (2011) 108(2), S. 486–491.

Sobiecki JG, Appleby PN, Bradbury KE, Key TJ. *High compliance with dietary recommendations in a cohort of meat eaters, fish eaters, vegetarians, and vegans: results from the European Prospective Investigation into Cancer and Nutrition-Oxford study.* Nutrition Research (2016) 36(5), S. 464–477.

Die Kartoffeldiät

Brendborg N. *Persönliches Interview mit Andrew Taylor.*

Klos B, Cook J, Crepaz L, Weiland A, Zipfel S, Mack I. *Impact of energy density on energy intake in children and adults: a systematic review and meta-analysis of randomized controlled trials.* European Journal of Nutrition (2023) 62(3), S. 1059–1076.

Ku SK, Sung SH, Choung JJ, Choi JS, Shin YK, Kim JW. *Anti-obesity and anti-diabetic effects of a standardized potato extract in ob/ob mice.* Experimental and Therapeutic Medicine (2016) 12(1), S. 354–364.

Hill AJ, Peikin SR, Ryan CA, Blundell JE. *Oral administration of proteinase inhibitor II from potatoes reduces energy intake in man.* Physiology & Behavior (1990) 48(2), S. 241–246.

Tonstad S, Butler T, Yan R, Fraser GE. *Type of vegetarian diet, body weight, and prevalence of type 2 diabetes.* Diabetes Care (2009) 32(5), S. 791–796.

Johnston BC, Kanters S, Bandayrel K, Wu P, Naji F, Siemieniuk RA et al. *Comparison of Weight Loss Among Named Diet Programs in Overweight and Obese Adults: A Meta-analysis.* JAMA (2014) 312(9), S. 923–933.

Voss JD, Masuoka P, Webber BJ, Scher AI, Atkinson RL. *Association of elevation, urbanization and ambient temperature with obesity prevalence in the United States.* International Journal of Obesity (2013) 37(10), S. 1407–1412.

Díaz-Gutiérrez J, Martínez-González M, Pons Izquierdo JJ, González-Muniesa P, Martínez JA, Bes-Rastrollo M. *Living at Higher Altitude and Incidence of Overweight/Obesity: Prospective Analysis of the SUN Cohort*. PLoS ONE (2016) 11(11):e0164483.

Voss JD, Allison DB, Webber BJ, Otto JL, Clark LL. *Lower obesity rate during residence at high altitude among a military population with frequent migration: a quasi experimental model for investigating spatial causation*. PLoS ONE (2014) 9(4):e93493.

Burdack-Freitag A, Bullinger D, Mayer F, Breuer K. *Odor and taste perception at normal and low atmospheric pressure in a simulated aircraft cabin*. Journal für Verbraucherschutz und Lebensmittelsicherheit (2010) 6(1), S. 95–109.

Von Sprengstoff zu Schlankheitspillen

Perkins RG. *A Study of the munitions intoxications in France*. Public Health Reports (1919) 34(43), S. 2335–2374.

Tainter ML, Cutting WC, Stockton AB. *Use of Dinitrophenol in Nutritional Disorders: A Critical Survey of Clinical Results*. American Journal of Public Health and the Nation's Health (1934) 24(10), S. 1045–1053.

Horner WD. *A Study of Dinitrophenol and Its Relation to Cataract Formation*. Transactions of the Am Ophthalmological Society (1941) 39, S. 405–437.

Hughes J. *Anti-obesity drug use suspended.* BBC News (2008), http://news.bbc.co.uk/2/hi/health/7687311.stm

Allchurch MH. *The European Medicines Agency recommends suspension of the marketing authorisation of Acomplia.* The European Medicines Agency (2008), www.ema.europa.eu/en/news/european-medicines-agency-recommends-suspension-marketing-authorisation-acomplia

Saul S. *F.D.A Panel Reject Drug for Obesity.* The New York Times (14–06–2007), www.nytimes.com/2007/06/14/business/14drugs.html

FDA Drug Safety Communication: FDA Recommends Against the Continued Use of Meridia (sibutramine). US Food and Drug Administration (2018), www.fda.gov/drugs/drug-safety-and-availability/fda-drug-safety-communication-fda-recommends-against-continued-use-meridia-sibutramine

Weissman NJ. *Appetite suppressants and valvular heart disease.* The American Journal of the Medical Sciences (2001) 321(4), S. 285–291.

Holst JJ, Ørskov C, Vagn Nielsen O, Schwartz TW. *Truncated glucagon-like peptide I, an insulin-releasing hormone from the distal gut.* FEBS Letters (1987) 211(2), S. 169–174.

Wettergren A, Schjoldager B, Mortensen PE, Myhre J, Christiansen J, Holst JJ. *Truncated GLP-1 (proglucagon 78–107-amide) inhibits gastric and pancreatic functions in man.* Digestive Diseases and Sciences. (1993) 38(4), S. 665–673.

Wilding JPH, Batterham RL, Calanna S, Davies M, Van Gaal LF, Lingvay I et al. *Once-Weekly Semaglutide in Adults with Overweight or Obesity.* New England Journal of Medicine (2021) 384(11), S. 989–1002.

Jastreboff AM, Aronne LJ, Ahmad NN, Wharton S, Connery L, Alves B et al. *Tirzepatide Once Weekly for the Treatment of Obesity.* New England Journal of Medicine (2022) 387(3), S. 205–216.

Lau DCW, Erichsen L, Francisco AM, Satylganova A, le Roux CW, McGowan B et al. *Once-weekly cagrilintide for weight management in people with overweight and obesity: a multicentre, randomised, double-blind, placebo-controlled and active-controlled, dose-finding phase 2 trial.* Lancet (2021) 398(10317), S. 2160–2172.

Jelsing J, Raun K, Wang N, Tang-Christensen M, Dahl K, Knudsen L. *The GLP-1 Analog Liraglutide Activates Brainstem and Hypothalamic Neurons Involved in Appetite Regulation.* Diabetes (2010) 59 (Suppl. 1), S. A159-A160.

Dickson SL, Shirazi RH, Hansson C, Bergquist F, Nissbrandt H, Skibicka KP. *The glucagon-like peptide 1 (GLP-1) analogue, exendin-4, decreases the rewarding value of food: a new role for mesolimbic GLP-1 receptors.* The Journal of Neuroscience (2012) 32(14), S. 4812–4820.

Blundell J, Finlayson G, Axelsen M, Flint A, Gibbons C, Kvist T et al. *Effects of once-weekly semaglutide on appetite, energy intake, control of eating, food preference and body weight in subjects with obesity.* Diabetes, Obesity and Metabolism (2017) 19(9), S. 1242–1251.

Astrup A, Rössner S, Van Gaal L, Rissanen A, Niskanen L, Al Hakim M et al. *Effects of liraglutide in the treatment of obesity: a randomised, double-blind, placebo-controlled study.* Lancet (2009) 374(9701), S. 1606–1616.

Eren-Yazicioglu CY, Yigit A, Dogruoz RE, Yapici-Eser H. *Can GLP-1 Be a Target for Reward System Related Disorders? A Qualitative Synthesis and Systematic Review Analysis of Studies on Palatable Food, Drugs of Abuse, and Alcohol.* Frontiers in Behavioral Neuroscience (2020) 14:614884.

Heymsfield SB, Coleman LA, Miller R, Rooks DS, Laurent D, Petricoul O et al. *Effect of Bimagrumab vs Placebo on Body Fat Mass Among Adults With Type 2 Diabetes and Obesity: A Phase 2 Randomized Clinical Trial.* JAMA Network Open (2021) 4(1):e2033457-e.

Sex und die Verzauberung der Flasche

Gwynne DT, Rentz DCF. *Beetles on the bottle: Male buprestids mistake stubbies for females (coleoptera).* Australian Journal of Entomology (1983) 22(1), S. 79–80.

Stirling J. *University of Toronto Mississauga professor wins Ig Nobel Prize for beer, sex research.* EruekAlert! (2011), www.eurekalert.org/news-releases/919856

Rosenfeld MJ, Thomas RJ, Hausen S. *Disintermediating your friends: How online dating in the United States displaces other ways of meeting.* Proceedings of the National Academy of Sciences of the United States of America (2019) 116(36), S. 17753–17758.

Rosenfeld MJ. *Michael J. Rosenfeld. Professor, Department of Sociology.* Stanford University (2023), https://web.stanford.edu/~mrosenfe/#my_papers

Antal enlige voksne har rundet 1,6 mio. Personer. Danmarks Statistik (2016), www.dst.dk/da/Statistik/nyheder-analyser-publ/nyt/NytHtml?cid=20988

Iyengar SS, Lepper MR. *When choice is demotivating: can one desire too much of a good thing?* Journal of Personality and Social Psychology (2000) 79(6), S. 995–1006.

D'Angelo J, Toma C. *There Are Plenty of Fish in the Sea: The Effects of Choice Overload and Reversibility on Online Daters' Satisfaction With Selected Partners.* Media Psychology (2016) 20, S. 1–27.

Weber GW, Lukeneder A, Harzhauser M, Mitteroecker P, Wurm L, Hollaus L-M et al. *The microstructure and the origin of the Venus from Willendorf.* Scientific Reports (2022) 12(1), S. 2926.

Deaner RO, Khera AV, Platt ML. *Monkeys pay per view: adaptive valuation of social images by rhesus macaques.* Current Biology (2005) 15(6), S. 543–548.

Beach FA, Jordan L. *Sexual Exhaustion and Recovery in the Male Rat.* Quarterly Journal of Experimental Psychology (1956) 8(3), S. 121–133.

Wilson JR, Kuehn RE, Beach FA. *Modification in the sexual behavior of male rats produced by changing the stimulus female.* Journal of Comparative and Physiological Psychology (1963) 56, S. 636–644.

Beamer W, Bermant G, Clegg MT. *Copulatory behaviour of the ram, Ovis aries. II: Factors affecting copulatory satiation.* Animal Behaviour (1969) 17(4), S. 706–711.

Hughes SM, Aung T, Harrison MA, LaFayette JN, Gallup GG, Jr. *Experimental Evidence for Sex Differences in Sexual Variety Preferences: Support for the Coolidge Effect in Humans.* Archives of Sexual Behavior (2021) 50(2), S. 495–509.

Kim SC, Bang JH, Hyun JS, Seo KK. *Changes in Erectile Response to Repeated Audiovisual Sexual Stimulation.* European Urology (1998) 33(3), S. 290–292.

Schmitt DP. *Universal sex differences in the desire for sexual variety: Tests from 52 nations, 6 continents, and 13 islands.* Journal of Personality and Social Psychology (2003) 85(1), S. 85–104.

Ventura-Aquino E, Fernández-Guasti A. *Reduced proceptivity and sex-motivated behaviors in the female rat after repeated copulation in paced and non-paced mating: Effect of changing the male.* Physiology & Behavior. (2013) 120, S. 70–76.

Impulse Control Disorders. 6C72 Compulsive sexual behaviour disorder. International Classification of Diseases, World Health Organization (2024), https://icd.who.int/browse/2024-01/mms/en#1630268048

Kraus SW, Voon V, Potenza MN. *Should compulsive sexual behavior be considered an addiction?* Addiction (2016) 111(12), S. 2097–2106.

Als Ringheim H, Westergaard S et al. *Pornografisk indhold påvirker danske børn og unge.* Mediesundhed for børn og unge (2021), https://mediesundhed.dk/rapporten2021/

Twenge JM, Sherman RA, Wells BE. *Declines in Sexual Frequency among American Adults, 1989–2014.* Archives of Sexual Behavior (2017) 46(8), S. 2389–2401.

Twenge JM, Sherman RA, Wells BE. *Sexual Inactivity During Young Adulthood Is More Common Among U.S. Millennials and iGen: Age, Period, and Cohort Effects on Having No Sexual Partners After Age 18.* Archives of Sexual Behavior (2017) 46(2), S. 433–440.

Wellings K, Palmer MJ, Machiyama K, Slaymaker E. *Changes in, and factors associated with, frequency of sex in Britain: evidence from three National Surveys of Sexual Attitudes and Lifestyles (Natsal).* BMJ (2019) 365, S. l1525.

Beutel M, Burghardt J, Tibubos AN, Klein E, Schmutzer G, Brähler E. *Declining Sexual Activity and Desire in Men-Findings From Representative German Surveys, 2005 and 2016.* The journal of sexual medicine (2018) 15, S. 750–756.

Miller DJ, McBain KA, Li WW, Raggatt PTF. *Pornography, preference for porn-like sex, masturbation, and men's sexual and relationship satisfaction.* Personal Relationships (2019) 26(1), S. 93–113.

Chemische Freude

Grotenhermen F. *Pharmacokinetics and Pharmacodynamics of Cannabinoids.* Clinical Pharmacokinetics (2003) 42(4), S. 327–360.

Chandra S, Radwan MM, Majumdar CG, Church JC, Freeman TP, ElSohly MA. *New trends in cannabis potency in USA and Europe during the last decade (2008–2017).* European Archives of Psychiatry and Clinical Neuroscience (2019) 269(1), S. 5–15.

Rømer Thomsen K, Lindholst C, Thylstrup B, Kvamme S, Reitzel LA, Worm-Leonhard M et al. *Changes in the composition of cannabis from 2000–2017 in Denmark: Analysis of confiscated samples of cannabis resin.* Experimental and Clinical Psychopharmacology (2019) 27(4), S. 402–411.

Entwicklung des THC-Gehalts von Haschisch in Deutschland in den Jahren 1997 bis 2021. Statista Research Department (2024), https://de.statista.com/statistik/daten/studie/1175273/umfrage/entwicklung-des-wirkstoffgehalts-von-haschisch-in-deutschland/

ElSohly MA, Mehmedic Z, Foster S, Gon C, Chandra S, Church JC. *Changes in Cannabis Potency Over the Last 2 Decades (1995–2014): Analysis of Current Data in the United States.* Biological Psychiatry (2016) 79(7), S. 613–619.

Marconi A, Di Forti M, Lewis CM, Murray RM, Vassos E. *Meta-analysis of the Association Between the Level of Cannabis Use *and Risk of Psychosis.* Schizophrenia Bulletin (2016) 42(5), S. 1262–1269.

Di Forti M, Quattrone D, Freeman TP, Tripoli G, Gayer-Anderson C, Quigley H et al. *The contribution of cannabis use to variation in the incidence of psychotic disorder across Europe (EU-GEI): a multicentre case-control study.* Lancet Psychiatry (2019) 6(5), S. 427–36.

Hjorthøj C, Posselt CM, Nordentoft M. *Development Over Time of the Population-Attributable Risk Fraction for Cannabis Use Disorder in Schizophrenia in Denmark.* JAMA Psychiatry (2021) 78(9), S. 1013–1019.

Freeman TP, van der Pol P, Kuijpers W, Wisselink J, Das RK, Rigter S et al. *Changes in cannabis potency and first-time admissions to drug treatment: a 16-year study in the Netherlands.* Psychological Medicine (2018) 48(14), S. 2346–2352.

Morgan CJ, Gardener C, Schafer G, Swan S, Demarchi C, Freeman TP et al. *Sub-chronic impact of cannabinoids in street cannabis on cognition, psychotic-like symptoms and psychological well-being.* Psychological Medicine (2012) 42(2), S. 391–400.

Payne KS, Mazur DJ, Hotaling JM, Pastuszak AW. *Cannabis and Male Fertility: A Systematic Review.* The Journal of Urology (2019) 202(4), S. 674–681.

Keerthy D, Chandan JS, Abramovaite J, Gokhale KM, Bandyopadhyay S, Day E et al. *Associations between primary care recorded cannabis use and mental ill health in the UK: a popu-*

lation-based retrospective cohort study using UK primary care data. Psychological Medicine (2023) 53(5), S. 2106–2115.

Hedges JC, Hanna CB, Bash JC, Boniface ER, Burch FC, Mahalingaiah S et al. *Chronic exposure to delta-9-tetrahydrocannabinol impacts testicular volume and male reproductive health in rhesus macaques.* Fertility and Sterility (2022) 117(4), S. 698–707.

National Research Council Panel on Alternative Policies Affecting the Prevention of Alcohol Abuse and Alcoholism. In: Moore MH, Gerstein DR (editors). *Alcohol and Public Policy: Beyond the Shadow of Prohibition.* Washington (DC): National Academies Press (US) 1981.

Law MT, Marks MS. *Did Early Twentieth-Century Alcohol Prohibition Affect Mortality?* Economic Inquiry (2020) 58(2), S. 680–697.

Blocker JS. *Did Prohibition Really Work? Alcohol Prohibition as a Public Health Innovation.* American Journal of Public Health (2006) 96(2), S. 233–243.

Marijuana and hallucinogen use among young adults reached all time-high in 2021. National Institute on Drug Abuse (2022), https://nida.nih.gov/news-events/news-releases/2022/08/marijuana-and-hallucinogen-use-among-young-adults-reached-all-time-high-in-2021

Rubin-Kahana DS, Crépault J-F, Matheson J, Le Foll B. *The impact of cannabis legalization for recreational purposes on youth: A narrative review of the Canadian experience.* Frontiers in Psychiatry (2022) 13:984485.

Roberts BA. *Legalized Cannabis in Colorado Emergency Departments: A Cautionary Review of Negative Health and Safety Effects.* Western Journal of Emergency Medicine (2019) 20(4), S. 557–572.

Zellers SM, Ross JM, Saunders GRB, Ellingson JM, Anderson JE, Corley RP et al. *Impacts of recreational cannabis legalization on cannabis use: a longitudinal discordant twin study.* Addiction (2023) 118(1), S. 110–118.

Amissah RQ, Vogt NA, Chen C, Urban K, Khokhar J. *Prevalence and characteristics of cannabis-induced toxicoses in pets: Results from a survey of veterinarians in North America.* PLoS ONE (2022) 17(4):e0261909.

Myran DT, Cantor N, Finkelstein Y, Pugliese M, Guttmann A, Jesseman R et al. *Unintentional Pediatric Cannabis Exposures After Legalization of Recreational Cannabis in Canada.* JAMA Network Open (2022) 5(1):e2142521.

Farmer CM, Monfort SS, Woods AN. *Changes in Traffic Crash Rates After Legalization of Marijuana: Results by Crash Severity.* Journal of Studies on Alcohol and Drugs (2022) 83(4), S. 494–501.

Marinello S, Powell LM. *The impact of recreational cannabis markets on motor vehicle accident, suicide, and opioid overdose fatalities.* Social Science & Medicine (2023) 320:115680.

Lira CM et al. *Trends in Cannabis Involvement and Risk of Alcohol Involvement in Motor Vehicle Crash Fatalities in the United States, 2000–2018.* American Journal of Public Health (2021) 111(11), S. 1976–1985.

Tolan NV, Terebo T, Chai PR, Erickson TB, Hayes BD, Uljon SN et al. *Impact of marijuana legalization on cannabis-related visits to the emergency department.* Clinical Toxicology (Philadelphia, Pa) (2022) 60(5), S. 585–595.

Die Lüge, die eine halbe Million Menschenleben kostete

Booth M. *Opium: A History.* New York: Thomas Dunne Books 1998.

Salavert A, Zazzo A, Martin L, Antolín F, Gauthier C, Thil F et al. *Direct dating reveals the early history of opium poppy in western Europe.* Scientific Reports (2020) 10(1):20263.

How Tobacco Smoke Causes Disease: The Biology and Behavioral Basis for Smoking-Attributable Disease: A Report of the Surgeon General. Centers for Disease Control and Prevention, National Center for Chronic Disease Prevention and Health Promotion, Office on Smoking and Health. Publications and Reports of the Surgeon General. Atlanta (GA): Centers for Disease Control and Prevention (US) 2010.

Cook, P. *Paying the Tab: The Costs and Benefits of Alcohol Control.* Princeton: Princeton University Press 2007.

Maremont M, Berzon A. *How Often Do Gamblers Really Win?* Wall Street Journal (2013), www.wsj.com/articles/how-often-do-gamblers-really-win-1381514164

O'Connor A. *Coca-Cola Funds Scientists Who Shift Blame for Obesity Away From Bad Diets.* The New York Times (09-08-2015), https://archive.nytimes.com/well.blogs.ny_

times.com/2015/08/09/coca-cola-funds-scientists-who-shift-blame-for-obesity-away-from-bad-diets/

Swrve 2019 *Gaming Monetization Report.* Swrve 2019, https://cdn2.hubspot.net/hubfs/5516657/Monetization%20Report_final.pdf

Die Geheimnisse des Dopamins

Olds J, Milner P. *Positive reinforcement produced by electrical stimulation of septal area and other regions of rat brain.* Journal of Comparative and Physiological Psychology (1954) 47(6), S. 419–427.

Black J, Belluzzi JD, Stein L. *Reinforcement delay of one second severely impairs acquisition of brain self-stimulation.* Brain Research (1985) 359(1), S. 113–119.

Routtenberg A, Lindy J. *Effects of the availability of rewarding septal and hypothalamic stimulation on bar pressing for food under conditions of deprivation.* Journal of Comparative and Physiological Psychology (1965) 60(2), S. 158–161.

Olds J. *Self-Stimulation of the Brain.* Science (1958) 127(3294), S. 315–324.

Heath RG. *Pleasure and brain activity in man. Deep and surface electroencephalograms during orgasm.* The Journal of Nervous and Mental Disease (1972) 154(1), S. 3–18.

Portenoy RK, Jarden JO, Sidtis JJ, Lipton RB, Foley KM, Rottenberg DA. *Compulsive thalamic self-stimulation: a case with *metabolic, electrophysiologic and behavioral correlates.* Pain (1986) 27(3), S. 277–290.

Berridge KC, Kringelbach ML. *Pleasure systems in the brain.* Neuron (2015) 86(3), S. 646–664.

Berridge KC, Venier IL, Robinson TE. *Taste reactivity analysis of 6-hydroxydopamine-induced aphagia: implications for arousal and anhedonia hypotheses of dopamine function.* Behavioral Neuroscience (1989) 103(1), S. 36–45.

Politis M, Loane C, Wu K, O'Sullivan SS, Woodhead Z, Kiferle L et al. *Neural response to visual sexual cues in dopamine treatment-linked hypersexuality in Parkinson's disease.* Brain (2013) 136(2), S. 400–411.

Weintraub D, Koester J, Potenza MN, Siderowf AD, Stacy M, Voon V et al. *Impulse Control Disorders in Parkinson Disease: A Cross-Sectional Study of 3090 Patients.* Archives of Neurology (2010) 67(5), S. 589–595.

Schultz W. *Dopamine reward prediction error coding.* Dialogues in Clinical Neuroscience (2016) 18(1), S. 23–32.

Fermaglich J. *The Case of the Frozen Addicts.* JAMA (1996) 275(5), S. 407–408.

Robins LN, Davis DH, Nurco DN. *How permanent was Vietnam drug addiction?* American Journal of Public Health (1974) 64(12 Suppl), S. 38–43.

Die *Matrix*, nur in der Realität

Phenomena, The Global Internet Phenomena Report January 2023. Sandvine (2023), www.sandvine.com/hubfs/Sandvine_Redesign_2019/Downloads/2023/reports/Sandvine%20GIPR%202023.pdf

Haak W, Lazaridis I, Patterson N, Rohland N, Mallick S, Llamas B et al. *Massive migration from the steppe was a source for Indo-European languages in Europe.* Nature (2015) 522(7555), S. 207–211.

Fortes-Lima, C, Burgarella, C et al. *The genetic legacy of the expansion of Bantu-speaking peoples in Africa.* Nature (2024) 625(7995), S. 540–547.

Lester D, Yang B, Lindsay M. *Suicide Bombers: Are Psychological Profiles Possible?* Studies in Conflict & Terrorism (2004) 27(4), S. 283–295.

Sela-Shayovitz R. *Suicide Bombers in Israel: Their Motivations, Characteristics, and Prior Activity in Terrorist Organizations.* International Journal of Conflict and Violence (2007) 1(2), S. 160–168.

Przybylski A, Weinstein N. *Violent video game engagement is not associated with adolescents' aggressive behaviour: evidence from a registered report.* 2019. Royal Society Open Science (2019) 6(2):171474.

Kühn S, Kugler D et al. *Does playing violent video games cause aggression? A longitudinal intervention study.* 2019. Molecular Psychiatry (2019) 24, S. 1220–1234.

Færre 18-årige dømmes efter straffeloven. Danmarks Statistik (2023), www.dst.dk/da/Statistik/nyheder-analyser-publ/nyt/NytHtml?cid=46153

Beerthuizen M, Weijters G, van der Laan A. *The release of Grand Theft Auto V and registered juvenile crime in the Netherlands.* European Journal of Criminology (2017) 14(6), S. 751–765.

Dahl G, DellaVigna S. *Does Movie Violence Increase Violent Crime?* The Quarterly Journal of Economics (2009) 124(2), S. 677–734.

Ottosen MH, Andreasen AG, Dahl KM, Lausten M, Rayce SB, Tagmose BB. *Børn og unge i Danmark. Velfærd og trivsel 2022.* Det Nationale Forsknings- og Analysecenter for Velfærd (2022), www.vive.dk/da/udgivelser/boern-og-unge-i-danmark-velfaerd-og-trivsel-2022-0xgg53xk/

Albert M, Hurrelmann K, Quenzel G. *Jugend 2019. Eine Generation meldet sich zu Wort.* Weinheim: Beltz (2019), www.shell.de/about-us/initiatives/shell-youth-study/_jcr_content/root/main/containersection-0/simple/simple/call_to_action/links/item0.stream/1642665739154/4a002dff58a7a9540cb9e83ee0a37a0ed8a0fd55/shell-youth-study-summary-2019-de.pdf

Unser digitales Leben

Bryson A, MacKerron G. *Are You Happy While You Work?* The Economic Journal. (2017) 127(599), S. 106–125.

Taylor P. *Number of smartphone mobile network subscriptions worldwide from 2016 to 2022, with forecasts from 2023 to 2028.* Statista.com (2022), www.statista.com/statistics/330695/number-of-smartphone-users-worldwide/

Yamakoshi B, Medlicott K et al. *State of the World's Sanitation: An urgent call to transform sanitation for better health, environments, economies and societies.* New York: United Nations Children's Fund (UNICEF) and the World Health Organization 2020.

Daily hours spent with digital media in the United States. BOND Internet Trends (2019), https://ourworldindata.org/grapher/daily-hours-spent-with-digital-media-per-adult-user

Jugendliche surfen 63,7 Stunden pro Woche im Netz. Postbank Jugend-Digitalstudie (2023), www.postbank.de/unternehmen/medien/meldungen/2023/juni/jugendliche-surfen-63-7-Stunden-pro-woche-im-netz.html

Kemp S. *Digital 2022: Global Overview Report.* Datareportal (2022), https://datareportal.com/reports/digital-2022-global-overview-report

Nearly half of teens now say they use the internet »almost constantly«. Pew Research Centre (2022), www.pewresearch.org/

internet/2022/08/10/teens-social-media-and-technology-2022/pj_2022-08-10_teens-and-tech_0-06b/

Samrai Y. *How Stanford Profits Off Addiction*. The Stanford Review (2020), https://stanfordreview.org/how-stanford-profits-tech-addiction-social-media/

Allen M. *Sean Parker unloads on Facebook: »God only knows what it's doing to our children's brains«*. Axios (2017), www.axios.com/2017/12/15/sean-parker-unloads-on-facebook-god-only-knows-what-its-doing-to-our-childrens-brains-1513306792

Lindström B, Bellander M, Schultner DT, Chang A, Tobler PN, Amodio DM. *A computational reward learning account of social media engagement*. Nature Communications (2021) 12(1):1311.

Knowles T. *I'm so sorry, says inventor of endless online scrolling*. The Times (27–04–2019), www.thetimes.co.uk/article/i-m-so-sorry-says-inventor-of-endless-online-scrolling-9lrv59mdk

Bowles N. *A Dark Consensus About Screens and Kids Begins to Emerge in Silicon Valley*. The New York Times (2018), www.nytimes.com/2018/10/26/style/phones-children-silicon-valley.html

Bowles N. *Silicon Valley Nannies Are Phone Police for Kids*. The New York Times (2018), www.nytimes.com/2018/10/26/style/silicon-valley-nannies.html

Fennell JG, Talas L, Baddeley RJ, Cuthill IC, Scott-Samuel NE. *Optimizing colour for camouflage and visibility using deep learning: the effects of the environment and the observer's visual system.* Journal of the Royal Society Interface (2019) 16(154):20190183.

Beknazar-Yuzbashev G, Durán RJ, McCrosky J. et al. *Toxic Content and User Engagement on Social Media: Evidence from a Field Experiment.* Social Science Research Network (2023):4307346.

Roser M. *Data review: ethnographic and archaeological evidence on violent deaths* OurWoldInData.org (2013), https://ourworldindata.org/ethnographic-and-archaeological-evidence-on-violent-deaths

Ein kleiner Fisch im großen Teich

Sean Parker: Facebook takes advantage of »vulnerability in human psychology«. CBS News (2017), www.cbsnews.com/news/sean-parker-facebook-takes-advantage-of-vulnerability-in-human-psychology/

Van Prooijen J-W, Ligthart J, Rosema S, Xu Y. *The entertainment value of conspiracy theories.* British Journal of Psychology (2022) 113(1), S. 25–48.

Michael Phelps. Athlete Bio. Team USA (2023), www.teamusa.com/profiles/michael-phelps

Jürimäe J, Haljaste K, Cicchella A, Lätt E, Purge P, Leppik A et al. *Analysis of swimming performance from physical, physio-*

logical, and biomechanical parameters in young swimmers. Pediatric Exercise Science (2007) 19(1), S. 70–81.

Lätt E, Jürimäe J, Mäestu J, Purge P, Rämson R, Haljaste K et al. *Physiological, biomechanical and anthropometrical predictors of sprint swimming performance in adolescent swimmers.* Journal of Sports Science and Medicine (2010) 9(3), S. 398–404.

Epstein D. *The Sports Gene: Inside the Science of Extraordinary Athletic Performance.* London: Penguin Books 2013, S. 114–127.

Gladwell M. *David and Goliath: Underdogs, Misfits and the Art of Battling Giants.* Boston: Little, Brown and Company 2013, S. 81–94.

Elliott R, Strenta AC, Adair R, Matier M, Scott J. *The Role of Ethnicity in Choosing and Leaving Science in Highly Selective Institutions.* Research in Higher Education (1996) 37(6), S. 681–709.

Marsh HW, Hau KT. *Big-fish-little-pond effect on academic self-concept. A cross-cultural (26-country) test of the negative effects of academically selective schools.* The American Psychologist (2003) 58(5), S. 364–76.

Seaton M, Marsh H, Craven R. *Earning Its Place as a Pan-Human Theory: Universality of the Big-Fish-Little-Pond Effect Across 41 Culturally and Economically Diverse Countries.* Journal of Educational Psychology (2009) 101(2), S. 403–419.

Seaton M, Marsh HW, Craven RG. *Big-Fish-Little-Pond Effect: Generalizability and Moderation—Two Sides of the Same Coin.* American Educational Research Journal (2010) 47(2), S. 390–433.

Chanal JP, Marsh HW, Sarrazin PG, Bois JE. *Big-Fish-Little-Pond Effects on Gymnastics Self-Concept: Social Comparison Processes in a Physical Setting.* Journal of Sport and Exercise Psychology (2005) 27(1), S. 53–70.

Marsh HW, Morin AJS, Parker PD. *Physical Self-Concept Changes in a Selective Sport High School: A Longitudinal Cohort-Sequence Analysis of the Big-Fish-Little-Pond Effect.* Journal of Sport and Exercise Psychology (2015) 37(2), S. 150–163.

Wrangham R. *The Goodness Paradox:* The Strange Relationship Between Virtue and Violence in Human Evolution. New York: Pantheon 2019.

Zahavi Am, Zahavi Av. *The Handicap Principle: A Missing Piece of Darwin's Puzzle.* Oxford University Press 1999.

Simler K. *Social Status: Down the Rabbit Hole.* Melting Asphalt (2015), https://meltingasphalt.com/social-status-down-the-rabbit-hole/

Christensen AI, Davidsen M, Ekholm O, Hansen SE et al. *Den Nationale Sundhedsprofil 2010.* Sundhedsstyrelsen (2011), www.sst.dk/-/media/Udgivelser/2010/Publ2010/CFF/Sundhedsprofiler/Den-nationale-sundhedsprofil-2010-%E2%80%93-Hvordan-har-du-det.ashx

Rosendahl Jensen HA, Davidsen M, Rossen Møller S, Ibáñez Román JE, Kragelund K, Christensen AI, Ekholm O. *Danskernes Sundhed – Den Nationale Sundhedsprofil 2021*. Sundhedsstyrelsen (2022), www.sst.dk/-/media/Udgivelser/2022/Sundhedsprofil/Sundhedsprofilen.ashx?sc_lang=da&hash=5C9A9A81483F6C987D5651976B72ECB2

Prævalens, incidens og aktivitet i sundhedsvæsenet for børn og unge med angst eller depression, ADHD og spiseforstyrrelse. Sundhedstyrelsen (2017), https://sundhedsdatastyrelsen.dk/-/media/sds/nyheder/2018/prvalensincidens-og-aktivitet-i-sundhedsvsenet-for-brn-og-unge-med-angst-eller-depression-adhd-og-s.pdf?la=da

Psychische Erkrankungen wurden 2020 bei 18 % der Krankenhausbehandlungen von 15- bis 24-Jährigen diagnostiziert. Statistisches Bundesamt (2022), www.destatis.de/DE/Presse/Pressemitteilungen/Zahl-der-Woche/2022/PD22_32_p002.html

Beckman L, Hellström L. *Views on Adolescents' Mental Health in Sweden – A Qualitative Study among Different Professionals Working with Adolescents.* International Journal of Environmental Research and Public Health (2021) 18(20):10694.

Crise sanitaire: hausse des syndromes dépressifs et des consultations pour ce motif. Direction de la Recherche, des Études, de l'Evaluation et des Statistiques (2021), https://drees.solidarites-sante.gouv.fr/communique-de-presse/crise-sanitaire-hausse-des-syndromes-depressifs-et-des-consultations-pour-ce

Dooley B, O'Connor C, Fitzgerald A, O'Reilly A. *My World Survey 2. The National Study of Youth and Mental Health in Ireland.* University College Dublin School of Psychology (2019), www.myworldsurvey.ie/full-report

Twenge J. *How Much Is Social Media to Blame for Teens' Declining Mental Health?* Institute for Family Studies (2022), https://ifstudies.org/blog/how-much-is-social-media-to-blame-for-teens-declining-mental-health

Shaw N. *Self-harm hospital admissions for teenage girls triple in a decade.* Wales Online (2021), www.walesonline.co.uk/news/uk-news/self-harm-hospital-admissions-teenage-19740803

Arenas-Arroyo E, Fernández-Kranz D, Nollenberger N. *High Speed Internet and the Widening Gender Gap in Adolescent Mental Health: Evidence from Hospital Records.* IZA Institute of Labor Economics (2022), https://docs.iza.org/dp15728.pdf

Braghieri L, Levy R, Makarin A. *Social Media and Mental Health.* American Economic Review (2022) 112(11), S. 3660–3693.

Allcott H, Braghieri L, Eichmeyer S, Gentzkow M. *The Welfare Effects of Social Media.* American Economic Review (2020) 110(3), S. 629–676.

Pedersen J, Rasmussen MGB, Sørensen SO, Mortensen SR, Olesen LG, Brage S et al. *Effects of limiting digital screen use on well-being, mood, and biomarkers of stress in adults.* npj Mental Health Research (2022) 1(1):14.

Stieger S, Lewetz D. *A Week Without Using Social Media: Results from an Ecological Momentary Intervention Study Using Smartphones.* Cyberpsychology, Behavior, and Social Networking (2018) 21(10), S. 618–624.

Eriksen I, Sletten M, Bakken A, von Soest T. *Stress, press og psykiske plager blant unge.* Ungdata (2020), www.ungdata.no/stress-press-og-psykiske-plager-blant-unge/

Von Kosmetik zu Atomwaffen

Safran RJ et al. *Dynamic Paternity Allocation as a Function of Male Plumage Color in Barn Swallows.* Science (2005) 309(5744), S. 2210–2212.

Safran RJ et al. *Sexual signal exaggeration affects physiological state in male barn swallows.* Current Biology (2008) 18(11), S. 461–462.

Langlois JH, Kalakanis L, Rubenstein AJ, Larson A, Hallam M, Smoot M. *Maxims or myths of beauty? A meta-analytic and theoretical review.* Psychological Bulletin (2000) 126(3), S. 390–423.

Coetzee V, Greeff JM, Stephen ID, Perrett DI. *Cross-cultural agreement in facial attractiveness preferences: the role of ethnicity and gender.* PLoS ONE (2014) 9(7):e99629.

Russell, R. *A Sex Difference in Facial Contrast and its Exaggeration by Cosmetics.* Perception (2009) 38(8), S. 1211–1219.

Hammermesh D, Biddle J. *Beauty and the Labor Market.* American Economic Review (1993) 84(5), S. 1174–1194.

Carroll L. *Alice im Spiegelland. Mit 12 farbigen Illustrationen von Uriel Birnbaum, übersetzt von Helene Scheu-Riesz.* Wien: Sesam Verlag 1923, S. 26.

Plastikoperationer. Sundhedsdatastyrelsen, www.esundhed.dk/Emner/Operationer-og-diagnoser/Plastikoperationer

International Survey on Aesthetic/Cosmetic Procedures Performed in 2010. International Society of Aesthetic Plastic Surgery (2010), www.isaps.org/media/zu4dtawc/isaps-results-procedures-2010-1.pdf

International Survey on Aesthetic/Cosmetic Procedures Performed in 2022. International Society of Aesthetic Plastic Surgery (2022), www.isaps.org/media/aoqfm4h3/isaps-global-survey_2022.pdf

Körperideale auf Steroiden

Ebenezer S. *Arnold Schwarzenegger Explains His Olympia-Era PED Use.* Men's Health (2023), www.menshealth.com/fitness/a43944437/arnold-schwarzenegger-steroid-use-bodybuilding/

Dolph Lundgren Admits to Taking Steroids. The Barbell (2023), www.thebarbell.com/dolph-lundgren-steroids/

Stallone pleads guilty in hormone import case. Reuters (2007), www.reuters.com/article/idUSSYD39413/

Frederick DA, Fessler DMT, Haselton MG. *Do representations of male muscularity differ in men's and women's magazines?* Body Image (2005) 2(1), S. 81–86.

Bhasin S, Storer TW, Berman N, Callegari C, Clevenger B, Phillips J et al. *The Effects of Supraphysiologic Doses of Testosterone on Muscle Size and Strength in Normal Men.* New England Journal of Medicine (1996) 335(1), S. 1–7.

Pope Jr HG, Olivardia R, Gruber A, Borowiecki J. *Evolving ideals of male body image as seen through action toys.* International Journal of Eating Disorders. (1999) 26(1), S. 65–72.

Brada T. *Leg-lengthening: The people having surgery to be a bit taller.* BBC News (2020), www.bbc.com/news/world-55146906

Soo Z. *China keeping 1 hour daily limit on kids' online games.* AP News (2023), https://apnews.com/article/gaming-business-children-00db669defcc8e0ca1fc2dc54120a0b8

Ye J. *China looks to limit children to two hours a day on their phones.* Reuters (2023), www.reuters.com/world/china/china-issues-draft-guidelines-tighten-limits-use-apps-by-minors-2023-08-02/

Ein kleiner Mensch in einer großen Welt

Kanigel R. *The Man Who Knew Infinity: A Life of the Genius Ramanujan.* Washington Square Press 2013.

Kurzban R, Duckworth A, Kable JW, Myers J. *Cost-benefit models as the next, best option for understanding subjective effort.* Behavioral and Brain Sciences. (2013) 36(6), S. 707–726.

Wu R, Ferguson AM, Inzlicht M. *Do humans prefer cognitive effort over doing nothing?* Journal of Experimental Psychology: General (2023) 152(4), S. 1069–1079.

Klausen MK, Thomsen M, Wortwein G, Fink-Jensen A. *The role of glucagon-like peptide 1 (GLP-1) in addictive disorders.* British Journal of Pharmacology (2022) 179(4), S. 625–641.